EL CHAPO GUZMÁN:
LA ESCALA
EN GUATEMALA

EL CHAPO GUZMÁN:
LA ESCALA
EN GUATEMALA

JULIE LÓPEZ

 Planeta

Diseño de portada: Óscar O. González
Fotografía de autora: Simone Palmasso

© 2016, Julie López

Derechos reservados

© 2016, Editorial Planeta Mexicana, S.A. de C.V.
Bajo el sello editorial TEMAS DE HOY M.R.
Avenida Presidente Masarik núm. 111, Piso 2
Colonia Polanco V Sección
Deleg. Miguel Hidalgo
C.P. 11560, Ciudad de México
www.planetadelibros.com.mx

Primera edición: abril de 2016
ISBN: 978-607-07-3306-2

Impreso en los talleres de Litográfica Ingramex, S.A. de C.V.
Centeno núm. 162-1, colonia Granjas Esmeralda, Ciudad de México
Impreso y hecho en México – *Printed and made in Mexico*

Para todos los periodistas
que se han entregado al periodismo.

Índice

Introducción

La escala en Guatemala de Joaquín Archivaldo Guzmán Loera, alias El Chapo, fue un parteaguas. Lo sacó del anonimato en 1993. Le dio un rostro al nombre cuando lo único que tenían las autoridades era una ilustración caricaturesca. Hoy El Chapo quizás es una caricatura de sí mismo, porque —después de varias cirugías plásticas— es insólitamente más parecido a ese dibujo que hace 23 años. Estaba lejos de ser un ángel, pero era el chivo expiatorio del asesinato del cardenal Juan Jesús Posadas en Guadalajara.

La captura en Guatemala permitió esas primeras fotos de El Chapo con el abrigo y la gorra marrón claro, cuando fue exhibido a la prensa el 10 de junio de 1993 y expresaba lacónico: «yo soy agricultor». Hasta entonces su vida estaba marcada por épicas balaceras, cuando el blanco era él o un enemigo. Pero su historia se dividió en capítulos escritos a partir de sus fugas o recapturas. En ese curso de acontecimientos, la escala en Guatemala fue constante en otros episodios de su vida: en este país encontró a los socios que necesitaba para trasladar drogas y dinero desde Sudamérica hasta México y una antesala para los cargamentos, antes de internarlos en un territorio donde disputaba cada pulgada a plomo.

El Chapo Guzmán: la escala en Guatemala intenta narrar cómo este país se tejió en la historia del capo y cómo su protagonismo en el narcotráfico se disparó a partir de este episodio, aun durante su temporada en el centro penal Puente Grande en Jalisco. Este libro no pretende ser una minuta de la historia del narcotráfico en México y Guatemala. Existen ya bastantes materiales al respecto, varios de ellos citados en este texto, que la relatan con más minuciosidad de la que este libro podría hacerlo. Se buscó, en cambio, yuxtaponer hechos que ocurrían simultáneamente en ambos países e intentar exponer cómo repercutieron en la dinámica del narcotráfico en la cual se movía El Chapo.

Su captura en Guatemala ha sido un episodio visto de reojo. El hecho en sí ha sido difícil de atajar en un relato. Existen por lo menos seis versiones de cómo ocurrió. Una que fue imposible de corroborar relata que El Chapo no fue capturado en Guatemala, como lo aseguró el procurador Jorge Carpizo en junio de 1993, sino en México, en un rancho de Javier Coello Trejo, el exsubprocurador de la Lucha contra el Narcotráfico de la PGR, según la columna «Pesquisa», del vespertino *Cuestión*.[1]

Otra versión, en voz de un integrante del contingente que capturó a Guzmán Loera en Guatemala, indica que los militares lo encontraron después de ubicar un avión accidentado en la frontera sur occidental con México, según *Proceso*. La fuente dijo a la revista que la captura fue circunstancial porque los militares hacían una investigación sobre el tráfico de armas desde Nicaragua, que implicó la infiltración de dos personas entre los vendedores. Cuando ocurrió el accidente aéreo, apareció El Chapo, aunque el operativo no estaba planeado específicamente para capturarlo. La fuente dijo a *Proceso* que lo capturaron cerca de las once de la mañana y que entre las tres y las cuatro de la tarde lo llevaron a México.[2]

Nada de esto coincide con dos versiones que el general retirado Otto Pérez Molina, de Guatemala, ofreció a *Excélsior* en 2012 y a Univisión en 2013, ni con la única versión que el general retirado Jorge Carrillo Olea (de México) ofreció a Anabel Hernández en 2009 y a Carmen Aristegui en 2012. Tampoco coincide con otra versión revelada hasta 2015, y corroborada por al menos dos exoficiales guatemaltecos. Pérez Molina era el jefe de la Dirección de Inteligencia Militar en 1993, y fue presidente de Guatemala entre 2012 y 2015.

En medio de las contradicciones, sólo quedan dos cosas claras: que alguien capturó a El Chapo en Guatemala en 1993, y que alguien miente respecto a cómo ocurrió. La gran duda es, ¿por qué? He aquí porqué algunas fuentes, las que quisieron hablar del tema, no quieren ser identificadas. Ninguna explicó si temía por su vida, pero es evidente que temen alguna consecuencia si contradicen públicamente a Pérez Molina, quien se adjudica la captura de El Chapo. Los relatos de las citadas fuentes anónimas permitieron reconstruir algunos hechos en el contexto del operativo encubierto que llevó a la captura.

Se ha hecho el intento de dejar que los hechos hablen, pero también se han planteado las dudas que generan estos hechos cuando surge una contradicción. De pronto son dudas que sólo el mismo Chapo puede responder. Y como jugar a adivinar qué piensa este sujeto resulta resbaladizo —fácilmente se puede acabar echándole salsa a los tacos cuando no la necesitan— se ha dejado que los hechos hablen por sí solos.

Los hechos en la vida de El Chapo hacen concluir que en su historia sólo hay una constante: el cambio. Así, pareciera que la vida entera de otros traficantes cabe en un año, o en un puñado de meses vividos por sujetos como El Chapo. Ser más proclives a caminar sobre el filo de la navaja los empuja hacia el escenario de la nota roja en revistas, periódicos y redes sociales. Y su habilidad para ocultarse se puede medir en las pocas fotografías disponibles suyas flotando en la Internet, o en diversas publicaciones impresas. En eso, quizá el campeón sea Juan José Esparragoza Moreno, alias El Azul, el *consigliere* del cártel de Sinaloa. Le sigue Ismael *El Mayo* Zambada, a pesar de aquella fabulosa entrevista que le hizo el fundador de *Proceso* Julio Scherer, con quien aparece orondo en una portada de la revista de 2010.[3] Scherer fue llevado a un lugar secreto. Ni él mismo supo dónde estaban. Pero también explicó a los lectores que cuidó mucho el lenguaje del texto para que nada pareciera una delación. Desde entonces han transcurrido seis años y esa es quizá la fotografía más reciente que se tiene de Zambada. El Chapo cayó sólo tres meses después de la entrevista que le hizo el actor estadounidense Sean Penn, para la revista *Rolling Stone*,[4] una entrevista realizada también en un lugar secreto. Fue una precaución que de poco sirvió porque las autoridades mexicanas monitoreaban las comunicaciones telefónicas vía texto entre El Chapo y la actriz Kate del Castillo, desde que él estaba recluido en el penal del Altiplano. Del Castillo sirvió de intermediaria para que Penn consiguiera reunirse con El Chapo.

La historia de El Chapo —una con muchas páginas negras— «está en permanente evolución», escribió Rafael Rodríguez Castañeda, de *Proceso*.[5] Y es la verdad. Desde su captura en Guatemala, el tiempo que pasa en la cárcel se va encogiendo. Desde 1993, purgó siete años y medio. En 2014, fue un año y medio. En 2016, entre su captura y cuando este libro fue llevado a imprenta, lleva exactamente un mes.

Desde que las autoridades mexicanas decidieron que El Chapo era uno de los mayores blancos de la lucha antinarcótica, este sujeto ha pasado más tiempo como prófugo que en la cárcel. Primero, 13 años. Después, seis meses. Cada vez más osado, cada vez las temporadas en la cárcel más cortas y las temporadas de fuga más breves. Como el acelerado ritmo de la banda sonora en una película, que anuncia la llegada de algo inminente.

La primera vez que fue capturado, resultó reducido a un amasijo humano, amarrado de pies y manos en la cajuela de una *pickup*, antes de que Guatemala lo entregara a México en 1993. Escapó después de siete años y medio en la cárcel, asustado por el anuncio de la extradición. La segunda vez, cuando lo capturó en Mazatlán la Secretaría de Marina en febrero de 2014, sólo acompañado de un escolta, su esposa y sus dos hijas, se le creía acabado. Pero él, en cambio, fue metódico, calculador y paciente mientras coordinaba (a distancia) la excavación de un túnel de 1 500 metros hacia la libertad.

Al revisar su historia, parecía que El Chapo había dejado pistas de sus planes por todos lados. Y que nadie lo había notado. Era famoso por la construcción de numerosos narco túneles entre México y Estados Unidos y, si sus contactos hicieron estos túneles en la frontera del país denominado «el más poderoso del mundo», para ingresar cocaína y migrantes indocumentados (entre otros propósitos), ¿por qué no habrían de hacerlo en una cárcel de máxima seguridad para que El Chapo se hiciera humo?

Cuando la Marina le pellizcaba los talones en Culiacán en 2014, las autoridades descubrieron el ingreso a dos túneles ocultos bajo dos tinas (o bañeras). Eran accesibles con un mecanismo activado por un botón. Lo del penal del Altiplano, bajo el suelo de la ducha, fue mucho más burdo pero igual de efectivo.

Construir ese plan de fuga era como construir un castillo de arena: en cualquier momento una ola lo podía deshacer. Pero comprobó que los 13 años que vivió como prófugo no lo habían oxidado. Al contrario. En año y medio de reclusión en el penal del Altiplano logró lo que hizo en cinco años de reclusión en Puente Grande.

Algunos incrédulos tildaron el hallazgo del túnel de fuga como un teatro, una versión oficial para ocultar el poder real que le permitía a El Chapo salir por la puerta principal. No obstante eso, la construcción del túnel requirió protección a gran escala, no sólo en el penal del Altiplano sino en sitios remotos desde donde (en teoría) monitoreaban el penal.

El micrófono de las cámaras de seguridad, según las investigaciones de la PGR, permitía escuchar los martillazos, el taladro que rompía capas de concreto debajo de la celda de El Chapo, y nadie movió un dedo. Nadie reaccionó ni siquiera cuando otros reos se quejaron del ruido porque no los dejaba dormir (había órdenes de trabajar las 24 horas hasta acabar el túnel). Eso demostró en julio de 2015 que los brazos de El Chapo seguían siendo tan largos como cuando escapó de Puente Grande en 2001.

La fuga de 2015 lo catapultó como una estrella mediática. Pero no todos se lo creen. Noticias como el amago de captura en la Sierra Madre Occidental entre Sinaloa y Durango, cerca del Triángulo Dorado, en octubre de 2015, que salió herido en una pierna y el rostro por escapar, y que otros capos de Sinaloa como El Mayo Zambada y Esparragoza, alias El Azul, rara vez han estado cerca de ser detenidos, hacen dudar del poder real de El Chapo. Hacen sospechar que otros poderes lo mantienen a flote.

Pero si ha vivido a salto de mata, huyendo por alcantarillas y túneles mugrosos, ¿quién es el gran capo del que habla el Departamento de Justicia de los Estados Unidos y las autoridades mexicanas? El Chapo ha vivido a salto de mata porque se ha expuesto más que los otros. También le tocó a El Mayo alguna vez, cuatro veces para ser exactos, como él le contó a Scherer, cuando se escondió en el monte mientras sentía al Ejército mexicano sobre su cabeza. El Chapo lo padeció varias veces más.

Ahora, después de su captura del 8 de enero de 2016 en Los Mochis (en Ahome, Sinaloa), se ha publicado que El Chapo está deprimido, que ahora él es quien se queja del ruido (del constante ladrido de los perros de la unidad canina que lo vigila). Aparece reducido a nada, casi tan insignificante como cuando los militares guatemaltecos lo capturaron en 1993 en Guatemala. Pero entonces, ¿quiere decir que el narco imperio que construyó en los últimos 23 años se le convirtió de la noche a la mañana, a él, en un castillo de naipes?

NOTAS

[1] Carlos Acosta y Francisco López Vargas, «Junio de 1993… una (primera) captura bajo sospecha», en *Proceso* [en línea], núm. 867, 14 de junio, 1993 <http://www.proceso.com.mx/?p=365571>. [Consulta: 7 de febrero, 2016.]

[2] Rafael Rodríguez Castañeda (coord.) con el equipo de reporteros de la revista *Proceso, El imperio del Chapo,* México, Planeta/Temas de hoy, 2012, pp. 92 y 157.

[3] Julio Scherer García, «Proceso en la guarida de "El Mayo" Zambada», en *Proceso* [en línea], 3 de abril, 2010 <http://www.proceso.com.mx/?p=106967>. [Consulta: 2 de febrero, 2016.]

[4] Sean Penn, "El Chapo Speaks", en Rolling Stone [en línea], 9 de enero, 2016 <http://www.rollingstone.com/culture/features/el-chapo-speaks-20160109?page=9>. [Consulta: 5 de febrero, 2016.]

[5] Rodríguez Castañeda, *op. cit.,* p. 12.

CAPÍTULO 1

El Chapo sale de las sombras

Comenzó con un encuentro fortuito: dos socios de El Chapo Guzmán y dos oficiales del ejército de Guatemala que se conocen en el bar La Embajada. Beben con la vista fija en el tubo sobre la tarima. Están a punto de hacer historia, pero no se enteran. La desabrigada mujer que se contorsiona al vertiginoso ritmo de la música, y las luces giratorias, los han distraído.

La Embajada estaba a tres cuadras del parque central de Coatepeque, Quetzaltenango, una ciudad a unos 35 kilómetros de la frontera con México. El nombre del bar era objeto de bromas porque basta decir «la embajada» en Guatemala para que cualquiera asuma que se habla de la misión diplomática de Estados Unidos de América. Para principios de los años noventa del siglo pasado era usual que los militares de alta en Coatepeque se hicieran esta advertencia entre sí: «Si llama mi mujer, digan que me fui a La Embajada a sellar mi pasaporte». Los demás respondían con sorna y carcajadas.

El bar estaba sobre una calle adoquinada, flanqueada por casas de madera o ladrillo. La fachada celeste exhibía una puerta de metal coronada por un discreto rótulo blanco con letras negras, donde se leía: «LA EMBAJADA». Pero no era cualquier antro. Era un bar y restaurante con un pulcro piso de granito que abría entre las seis de la tarde y las seis de la mañana, y donde se servían licores finos, y hasta *whisky* Johnnie Walker.

El lugar era un cajón casi tan grande como una cancha de basquetbol: un primer nivel cerrado por completo, salvo por la puerta de la entrada que permanecía abierta. Las luces empotradas en las esquinas y los reflectores dirigidos hacia la tarima en el fondo dejaban en discreta penumbra a los clientes en las mesas. Un segundo nivel sólo con habitaciones (un burdel) era el único lugar del edificio donde las ventanas daban hacia la calle.

Tocaban música de moda, en español o inglés, pero la gente iba por el espectáculo de variedades, según un oficial militar de alta en Coatepeque a principios de aquella década. Llegaban cantantes vestidos de charro, imitadores de Vicente Fernández; mujeres imitadoras de cantantes mexicanas de la época, y algunos grupos presentaban bailes folclóricos de México. El *striptease* también tenía adeptos.

En La Embajada, «las mujeres eran jóvenes y muy bonitas», dice el exoficial. «La mayoría eran salvadoreñas; el resto, guatemaltecas. Resultaba atractivo ir allí, si no para acostarse con ellas, para platicar y que adornaran la mesa.»

El propietario del bar, don Carlos, era un cuarentón calvo y moreno, que acostumbraba beber té de infusión.

No consumía licor, ni fumaba, y era obsequioso y comedido, especialmente con los nuevos clientes importantes. Cada comandante nuevo del destacamento, al llegar por primera vez a La Embajada, de rigor era presentado con don Carlos. Él les estrechaba la mano, les invitaba una bebida y a ver el menú, mientras advertía orgulloso: «porque aquí se sirve comida también y hay *shows* de variedades; no es una casa de putas».

El ingreso a La Embajada era libre. No había guardia de seguridad que decidiera quién entraba y quién no. Era un acuerdo tácito efectivo: no había escándalos de ebrios, puñetazos ni balaceras. Los clientes se cuidaban solos. En la calle, quizá, otros debían cuidarse de algunos clientes.

En el bar se reunían con frecuencia los finqueros y sus trabajadores de confianza. En la zona había fincas de ganado y café. Sobre las mesas del bar, era común observar un horizonte de finos sombreros vaqueros, que coronaban atuendos de camisas a cuadros, pantalones de mezclilla y botas tejanas de lujo. También frecuentaban el lugar extranjeros: algunos, hondureños; mexicanos, la mayoría. Aunque en Tapachula había mejores discotecas y centros nocturnos, era frecuente encontrar en La Embajada a comerciantes mexicanos de Tapachula que cruzaban la frontera por negocios. También llegaban oficiales militares del destacamento militar Santa Ana Berlín, algunos de la Dirección de Inteligencia o D-2.

El destacamento estaba en Coatepeque porque era un área clave de desplazamiento de la guerrilla. Los militares pretendían desmantelar cualquier actividad guerrillera en la frontera con México, donde se refugiaron la comandancia insurgente y figuras importantes de la Unidad Revolucionaria Nacional Guatemalteca (URNG). Por ello, Coatepeque era un sitio relativamente seguro, al menos para quienes no eran guerrilleros o simpatizantes de la guerrilla. Delincuencia no había, o no como en algunas poblaciones en la frontera con Chiapas. La violencia por narcotráfico aún se desconocía.

Faltaba un año para la firma del acuerdo de cese al fuego, en el proceso de paz con la guerrilla, y tres años más para firmar el Acuerdo Final de Paz Firme y Duradera. Como el conflicto armado prevalecía, los militares debían vestir de civil cuando iban a sitios públicos. Pero en 1993 lo hacían de civil o uniformados, a criterio personal, o del comandante de la zona o destacamento. Entonces, era usual que llegaran a La Embajada en uniforme verde de camuflaje, o de civil si estaban de descanso: inmaculados pantalones de algodón o mezclilla, camisas de manga corta y tenis. De cualquier forma, todos sabían quiénes eran los militares. El conflicto armado estaba en sus últimos estertores, pero sólo hablar de militares le tensaba el cuello a más de alguno. Ya no eran secreto los abusos del ejército contra la población civil en algunas zonas del país bajo la excusa de controlar a la guerrilla.

El destacamento Santa Ana Berlín estaba a 10 minutos a pie de Coatepeque, y a 37 kilómetros de la frontera guatemalteca de Tecún Umán, San Marcos, un trayecto de media hora en vehículo. Del otro lado, casi hombro con hombro, separada sólo por el río Suchiate, está Ciudad Hidalgo, Chiapas. La Embajada era el lugar más cercano, y de cierto caché, donde los militares de la zona podían distraerse.

Una vez adentro del bar, algunos clientes bajaban la guardia. El licor y las mujeres los hacían sociables. Por eso, fue natural que alrededor de febrero de 1993 dos oficiales militares guatemaltecos intercambiaran palabras con dos sujetos que se presentaron como comerciantes mexicanos. Los oficiales creyeron que esa charla inofensiva era una forma de obtener información acerca de la existencia de casas de seguridad de la guerrilla en México. Averiguaron nada, pero coincidieron otra vez en el mismo lugar dos semanas después, el intervalo que los oficiales tenían entre sus días de descanso. Los cuatro bebieron, comieron y hablaron, también distraídos por el espectáculo sobre la tarima. Estaban por retirarse en el momento en que uno de los guatemaltecos pidió la cuenta, y uno de los mexicanos le dijo: «No, no, no, nosotros vamos a pagar».

Una cuenta de esas podía dejar un gran agujero en las finanzas personales de cualquier oficial. Eran tiempos en los que cada dólar equivalía a 5.52 quetzales, la moneda guatemalteca.[1] Entonces, varias rondas de bebidas y alimentos para cuatro o cinco personas podían costar hasta 200 dólares, es decir, unos 1 100 quetzales. Esto equivalía a cerca de 20 por ciento del salario de un teniente coronel, o dos tercios del salario de un oficial militar recién graduado. Así que los militares aceptaron la invitación de los mexicanos, se despidieron y se marcharon.

Dos semanas después, se reunieron por tercera vez con previo acuerdo en el restaurante La Carreta, a kilómetro y medio del destacamento Santa Ana Berlín. Estaba a la orilla de la vía, y en la entrada había una carreta vieja como las que jalaban los bueyes antaño, pero la principal característica del lugar era que lo regentaba «una señora muy hermosa, muy elegante», según un exoficial del destacamento. En ese encuentro participó otro mexicano. Los cinco platicaron y comieron, y acordaron reunirse otra vez.

«Hablaron de crear un vínculo de cuates», dice el exoficial que escuchó la historia de uno de los oficiales. «Se dijeron cosas como "cualquier día que vayan a Tapachula, van a mi casa, para que lleguen a almorzar", etcétera, intercambiaron números de teléfono y quedaron en contacto.» Antes de despedirse, uno de los oficiales se adelantó a pagar la cuenta. Pero pasó un bochorno cuando la señora bonita llegó hasta la mesa para decirle que el sistema electrónico de cobro rechazó su tarjeta de crédito. Mientras pensaba qué hacer, uno de los mexicanos se apresuró a pagar. Pero luego, el nuevo sujeto que llegó a la reunión anterior fue más dadivoso aún. Le entregó un sobre a uno de los oficiales guatemaltecos, y le dijo: «Mire, ustedes aquí están peleando con la guerrilla, y sabemos que tienen limitaciones». En el interior del sobre había 5 000 dólares en efectivo.

Los oficiales no comentaron estos encuentros con nadie. Pero después de recibir el dinero, deciden dar parte a la D-2. Lo hizo uno de los oficiales que cada mes viajaba a la capital para informar en persona a la Dirección de Inteligencia las novedades en su área, como otros. El oficial soltó la historia de los dólares frente a sus jefes. Un exmiembro de esa dirección sospecha que lo hizo porque temía que lo estuvieran midiendo, que lo tuvieran vigilado, y que aquello fuera una treta para averiguar si tenía dobleces.

Pero entregar la plata era opcional, según el rango, el cargo y la unidad protagonista. En operaciones de captura de dinero, en ocasiones el jefe se quedaba con todo o lo repartía a sus superiores, o lo dividía entre los oficiales que habían participado en la operación; por lo general, dice otro exmilitar, se trataba de dinero de la guerrilla para la compra de armas, por ejemplo.

El caso de los oficiales de Santa Ana Berlín, y de cuanto uno de ellos reportó a la D-2, no pasó inadvertido. Acabó en oídos de funcionarios de la Embajada de Estados Unidos. Y fue tan llamativo que ameritó una reunión con agentes de la Agencia Federal Antidrogas (DEA, por sus siglas en inglés).

Los diplomáticos estadounidenses y la DEA querían ponerles las manos encima a esos dólares. Eran billetes que venían de México, posiblemente del narcotráfico, y ellos pretendían rastrear su ruta. El exoficial que conoció la historia no está seguro si los oficiales de Santa Ana Berlín entregaron todo el dinero, sin recibir nada a cambio, o si los estadounidenses les cambiaron los dólares del sobre por otros, a manera de recompensa.

Después de escuchar el relato del oficial de Santa Ana Berlín, alguna alarma sonó en la cabeza de los agentes de la DEA y funcionarios estadounidenses porque solicitaron el envío desde Estados Unidos, a Guatemala, de un equipo de identikit para elaborar retratos hablados.

La misión: escuchar la descripción que los oficiales guatemaltecos hicieran de los tres supuestos comerciantes
mexicanos, para unir rostros y nombres.

Los estadounidenses hicieron los retratos hablados
y, a partir de ahí, tomaron el control de la operación, que
duró unos cuatro meses más. Giraron instrucciones precisas a la gente que se reunía con los mexicanos, y la D-2
asignó a un oficial para que se integrara a esta operación
en Coatepeque. La identidad del oficial se manejó con
mucha discreción. El operativo estaba compartimenta-
do. Un exjefe de la D-2 ni siquiera estaba seguro de que
el presidente Jorge Serrano Elías supiera cuanto ocurría.

La operación involucró una cuarta reunión, a la que
llegaron el oficial de inteligencia que la D-2 envió desde
la capital y otro mexicano, que aparentaba tener mayor
jerarquía que los otros tres. Hicieron el retrato del nuevo
sujeto, y este fue el que más le interesó a la DEA. Los militares no saben si era El Chapo o alguien cercano a él. No
tenían idea de quién era, pero extendieron el teatro de
las reuniones para ganar la confianza de los mexicanos,
y lograr una quinta o sexta reunión, cuando los militares
capturaron a El Chapo.

Que los estadounidenses hubieran tomado la operación explica por qué, a pesar de los acontecimientos políticos que sacudieron a Guatemala en 1993, esta siguió
su marcha. Y lo que ocurría en el país no era poca cosa:
estaba a punto de desmoronarse el gobierno de turno,
acusado de corrupción y de atentar contra la libertad de
expresión y de prensa y los derechos civiles de la población en general.

El 25 de mayo de 1993, el presidente Serrano Elías decretó un autogolpe de Estado al suspender la Constitución Política y disolver el Congreso de la República, la Corte de Constitucionalidad y la Corte Suprema de Justicia. El evento, conocido en la historia guatemalteca como el Serranazo, ocurrió un día después de que el cardenal Juan Jesús Posadas Ocampo muriera acribillado en el aeropuerto de Guadalajara, Jalisco.

Preámbulo en México

La muerte violenta del cardenal Posadas Ocampo es un crimen por el cual El Chapo Guzmán se convirtió en el hombre más buscado del momento en México. Sin embargo, diversas versiones del ataque y el propio Guzmán[2] señalan que sus escoltas iban desarmados, porque las armas estaban en el equipaje que ya habían documentado para viajar a Puerto Vallarta. Entonces, se limitaron a intentar evadir el fuego de los hermanos Arellano Félix, del cártel de Tijuana, y sus pistoleros. Un escolta de El Chapo, Martín Moreno Valdez, lo alertó a tiempo de la presencia de hombres armados en el lugar y escapó. Pero de sus ocho acompañantes, dos murieron en la balacera, y otros cuatro fueron detenidos días después en México. También resultaron muertos en la refriega el cardenal, su chofer, y dos personas más, y otras 20 resultaron heridas. Otra versión[3] indica que hubo un tercer grupo de pistoleros: sujetos vestidos como norteños (pantalón de mezclilla, camisas a cuadros), pero que evidentemente no lo eran porque los vieron corriendo con dificultad: calzaban botas nuevas.

Un abogado de la curia en México, José Antonio Ortega, declaró a Univisión y Reporte Índigo que la evidencia forense apuntaba a que el cardenal y su chofer recibieron disparos directos, y no balas perdidas. Ortega dijo que algunas pruebas señalaban a una «conspiración política» para callar las críticas del cardenal. Testigos escucharon a alguien gritar: «Ya llegó; está aquí», y durante la refriega: «Ya chingó a su madre el curita». Su cadáver tenía 14 impactos de bala; su chofer, otros 11. Ortega dijo que las oficinas del cardenal estaban intervenidas por la Procuraduría General de la República (PGR), Delegación Jalisco, y que un día antes de los hechos, un vehículo sospechoso ya seguía al automóvil del cardenal.[4] El abogado además reveló que Posadas Ocampo le había advertido al gobierno mexicano acerca de las «conexiones de importantes políticos con cárteles de la droga de Colombia y Perú».[5]

Univisión, que cita una declaración de El Chapo a la PGR, reportó que el narcotraficante primero se marchó de Guadalajara y llegó en la madrugada del 25 de mayo a la capital mexicana, donde permaneció 10 días en un hotel, mientras aguardaba que le entregaran un pasaporte falso.[6]

El general Jorge Carrillo Olea, coordinador general para la Atención y Lucha Contra el Narcotráfico para el gobierno de México y funcionario de la PGR en mayo de 1993, dijo que el prófugo se escabulló luego a San Cristóbal de las Casas, Chiapas,[7] a donde lo siguieron al rastrear transacciones de tarjetas de débito y crédito y las llamadas que hizo a varios teléfonos. La PGR también supo que El Chapo, antes de marcharse, le pidió al abogado José de Jesús Alcalá Castellón[8] que le comprara varias propiedades[9] en Guatemala. La PGR ya había identificado al abogado como cómplice del narcotraficante.[10]

Carrillo Olea sospechaba que El Chapo se dirigía hacia la frontera, y que habría entrado a Guatemala alrededor del 4 de junio. Pero la revista *Proceso*[11] registra declaraciones del titular de la PGR, Jorge Carpizo McGregor, acerca de que detectaron a El Chapo en la zona fronteriza de Chiapas el 31 de mayo, y que la persecución de las autoridades mexicanas lo obligó a huir hacia Guatemala. La contradicción hace movediza la fecha de ingreso del capo a Guatemala, que pudo ser cualquier día entre el 31 de mayo y el 4 de junio. Si en efecto pasó por un puesto oficial de control en la frontera, se presume que entonces se identificó con el pasaporte falso que portaba con el nombre de Jorge Ramos Pérez,[12] o que utilizó uno de los tantos pasos ciegos.

El Chapo habría entrado a Guatemala en las vísperas, o justo después, de que Serrano Elías saliera del país hacia el exilio el 1 de junio, y que un juzgado local emitiera una orden de captura internacional contra el exmandatario el 2 de junio. Carrillo Olea reveló que El Chapo primero huyó hacia una zona cafetalera de Chiapas, y después hacia Tapachula. Lo acompañaban varios escoltas y su novia de turno, María del Rocío del Villar Becerra, de Aguamilpa, Nayarit, lugar en que El Chapo tenía un centro de operaciones.[13] Del lado de

Guatemala, debió entrar por San Marcos, que colinda con Quetzaltenango, donde estaban Coatepeque, el bar La Embajada y el destacamento Santa Ana Berlín.

Para entonces, la operación militar para engatuzar al sujeto del retrato hablado que tanto interesó a los estadounidenses cumplía cuatro meses. Aun así, un oficial de Inteligencia de la época asegura que la D-2 se enteró tarde de que el hombre de ese retrato hablado era El Chapo. De hecho, ni siquiera sabían quién era El Chapo; sólo les constaba que era un objetivo para Estados Unidos, y que México lo quería con urgencia. El sociólogo y politólogo guatemalteco Héctor Rosada, experto en temas militares, sí cree que los militares desconocieran quién era El Chapo, «porque El Chapo era nadie» en Guatemala en esa época. Así que el reconocerse como una figura anónima lo inclinó a huir hacia ese país porque ya tenía contactos allí. Pero la realidad es que corrió hacia la garganta del león.

Los militares guatemaltecos, si alguna vez tuvieron la intención de ayudar a El Chapo a escapar, tenían las manos atadas, porque la orden de captura venía de arriba. Tampoco hubo tiempo ni interés en montar un operativo de entrega tan rimbombante como el operativo de recepción para El Chapo en México. Esa es la versión de dos exoficiales de Inteligencia que no se atreven a contradecir en público al general Otto Pérez Molina (retirado en 2000), jefe de la Dirección de Inteligencia en 1993.

Pero más de dos décadas después, el general recordaba otra cosa. «Íbamos con toda la seguridad necesaria para poder responder, precisamente pensando en que pudiera haber algún grupo que lo tratara de rescatar», dijo Pérez Molina a Univisión en 2013,[14] refiriéndose al trayecto de la ruta hacia la frontera con México. Univisión recreó el relato del entonces presidente con ilustraciones de policías tipo RoboCop, el ulular repetitivo de sirenas y tomas ocasionales de relucientes autopatrullas policiales tipo *pickup*. Pero cuando Carrillo Olea habló de la entrega de El Chapo en la frontera nunca dijo que vio policías ni vehículos policiales.

En 2015, ante un juez, Pérez Molina todavía hablaba de la captura como si hubiera participado de forma directa en ella. El 4 de septiembre, un día después de su renuncia a la presidencia, algunos reportes de prensa lo describían como el oficial «que lideró la captura» de El Chapo Guzmán en 1993. Otros medios, como Univisión, indican que este general retirado lo capturó. Pérez Molina rescató este episodio como ejemplo de su probidad, pues aseguró que rechazó un soborno de El Chapo. El exmandatario aseguró:

> Me hubieran correspondido, según las suposiciones que hace el Ministerio Público, más o menos 800 000 dólares… Pero… el ofrecimiento que tuvimos en ese momento de la captura podría subir 10 o 15 veces más lo que ahorita me están señalando a mí… eh… ¡Y lo hubiera podido hacer! No lo hice porque no va con mis principios.[15]

Otro militar retirado de la Dirección de Inteligencia (D-2) señala: «cuando dice Otto Pérez Molina que él capturó a El Chapo, libera al resto» de los oficiales que participaron en la operación. Este exmilitar asegura que cuatro oficiales participaron en la operación. Uno de ellos está muerto; otro habló bajo la condición de anonimato y su versión más la declaración que El Chapo ofreció a autoridades mexicanas contradicen a Pérez Molina. Hoy, este general retirado, que asumió la presidencia de Guatemala en enero de 2012 y renunció el 3 de septiembre de 2015 por enfrentar acusaciones de corrupción,[16] está en una cárcel militar donde guarda prisión preventiva. Insiste en que es inocente y, desde que el Ministerio Público lo acusó formalmente en diciembre de 2015, se negó a conceder entrevistas exclusivas para este libro y hablar de las inconsistencias en las versiones acerca de la captura de El Chapo.

DESFASE DEL RELATO OFICIAL

Uno de los exsubalternos de Pérez Molina dice que, entre finales de mayo de 1993 y principios de junio (antes de la captura de El Chapo), este general (entonces coronel) desapareció durante varios días. Rosada lo confirma: después del golpe a Serrano, sacan a Otto Pérez de la D-2, acusado de encabezar el derrocamiento del presidente. «Cuando Otto sale, se esconde», confirma el politólogo.

Y tan es así que quien está a cargo es Mario Mérida (el segundo jefe de la D-2), y no sabe qué hacer porque lo llaman del Ministerio de la Defensa para preguntarle dónde está el coronel Pérez Molina. Pero Otto no estaba. No aparecía. Cuando vuelve a aparecer, aparece como jefe del Estado Mayor Presidencial (EMP) de Ramiro de León, el presidente de la transición.

Hoy Rosada admite que nunca entendió ese desfase. Y lo que sucedía es que los hombres más cercanos a Pérez Molina fueron asignados a puestos o actividades fuera de la ciudad o del país. Estos movimientos no aparecen registrados en documentos desclasificados por el gobierno de Estados Unidos ni en los registros oficiales del Ministerio de la Defensa.[17] Mérida dice que duró poco como jefe interino de la D-2 porque lo mandaron a San Marcos a dirigir la academia militar Adolfo V. Hall.[18] No recibió explicaciones; era una orden y la cumplió sin preguntas. Esto era un intento de las autoridades militares, en el proceso de transición, por aislar a los oficiales clave en el gobierno de Serrano. Hacia finales de julio, después de la entrega de El Chapo a México, con el nuevo presidente De León y un gobierno de transición en el poder, Pérez Molina se estrenaba como jefe del Estado Mayor Presidencial. Casi 23 años después, algunos de sus hombres cercanos —los que quieren hablar— dicen que no sabían dónde estuvo en los días posteriores a la caída del gobierno de Serrano —una etapa que coincidió con la presencia de El Chapo en el país—. Curiosamente, en sus entrevistas con la prensa nacional e internacional, Pérez Molina nunca dijo que Estados Unidos dirigió la operación de captura. Y esta no es la única disparidad entre su relato y el de otras fuentes, incluyendo las autoridades mexicanas.

NOTAS

[1] Según registros del Banco de Guatemala, a la compra en 5.49 quetzales y a la venta en 5.55 quetzales por dólar.

[2] Anabel Hernández, *Los señores del narco*, México, Grijalbo, 2010, pp. 50-52. Hernández reproduce las declaraciones de Guzmán del 9 de junio de 1993, documentadas en el oficio 1387 de la Procuraduría General de Justicia Militar, de la Subjefatura Operativa. *Milenio Semanal*, 8 de julio, 2002, reprodujo el documento.

[3] *Ibid.*, p. 31.

[4] *Reporte Índigo*, «Caso: Posadas Ocampo, testimonio de su abogado. Parte I» [en línea], México, 1998. <https://www.youtube.com/watch?v=x1mNph FM5CA> [Consulta: 21 de diciembre, 2015.]

[5] Casto Ocando y María Antonieta Collins, «El Chapo. Episodio 2: Salto a la fama» [en línea], Univisión, s. f. <http://www.univision.com/noticias/la-huella-digital/especial-el-chapo/episodio-2>. [Consulta: 20 de enero, 2016.]

[6] María Antonieta Collins, «El asesinato que cambió la vida de El Chapo Guzmán» [video en línea], Univisión <https://www.youtube.com/watch?v=h1YIDu-wrS0>. [Consulta: 17 de diciembre, 2015.]

[7] A. Hernández, *op. cit.*, p. 23.

[8] J. Jesús Alcalá Castellón aparece como un abogado graduado de la Universidad Autónoma de Nayarit en 1982. Tenía sentido que fuera de Nayarit si El Chapo tenía muchos negocios en ese estado en 1993. Si no es un homónimo exacto, actualmente ejerce en Tepic, según su perfil de LinkedIn. Un *blog* mexicano, <http://diario-critica.mx/nota.php?id=43414>, lo describe como abogado de El Chapo, y menciona su captura a raíz de la caída del capo en Guatemala.

[9] Al 17 de diciembre de 2015, la Dirección de Catastro de Bienes Inmuebles del Registro de la Propiedad de Guatemala no tiene ninguna propiedad inscrita a nombre de Jesús Alcalá. Si este abogado registró alguna, como le encargó El Chapo, lo debió hacer a nombre de terceros o testaferros no identificados por las autoridades.

[10] Procuraduría General de la República, documento sin título [en línea], 14 de enero de 1995 <http://201.147.173.37/que%20es%20pgr/Documentos/conmemoracion/pecarp1.htm>. [Consulta: 22 de diciembre, 2015.]

[11] Carlos Acosta y Francisco López Vargas, «Junio de 1993… una (primera) captura bajo sospecha», en *Proceso* [en línea], núm. 867, 14 de junio, 1993 <http://www.proceso.com.mx/?p=365571>. [Consulta: 15 de diciembre, 2015.]

[12] La Dirección General de Migración de Guatemala, por medio del Ministerio de Gobernación, se rehusó a revelar si existe un registro migratorio del ingreso de esta persona al país entre mayo y junio de 1993, e indica que se trata de información de carácter privado y no público.

[13] A. Hernández, *op. cit.*, pp. 23, 60.

El Chapo Guzmán: la escala en Guatemala

[14] Gerardo Reyes, «Otto Pérez, el hombre que capturó a El Chapo» [en línea], Noticiero Univisión Investiga, 4 de noviembre, 2013 (minuto 02:12) <https://www.youtube.com/watch?v=U1slsdyw5ug>. [Consulta: 21 de enero, 2016.]

[15] Diego Guerrero, «Rechacé soborno de El Chapo cuando lo capturé» [en línea], Cadena Tres Noticias, <https://www.youtube.com/watch?v=tQ9EW7rfY1A>. [Consulta: 22 de diciembre, 2015.]

[16] La investigación está en curso y el juez encargado del caso anunciará si hay apertura a juicio en 2016 con base en la acusación del Ministerio Público.

[17] National Security Archive, «El ejército de Guatemala: Lo que revelan los archivos de los Estados Unidos», NSA-Universidad George Washington, Guatemala, 2000, pp. 195-196. Los datos adicionales se obtuvieron por el Ministerio de la Defensa Nacional de Guatemala, Resolución núm. P/RS-DIP-1991-MVL-cefm-2015, 18 de diciembre de 2015.

[18] Mario Mérida, entrevista personal, Guatemala, 19 de agosto de 2015.

CAPÍTULO 2

Cita de negocios
en El Salvador

En 2013, el presidente guatemalteco Pérez Molina le dijo a Univisión[1] que cuando estuvo al mando de la Dirección de Inteligencia Militar él mismo interrogó a El Chapo Guzmán en Guatemala en 1993. Este exoficial militar cuenta que así supo que habían frustrado una operación del narcotraficante en El Salvador. «Él dijo que iba a dar información importante si se le dejaba ir, y la información que nos dio era que en el puerto Acajutla, en El Salvador, él iba a recoger cinco toneladas de cocaína», reveló el general retirado. «Nosotros inmediatamente trasladamos la información para Inteligencia en El Salvador», y allá «capturaron esas toneladas que él dijo».

Pérez Molina aseguró que la Dirección de Inteligencia (D-2) detuvo a El Chapo cuando se dirigía desde la capital guatemalteca a El Salvador, y que ni siquiera logró salir de Guatemala. Sin embargo, Carrillo Olea afirma que el Centro de Planeación para el Control de las Drogas (CEN-DRO) «le avisó al gobierno de Guatemala que Guzmán Loera había cruzado la frontera, y que de ahí se había dirigido hacia El Salvador». El general mexicano dijo que

el narcotraficante sí llegó a El Salvador, y que los militares guatemaltecos lo capturaron en el momento en que
regresaba a Guatemala. ¿Por qué la contradicción? Es
un misterio. Carrillo Olea dijo que El Chapo quizá pasó
incluso por Honduras, mientras intentaba evadir a las
autoridades.[2]

Ahora Héctor Rosada cree que la captura de El Chapo fue un simple asunto de mala suerte. «El Chapo no
venía para Guatemala, iba a Honduras, según dicen»,
parece que pasó a El Salvador «y se regresó por algo,
y en ese regresón, ¡pas! Lo agarraron», dice el politólogo. Esta versión coincide con la de Carrillo Olea. Si el
exmilitar mexicano ubicó a El Chapo en San Cristóbal de
las Casas, era factible que este desde allí se dirigiera a
Guatemala y recorriera el noroccidente del país vía San
Marcos o Huehuetenango, Alta Verapaz e Izabal, para
llegar a la frontera este de Guatemala y a Honduras.

¿Por qué Honduras? Por un posible vínculo con el traficante hondureño Juan Ramón Matta Ballesteros, quien
fue proveedor de Miguel Ángel Félix Gallardo, el Padrino
y Jefe de Jefes, para quien El Chapo trabajó hasta su
captura en 1989. Matta Ballesteros tenía contactos en el
cártel de Medellín, y la Agencia Federal Antidrogas (DEA,
por sus siglas en inglés) lo conocía bien, pero la D-2 no tenía idea de cuán prolífico era el narcotráfico en Honduras
y si había vínculos entre ese país y Guatemala. Un exjefe
de Inteligencia Militar revela que desde 1991, entre el
noroccidente de Honduras y el nororiente de Guatemala, había propiedades con extensiones en ambos países
que «prácticamente eran tierra de nadie». Sin embargo,

según él, la relación de narcotráfico entre Guatemala y Honduras se identificó hasta 2008, «después de la caída de Juancho León», un narcotraficante guatemalteco que los Zetas asesinaron en marzo de ese año. Esto, 15 años después de la captura de El Chapo en Guatemala y siete años después de su fuga en 2001 de una cárcel mexicana. Pero en 1993 Honduras tampoco estaba en el radar, por lo que la atención se centró en El Salvador.

«Total, llega a El Salvador», afirmó Carrillo Olea con seguridad, respecto a El Chapo.

> Nos comunicamos con El Salvador, y a ellos les tiemblan las piernas. Las autoridades informan: «Sí, aquí está detectado». Nosotros les decimos: «Deténganlo». Y no lo detienen; nada más lo asustan, como si fuera una rata. Le hacen notar que ya lo vieron. Después se regresa a Guatemala.

El 16 de octubre de 2009,[3] el exmilitar mexicano le relató esta historia a la periodista mexicana Anabel Hernández, quien la incluyó en su libro *Los señores del narco*, publicado en noviembre de 2010.

Pero en 2012, tan seguro estaba todavía este exmilitar mexicano de cuanto decía, que repitió la anécdota en una entrevista con la periodista mexicana Carmen Aristegui, en CNN en Español.

Carrillo Olea, creador en 1989 del Centro de Investigación y Seguridad Nacional (CISEN), un servicio de inteligencia mexicano, dijo que México era parte de un sistema interamericano de inteligencia que permitía el intercambio de información y el contacto con Guatemala y todos los países centroamericanos. El *quid pro quo* les facilitó la comunicación con la D-2 guatemalteca para seguirle la pista a El Chapo. «Lo ubicamos en El Salvador», le dijo el exmilitar mexicano a Aristegui.[4] «Las autoridades salvadoreñas no quisieron entrarle al toro, pero hicieron el ruido suficiente para que este señor regresara a Guatemala.»

Si había una razón atrás de la inacción de los salvadoreños para capturar a El Chapo, no era el miedo hacia el narcotraficante. La Policía Nacional de El Salvador estaba en un proceso de transformación a la profesional Policía Nacional Civil, como parte de los acuerdos de paz. Pero esta policía civil todavía tenía algunos cuadros poco idóneos, por eso permanecía bajo la lupa, en especial de la Misión de Observadores de las Naciones Unidas en El Salvador (ONUSAL). Poco antes, la policía salvadoreña había capturado a un narcotraficante colombiano y, sin trámite legal alguno, lo entregó a autoridades estadounidenses que lo llevaron en un vuelo directo hacia Estados Unidos. Según el periodista costarricense Lafitte Fernández, ONUSAL criticó «el servilismo hacia la DEA… y las violaciones de derechos humanos».[5] Con ese escarmiento de antecedente, y como a México le urgía ponerle las manos encima a El Chapo, Fernández explica que los salvadoreños encontraron la salida en «espantarlo» para que huyera hacia Guatemala. Así trasladaron el dilema a las autoridades guatemaltecas. Pero no todos en la D-2 se afanaban con los legalismos, y algunos oficiales se limitaron a cumplir órdenes. Bueno, más o menos.

Ante los diversos testimonios que ubican a El Chapo en El Salvador, asombra la insistencia de Pérez Molina respecto a que el narcotraficante no llegó a ese país, si se considera que él era el director de la D-2. Esta contradicción obliga a preguntar cuán presente estuvo en realidad en la operación de captura en Guatemala, considerando que algunas fuentes recuerdan que desapareció durante varios días después del Serranazo. Más de 20 años después, Pérez Molina se niega a hablar del asunto aunque el periplo de El Chapo en El Salvador parece un hecho.

Bajo el titular «La historia no contada de El Chapo Guzmán en El Salvador», Fernández narró cómo este narcotraficante «acompañado de unas chicas y de sus amigos mexicanos que trajo a El Salvador» escuchó «mariachis en la plaza El Trovador, en San Jacinto», un sitio de diversión en la capital salvadoreña. Durante horas pidió baldes de cerveza, tequila por botella, y encargó una canción tras otra a los mariachis salvadoreños. «Canten como me gusta, con fuego en el pecho», les decía, mientras les entregaba billetes de cien dólares. Llevaba, oculto en maletas, «poco menos de dos millones de dólares en efectivo para sus gastos».[6] Esos gastos incluían el pago a salvadoreños que le garantizaban su seguridad mientras él se divertía, entre ellos, dos militares.

Pero El Chapo ya ebrio, con la cabeza orondamente cubierta por un sombrero charro, no advirtió que a distancia varios sujetos lo fotografiaban, a él y a su séquito. Quizá por ello, luego la prensa reportó con tanta certitud que lo acompañaban su novia María del Rocío del Villar Becerra y sus cómplices de lavado de dinero y escoltas Martín Moreno Valdez, Manuel Castro Meza, Baldemar Escobar Barrasa (o Barraza) y Antonio Mendoza Cruz. La prensa también relató que ampliaron el grupo de parranda con prostitutas que El Chapo mandó a traer de prostíbulos cercanos. Y es que semejante juerga tenía un propósito para el narcotraficante: celebrar que sus amigos y escoltas le salvaron la vida en el aeropuerto de Guadalajara unos días antes.

Mendoza Cruz, un exmilitar conocido con el alias El Primo Tony,[7] y Moreno Valdez acompañaban a El Chapo cuando ocurrió la balacera en el aeropuerto de Guadalajara, el 24 de mayo de 1993. Mendoza Cruz fue un militar destacado en Tepic, Nayarit, el chofer y escolta de El Chapo, y uno de sus lugartenientes más fieles. Moreno Valdez era su contador. Llegaron en un Century azul blindado. Algunos reportes indican que ocho escoltas protegían a El Chapo; otros, que seis. Unos viajaban en el vehículo. Otros vigilaban el perímetro del lugar a pie.

Un reporte de Univisión reveló que escucharon los primeros disparos después de estacionar el vehículo en la entrada de la terminal aérea.[8] «"¡Corre, corre, porque hay gente armada!", le gritó Mendoza Cruz a El Chapo», según el reporte. El capo se avalanzó al suelo y gateó hasta entrar al aeropuerto. Lo protegió Mendoza Cruz. Dos pistoleros de El Chapo murieron en la balacera. Al menos dos de los sobrevivientes huyeron con él: Mendoza Cruz, que sacó a El Chapo del aeropuerto en medio de la refriega, y Escobar Barrasa, quien junto a El Chapo, El Güero Palma, y otros sujetos, protagonizó un ataque armado en la discoteca Christine de Puerto Vallarta, Jalisco, seis meses antes contra los hermanos Arellano Félix.[9] Los hermanos llegaron al aeropuerto de Guadalajara para volver a Tijuana, después de que buscaron infructuosamente a El Chapo para vengarse por el ataque en la discoteca. Nadie se explica cómo este sujeto escapó ileso sin más ayuda que la de sus escoltas desarmados. Por eso, a El Chapo no le faltaban razones para celebrar, aun si en ese momento era el prófugo más famoso de México.

Mientras El Chapo celebraba, el general Carrillo Olea le informó a las autoridades de El Salvador que el narcotraficante estaba en ese país. La DEA también sabía dónde estaba; le seguía la pista. Si había montado el operativo para capturarlo en Guatemala, era lógico que siguiera sus pasos hasta allí.

Ante estos indicios y relatos, la versión de Pérez Molina de que el prófugo nunca llegó a ese país se va quedando sin sustento. El único detalle con eco es que otras fuentes indican que para finales de mayo había un masivo cargamento de cocaína en El Salvador y tenía como destino México. Las declaraciones oficiales del abogado mexicano José Alfredo Andrade Bojorges[10] revelaron que sí existía tal cargamento, pero que El Chapo no era el designado para supervisar su recepción. Andrade Bojorges tenía una amistad cercana con Sergio Aguilar Hernández, abogado de Amado Carrillo Fuentes, alias El Señor de los Cielos y líder del cártel de Juárez. Quizá por eso supo que este capo le ordenó a El Chapo dejar la plaza de Guadalajara y marcharse a Nayarit, bajo la supervisión de Héctor *El Güero* Palma Salazar.

Según el abogado Andrade Bojorges, El Chapo trabajó para Carrillo Fuentes en Guadalajara. Supuestamente, le supervisó el transporte de algunos cargamentos. Pero Michael Vigil, exjefe de operaciones internacionales de la DEA, y exagente especial encubierto en México, asegura[11] que El Chapo nunca trabajó para Carrillo Fuentes y que en 1993 ambos tenían posiciones establecidas en el narcotráfico. «Realmente no necesitaban uno del otro, pero es posible que ocasionalmente cooperaban al compartir corredores de trasiego, protección, etcétera», dice Vigil.

Sea cual fuere el caso, El Chapo ignoró la orden de Carrillo Fuentes, se marchó a Guatemala y El Salvador, y en su lugar envió a Tepic, Nayarit, a Moreno Valdez, uno de los sujetos que lo sacó del aeropuerto de Guadalajara. Se desconoce si Moreno Valdez fue a Nayarit antes de acompañar a El Chapo a Guatemala y El Salvador.

La rebeldía de El Chapo quizás explique por qué el 25 de mayo de 1993 El Señor de los Cielos le ordenó a El Güero Palma «detener dos toneladas de cocaína en El Salvador» que tenían como destino México, y «que se comunicara con la gente que estaba vigilando a El Chapo».[12] Palma y Carrillo Fuentes estaban reunidos en una residencia de este en Cuernavaca, Morelos, en compañía del abogado Aguilar Hernández. Se presume que él le relató la historia después a Andrade Bojorges. Este abogado dijo luego que Carrillo Fuentes proporcionó información para la captura de El Chapo Guzmán, en

El Salvador y Guatemala, por medio de El Güero Palma, quien a su vez la facilitó a autoridades mexicanas.[13]

El abogado de la Arquidiócesis y Arzobispado de Guadalajara, José Antonio Ortega, también se dedicó a difundir la versión del abogado de El Señor de los Cielos: dijo que Carrillo Fuentes «entregó detalles de la ubicación de Guzmán». Agregó que «por la entrega pactada con Amado Carrillo Fuentes, lo tuvieron que entregar».[14]

Creer en esta versión significaría que la D-2 de Guatemala no tuvo mérito alguno en el operativo de ubicación y captura, y que incluso hasta Estados Unidos se sirvió de la información que salía de El Señor de los Cielos para cazar a El Chapo. Esto habría sido un *déjà vu* de cuanto ocurría con Pablo Escobar en Colombia, cuando los Perseguidos por Pablo Escobar (PEPES), que incluían a sus acérrimos enemigos del narcotráfico, filtraban a las autoridades colombianas detalles de la ubicación de Escobar para que lo capturaran o lo mataran en un enfrentamiento.

Aun así, Carrillo Olea no se la creía. «No es así porque restaría mucho el mérito de la operación», lo dijo a Univisión. «Tendría yo que decir es una mentira muy cínica.»

Pero si Carrillo Fuentes sabía que El Chapo estaba en El Salvador y pensaba que era una bomba de tiempo, seguramente no lo quería cerca de la carga, y una forma de alejarlo era delatarlo, entregarlo. No obstante, El Chapo no se afanó. Llegó a El Salvador y se permitió una noche de juerga, sólo para luego revelar los detalles de la carga a los militares en Guatemala días después.

Ahora, un detalle no coincidía: la declaración del abogado Andrade Bojorges revelaba que la carga que le preocupaba a Carrillo Fuentes era de dos toneladas. Pero Pérez Molina dijo que El Chapo le habló de un cargamento de cinco toneladas, y que al trasladar la información a El Salvador, las autoridades incautaron la droga. Luego, mientras el narcotraficante ya estaba bajo la custodia mexicana, la prensa salvadoreña publicó la incautación de seis toneladas de cocaína en la bodega San Jorge, en la calle San Antonio Abad de San Salvador, mas ninguna captura. Algunas publicaciones se referían a dos toneladas o 2 000 kilos.[15] Si las cinco toneladas que menciona Pérez Molina, o las seis que indican algunos reportes de prensa, eran el dato correcto, es probable que la carga completa tuviera varios dueños y que a Carrillo Fuentes sólo le pertenecieran dos toneladas. También es probable que alguien aquí mintiera.

El trasiego de cocaína por la costa sur de El Salvador permaneció vigente nueve años después, luego de la primera gran fuga de El Chapo de la cárcel en 2001, y aún permanece vigente. Ese país y Guatemala son parte del puente de cocaína entre Colombia y México que los cárteles colombianos y mexicanos montaron en Centroamérica. Y este es un capítulo del narcotráfico que la captura de El Chapo en Guatemala no cambió.

NOTAS

[1] Gerardo Reyes, «Otto Pérez, habló por primera vez con Univisión sobre la detención de El Chapo en 1993» [en línea], Univisión Investiga, 8 de noviembre de 2013 (minuto 00:55) <https://www.youtube.com/watch?v=UShwqoUvwDc>. [Consulta: 21 de enero, 2016.]

[2] Anabel Hernández, Los señores del narco, México, Grijalbo, 2010, p. 23.

[3] Ibid., p. 20.

[4] Carmen Aristegui, «El Chapo se fugó hace 11 años. No conviene capturarlo. Jorge Carrillo Olea» [video en línea], CNN en Español, 23 de enero, 2012 <https://www.youtube.com/watch?v=lXi8RmMGOc0>. [Consulta: 17 de diciembre, 2015.]

[5] Justo 10 años después, en septiembre de 2003, El Salvador volvería a hacer exactamente lo mismo con el guatemalteco Byron Berganza, a quien la policía salvadoreña entregó sin chistar a agentes de la DEA, quienes el mismo día lo enviaron en un avión de la agencia hacia Estados Unidos, donde fue condenado por narcotráfico y en la actualidad cumple una condena de 22 años de cárcel. La versión oficial de entonces es que Berganza entró de forma ilegal a El Salvador y lo expulsaron, pero no a su país de origen sino a las manos de la DEA. Véase Lafitte Fernández, «Especial: La historia no contada de El Chapo Guzmán», en Diario1.com [en línea], 23 de febrero, 2014 <http://diario1.com/zona-1/2014/02/la-historia-no-contada-de-el-chapo-guzman-en-el-salvador/>. [Consulta: 18 de diciembre, 2015.]

[6] Idem. Lafitte Fernández también publicó en Guatemala el libro Crimen de Estado, acerca del asesinato de tres diputados salvadoreños del Parlamento Centroamericano y su chofer en 2007 en Guatemala, y la vinculación del móvil con el narcotráfico y con autoridades policiacas en el múltiple crimen.

[7] Los exmilitares que estuvieron al servicio de El Chapo [en línea], en Univision.com, 16 de marzo, 2014 <http://www.univision.com/noticias/noticias-de-mexico/los-exmilitares-que-estuvieron-al-servicio-de-el-chapo>. [Consulta: 20 de diciembre, 2015.]

[8] Casto Ocando y María Antonieta Collins, El eterno fugitivo. Salto a la fama [en línea], en Univision.com, <http://www.univision.com/noticias/la-huella-digital/especial-el-chapo/episodio-2>. [Consulta: 17 de diciembre, 2015.]

[9] Cayetano Frías Frías, «Cumplió El Güero Palma su sentencia relativa a portación de arma de fuego», en La Jornada [en línea], 27 de diciembre, 1997 <http://www.jornada.unam.mx/1997/12/27/palma.html>. [Consulta: 17 de diciembre, 2015.]

[10] A. Hernández, op. cit., pp. 27-33. El abogado Andrade Bojorges rindió su declaración el 9 de marzo de 1999 ante el Ministerio Público Federal, la cual está asentada en la averiguación previa SE/001/95. Según Hernández, la declaración forma parte de la investigación del asesinato del cardenal Juan Jesús Posadas Ocampo. El abogado publicó en 1999 el libro Historia secreta del narco. Desde Navolato vengo (México, Océano, 1999), acerca de Amado Carrillo Fuentes.

[11] Michael Vigil, entrevista vía correo electrónico, 19 de diciembre, 2015.

[12] A. Hernández, op. cit., p. 32.

[13] *Ibid.*, p. 42.

[14] Gerardo Reyes, «El Chapo. Episodio 3: El eterno fugitivo: arresto y fuga» [en línea], Univisión, s. f. <http://www.univision.com/noticias/la-huella-digital/especial-el-chapo/episodio-3> / Julio César Sánchez, «Otto Pérez Molina sí recibió dinero del Chapo, aseguran especialistas en narcotráfico» [en línea], IJS News, México, 8 de septiembre de 2015 (minuto 00:33) <https://www.youtube.com/watch?v=eRQOniHidV4>. [Consulta: 21 de enero, 2016.]

[15] L. Fernández, *op. cit.* Óscar Trabanino, «El Salvador debe de estar en la mira de los EE.UU.» [en línea], <http://www.mombu.com/culture/el-salvador/t-el-salvador-debe-de-estar-en-la-mira-de-los-eeuu-6543621.html>.[Consulta: 21 de diciembre, 2015.]

CAPÍTULO 3

Zonas grises en la captura de El Chapo

Los militares guatemaltecos le dijeron a Carrillo Olea que capturaron a El Chapo cerca de la capital guatemalteca y que lo trasladarían a la frontera con México. «La policía militar» de Guatemala «lo toma prisionero en un hotel en las afueras de la Ciudad de Guatemala, y nos lo comunican», recuerda el exmilitar en la entrevista en CNN con Aristegui. «Estas comunicaciones eran por horas», y continúa: «eran constantes; sabíamos casi kilómetro por kilómetro por dónde se movía».

Pero si la comunicación era tan minuciosa, no se entiende por qué Carrillo Olea entendió que la caravana de El Chapo regresaba desde El Salvador cuando la detuvieron en Guatemala, mientras que Pérez Molina insiste en que se dirigía de Guatemala a El Salvador.

La D-2 notificó a Carrillo Olea de la captura el 8 de junio de 1993 y pactaron la entrega de El Chapo para el 9 de junio. El militar mexicano le pidió a Guatemala un plazo de 24 horas para organizar la recepción del detenido en la frontera con México, cerca de Tapachula.[1] También acordaron algo más.

Carrillo Olea dijo que el entonces presidente de México, Carlos Salinas de Gortari, le dio instrucciones precisas en cuanto a El Chapo: «Hay que traerlo de Guatemala sin líos judiciales de extradición». Hernández explica que así «se pactó la entrega del prisionero, sin tramitología diplomática de por medio, en la frontera entre México y Guatemala».[2]

Veinte años después de ese episodio, Pérez Molina admitió algo más: «Hicimos las consultas con la parte nuestra», es decir, el Ministerio de Relaciones Exteriores, «y lo que procedió fue, en lugar de seguir el proceso para hacer el juicio aquí», y «como él estaba siendo reclamado por la justicia de México, encontramos más fácil el proceso de hacer una deportación, y entregarlo en la frontera con México», le dijo a Univisión.[3] Sin embargo, reportes de prensa comprobaron que ni siquiera la deportación se hizo cumpliendo trámites legales.

La deportación requería la participación de la Dirección General de Migración, pero no fue involucrada. En 1993, el entonces director general de Migración, Ángel Conte Cojulún, le dijo a la revista *Proceso*[4] que «legalmente no hubo aprehensión, y nadie con el nombre de Joaquín Guzmán Loera cruzó la frontera de Guatemala con México». Negó que El Chapo entró al país, como si no existieran cientos de puntos ciegos en la frontera, y como si el control oficial fronterizo no fuera laxo. Pero, en teoría, tenía razón: El Chapo viajó con un pasaporte falso bajo el nombre de Jorge Ramos Pérez. Por lo tanto, en los registros migratorios no figuraría el ingreso de Joaquín Guzmán Loera, pero sí su salida, si hubiera sido deportado de forma legal. Este era el pecadillo que la Policía Nacional Civil de El Salvador no quiso cometer, y por el cual le arrojó la brasa a Guatemala.

Por eso, el furtivo acto de atrapar a El Chapo en Guatemala, y llevarlo a la frontera, lo compartían pocas personas. Y al parecer, ese grupo selecto no incluía a Conte.

MIENTRAS TANTO, EN MÉXICO...

La revista *Proceso*[5] publicó que la mañana del jueves 10 de junio, en la casa presidencial de Los Pinos, en el Distrito Federal, «un entusiasta procurador General de la República», Jorge Carpizo, «sujetaba en la diestra un texto lleno de tachaduras, múltiples borrones y un sinnúmero de anotaciones. Lejos de la imagen del funcionario concluyente, a veces impulsivo y enérgico que habla en las oficinas de la PGR», un trepidante «Carpizo dio a conocer la captura de Joaquín *El Chapo* Guzmán, en Guatemala, con cinco personas de su grupo más cercano».

Carpizo anunció que El Chapo fue capturado en el puente internacional del Talismán, sobre el río Suchiate, al mediodía del 9 de junio de 1993, según el diario *Excélsior*.[6] En realidad, el reporte se refería al lugar donde los militares guatemaltecos entregaron a los capturados a las autoridades mexicanas, y no al lugar exacto donde los capturaron.

El general Carrillo Olea describió el lugar de entrega «a cinco o seis kilómetros de la frontera con Guatemala, en la carretera que va hacia Cacahoatán, Chiapas».[7]

Su reloj marcaba casi las once de la mañana al momento en que, a la distancia, observó una polvareda precedida por tres vehículos. «Todos se quedaron atónitos cuando hasta ellos llegó una vieja *pickup* custodiada por otras dos en iguales condiciones», le relató el militar a Hernández. En la cabina de la primera, viajaban un chofer y un pasajero. «Del vejestorio» bajó el pasajero, «un joven capitán del ejército de Guatemala de no más de 26 años, que saludó con resplandeciente gallardía» al general mexicano: «"Mi general, traigo un encargo muy delicado para entregarlo solamente a usted", dijo ceremonioso, dirigiéndose a Carrillo Olea».

Ante el joven capitán, el general…

… no pudo evitar sentirse ridículo. El gobierno mexicano había enviado a dos generales: Guillermo Álvarez Nahara, jefe de la Policía Judicial Militar, y a él. Además, dos batallones apoyaban la operación. En cambio, el gobierno de Guatemala había optado por un joven militar para entregar a un perfecto desconocido.

Carrillo Olea «juzgó que el ejército mexicano era absurdamente pretencioso». Todavía no sale del asombro. «Mucha gente se ríe de mí porque me sorprende que lo traía un capitán de unos 26, 27 años.»[8]

Estaban sobre la carretera, a merced del pegajoso calor húmedo de 35 grados centígrados de junio, entonces el capitán guatemalteco de inmediato abrió la cajuela de la *pickup* y le mostró a Carrillo Olea el contenido. «Sobre la lámina caliente, amarrado de pies y manos con una cuerda como si fuera un cerdo», estaba encapuchado Joaquín Guzmán Loera; su cuerpo «había rebotado como fardo durante las tres horas del viaje» de la Ciudad de Guatemala a México. Este detalle, el estado en que entregaron a El Chapo, fue una de las pocas coincidencias entre los relatos de Carrillo Olea y Pérez Molina.

El general mexicano admitió que «sintió lástima» al ver a El Chapo en semejante situación. Más de 20 años después, el exmilitar seguía impresionado. «El pobre señor, el pobre Chapo Guzmán de ese momento —que no es el Chapo de ahora— venía amarrado en unas condiciones muy poco humanas.»[9]

Pero así como estaba El Chapo, «el cuerpo de paracaidistas lo cargó en vilo, y lo metió en uno de los vehículos del ejército mexicano», según el relato del general mexicano que Hernández publicó.

«Capitán, muchas gracias —dijo Carrillo Olea, dándole un abrazo al militar guatemalteco—, yo hubiera querido establecer una hermandad, siquiera saber cómo te llamas o dónde te puedo hablar por teléfono», escribió Hernández.[10] La periodista no revela si el exmilitar mexicano dijo qué respuesta obtuvo del joven capitán. Si el guatemalteco no se identificó con su nombre y apellido, este último debía aparecer en la plaqueta sobre la camisa de su uniforme, si era de gala, o estar escrito en marcador indeleble sobre el bolsillo delantero de la camisa de su uniforme de fatiga o camuflaje. Pero ahora, la identidad de este joven que tanto impresionó a Carrillo Olea todavía es un misterio. Eso aunque, semanas después, la Procuraduría General de la República (PGR) entregó

300 000 dólares de recompensa al gobierno de Guatemala, que incluía entre los destinatarios al citado capitán.

Si la gallardía del capitán impresionó a Carrillo Olea, también le causaron un impacto memorable las condiciones en que los militares guatemaltecos le entregaron al prisionero, al trofeo de la PGR en el caso de la balacera en el aeropuerto de Guadalajara y la muerte violenta del cardenal Posadas Ocampo. Tanto así fue que al recibir a El Chapo lo llevaron a un cuartel para que se bañara, comiera y le practicaran exámenes médicos.

«Queríamos saber en qué condiciones habían entregado a Guzmán Loera», le dijo a Hernández, y «si debíamos prever que estuviera en malas condiciones de salud, quiero decir, envenenado, o algo por el estilo», le diría a Aristegui. No explicó envenenado por quién, pero se puede asumir que se refería a sus captores en Guatemala.

Carrillo Olea dijo que en el momento en que tuvo a El Chapo enfrente, «no se expresó de ninguna manera en particular», pero que sí tenía un mensaje: «no estaba derrotado», dijo el general mexicano, apuntando con su índice izquierdo hacia el cielo.[11] Acto seguido, al narcotraficante lo trasladaron en un avión militar de Chiapas a Toluca. Carrillo Olea lo entregó a los médicos en la prisión de Almoloya de Juárez. Fue la última vez que lo vio.

ALGUNOS CABOS SUELTOS

El diario mexicano *Excélsior* publicó que,[12] según Carpizo, con El Chapo «fueron detenidos estos miembros de su banda criminal: Martín Moreno Valdez, Manuel Castro Meza, Baldemar Escobar Barrasa (o Barraza), María del Rocío del Villar Becerra y Antonio Mendoza Cruz». Un artículo de prensa salvadoreña reveló que estas personas también lo acompañaban en su escala de negocios y festejos en El Salvador.[13]

En un informe de enero de 1995,[14] la PGR identificó a casi todos como capturados y cómplices de El Chapo, salvo por su novia nayarita, del Villar Becerra, quien no figura en la lista de detenidos por este caso para finales de ese año.

Excélsior citó a Carpizo diciendo que El Chapo Guzmán fue detenido «cuando autoridades de Guatemala lo entregaron junto con cinco personas de su grupo más cercano a la Procuraduría General de la República, apoyada por miembros del ejército mexicano». Pero hasta aquí, los otros detenidos no aparecen en los relatos de Carrillo Olea.

El general mexicano, ya retirado, no habló de ese «grupo cercano» de El Chapo en sus entrevistas. Y en Guatemala, ningún exoficial de la D-2 se refiere a la captura de los cómplices, salvo dos excepciones: el general Pérez Molina y el coronel Edwin Giovanni Pacay Paredes.

En 2013,[15] Pérez Molina reconoció que El Chapo se movilizaba en grupo. «Sabíamos en qué vehículos se estaban desplazando, cuántos venían», y también que «todos los vehículos venían armados», dijo el entonces presidente. El periodista de Univisión que lo entrevistó, Gerardo Reyes, narra fuera de cámara que el grupo «se hospedó en un hotel de la ciudad», mientras se muestran imágenes del Hotel Panamerican.[16] El hotel está en la zona 1 capitalina, a dos cuadras del Palacio Nacional y la Casa Crema (la casa presidencial). Pérez Molina dijo que no quiso hacer un operativo de captura en la ciudad, por temor a desencadenar una balacera en un sector concurrido. Entonces, optó por esperar a que El Chapo saliera de la capital.

Pero la versión de la captura de El Chapo se desdobla ya que, por un lado, Carrillo Olea habla del ingreso del narcotraficante a El Salvador, y por otro lado, Pérez Molina insiste en que montaron el operativo de captura «al enterarse que se dirigía a El Salvador». El exmilitar guatemalteco afirmó que El Chapo y sus cómplices habían recorrido 20 kilómetros afuera de la Ciudad de Guatemala cuando «un grupo de militares detuvo la caravana».

Frente a las cámaras de Univisión, Pérez Molina habló como si hubiera presenciado los hechos. Sostuvo que ninguno de los pasajeros de los vehículos detenidos se opuso; es decir, admite que hubo varios capturados. El Chapo «no estaba nervioso ni violento; tuvo una reacción de tranquilidad, como que estaba seguro de que iba a poder hacer un arreglo o una compra de la voluntad de quienes estaban en el operativo», relató. Agregó que El Chapo trató de sobornarlo, pero que la D-2 no tenía intenciones de negociar.

«Dijo que él iba a dar información importante si se le dejaba ir, ofreció dinero, una serie de cosas», afirmó Pérez Molina. «Él hablaba de millones de dólares, de un millón o por lo menos dos millones de dólares.»[17]

La información que ofreció El Chapo llevó al decomiso de seis toneladas de cocaína en una bodega en San Salvador. Esta incautación no descarta que el narcotraficante llegara antes a El Salvador. Si sabía que la carga llegaría al Puerto de Acajutla, tal vez hasta presenció la entrega, a pesar que de El Señor de los Cielos no lo quería cerca de esa cocaína, y por eso El Chapo conocía el lugar de almacenaje y trató de utilizar el dato como prenda de canje. Eso «le dio la tranquilidad de decir "esto lo arreglo con dinero o entregando el cargamento"»; «pensó que podía hacer una negociación», dijo Pérez Molina.

El exmandatario nunca dijo que el operativo de seguimiento y captura de El Chapo lo organizaban los estadounidenses, incluyendo agentes de la Agencia Federal Antidrogas (DEA). Según su relato, el mérito era sólo de la D-2. De nadie más.

¿ALGUIEN PRESUMIÓ CON SOMBRERO AJENO?

Una fuente extraoficial también situó la captura de El Chapo en la carretera guatemalteca que conduce hacia El Salvador, como lo hizo Pérez Molina. Este informante, que se mueve en zonas grises, tiene contactos en la guerrilla y también hizo amistad con militares en Guatemala. Una de esas amistades era el coronel Pacay Paredes, subalterno y hombre de confianza del general de división Edgar Ricardo Bustamante Figueroa, quien a su vez era incondicional apoyo de Pérez Molina (Bustamante y Pérez eran de la misma promoción graduada de la Escuela Politécnica en 1973).[18]

En mayo de 1993, Bustamante Figueroa era el jefe del Negociado de Contrainteligencia de la D-2, que se encargaba de las operaciones antinarcóticas, y se apoyaba en Pacay, que en ese entonces era capitán. Un exoficial de la D-2 asegura que Pacay era «la mano derecha» de Pérez Molina en tareas de inteligencia, y que era enviado a trabajos de investigación «muy seleccionados». Y es que Pacay era un sujeto preparado. En su carrera tomó cursos de estrategia, gobernabilidad, inglés y portugués, entre otros.

Hace varios años, Pacay le confesó al informante que se encontró cara a cara con El Chapo en un retén sobre la carretera entre Guatemala y El Salvador. El informante no recuerda si ocurrió en la ruta hacia o desde El Salvador, y Pacay no le dijo si Pérez Molina estaba presente. Pero Pacay era demasiado importante para ser enviado a montar un retén cualquiera sobre la cinta asfáltica. La única razón por la que este habría soportado a la intemperie el calor o las lluvias de junio es que el retén era estratégico: esperaban que El Chapo transitara por ese punto, según Rosada, el experto en temas militares. En esa época, Rosada integraba el equipo negociador de la paz como representante del gobierno.

El informante habló el 20 de agosto de 2015, pero recordaba cuanto Pacay le relató como si hubieran hablado el día anterior, aunque debió ser al menos ocho años antes. Pacay dijo que ellos «estaban en un retén en la carretera a El Salvador (no sé si donde están los vendedores de las piñas, o antes), cuando se acercaron tres carros polarizados negros y les hicieron la parada», dice el informante. Cuando pararon, los pasajeros «ni esperaron que les preguntaran quién venía ahí. De una vez dijeron, "es fulano"». Se referían a El Chapo y a sus acompañantes.

«¿Quién está al mando?», preguntó un sujeto con acento mexicano. Y quien estaba al mando era Pacay, que no estaba parado sobre la carretera, sino se guarecía del sol matutino al pie de un árbol. Sus subalternos lo llamaron y pronto se encontró de pie frente a El Chapo. Entonces, el sujeto le dijo sin miramientos al capitán Pacay, «Soy fulano de tal… y llevo tanto de dinero» (El Chapo luego admitiría que llevaba 1.5 millones de dólares); Pacay se quedó frío.

«"¡Já, puta!", dije yo; pálido me puse, y dije que sí», con candidez relataría al informante su reacción. Acto seguido, Pacay llamó a otro sujeto que estaba de jefe, y le dijo: «Mire, está pasando esto». El jefe le respondió con un expedito: «¡Páselo de inmediato!». Quería decir que lo capturaran ya. Guatemala tenía el compromiso de detenerlo y entregarlo a México. Además, estaba la operación que Estados Unidos habría montado para capturarlo, que Pérez Molina nunca mencionó, y de la que Pacay tampoco le habló al informante.

Lo que Pacay sí relató es que El Chapo insistió en obtener protección: «les dejó en esa vueltecita un millón y medio de dólares que llevaba», dice el informante. También les dijo que si lo dejaban ir «quedamos de amigos». En su condición de extraditable a México no le convenía la captura. Era un semianalfabeta de 36 años, pero eso no le quitó lo temerario. Este era el mismo sujeto que apenas podía escribir (en la cárcel, las cartas de amor que le enviaba a una reclusa se las escribía otro reo), y que se presentó ante la prensa mexicana en junio de 1993 con un lacónico «yo soy agricultor».

Pese a que el narcotraficante acabó en las manos de las autoridades mexicanas, el informante dice que El Chapo selló una alianza el día del retén. Reveló que les entregó el dinero, y no que los militares se lo robaron, aunque de todos modos lo escoltaron a Tecún Umán, San Marcos, frontera con México. «Se abrazaron y quedaron de amigos», dice el informante. Pacay le relató que la jefatura de Inteligencia Militar lo sacó de la operación y «montó la cuestión de seguridad hasta México; lo llevaba un convoy militar». Tocaría establecer si por «convoy» se refería a las tres *pickups* destartaladas que el general Carrillo Olea observó llegar a la frontera, y si Pacay le ofreció al informante una versión quirúrgicamente editada.

Un exoficial de la D-2 sospecha que Pacay podría haber sido el capitán que hizo la entrega de El Chapo a Carrillo Olea. Otro cree que Pacay quizá fue el oficial que Inteligencia infiltró en el grupo de oficiales de Santa Ana Berlín y que se reunieron con los socios de El Chapo en Coatepeque. Ninguno de ellos cree en la versión de la captura en la carretera hacia El Salvador; uno de ellos porque escuchó el relato de al menos dos de los oficiales que se reunieron con la gente de El Chapo en 1993.

Pacay fue capitán primero y ayudante de Negociado en el Estado Mayor de la Defensa Nacional (EMDN) hasta el 31 de julio de 1993, según los registros del Ministerio de la Defensa,[19] casi dos meses después de que El Chapo fue entregado a México. Es decir, el capitán Pacay pudo ser el «joven capitán» que tanto impresionó al general mexicano Carrillo Olea, y el responsable de entregar al detenido en la frontera. La información oficial no especifica si perteneció a la D-2, pero un exmiembro de la Dirección de Inteligencia dice que Pacay sí fue miembro de esa dependencia. Lo confirman algunos documentos desclasificados de Estados Unidos que indican que Pacay aparece registrado como oficial de la citada dirección para el 20 de marzo de 1991.

La confesión de Pacay respecto a que él capturó a El Chapo no fue lo más serio que reveló. El informante dice que Pacay le confió que en Guatemala «el general, le dio como 30 000 dólares para que no contara la historia», pero él «la contó años después». El informante dice que el general al que se refiere es Pérez Molina, quien en aquel entonces era coronel, y ahora se rehúsa a hablar del caso de El Chapo para este libro. Se desconoce si esos 30 000 eran parte del millón y medio de dólares que originalmente El Chapo llevaba.

Un exoficial de Inteligencia que escuchó la historia de la operación que comenzó en Coatepeque, para capturar a El Chapo, no recuerda mayores detalles respecto a quienes acompañaban al narcotraficante en calidad de cómplices. «En las versiones que hay es muy hermético el tema», afirma. «Es así por el tema del dinero: ¿hubo o no hubo dinero? Un millón y medio de dólares es mucho dinero para... Y si fueron tres o cuatro los del operativo, ¿al final a dónde fue a parar ese dinero?»

Transcurridas apenas 24 horas luego de que el procurador Carpizo reveló la captura, las autoridades guatemaltecas se dedicaron a desmentir el hecho. Los militares guatemaltecos lanzaron la piedra y escondieron la mano. Capturaron a El Chapo, lo devolvieron y aquí no ha pasado nada. Manejaron el hallazgo de El Chapo como un espejismo, o una realidad distorsionada en un cuarto de espejos. La revista *Proceso* publicó que en Guatemala, hasta el viernes 11 de junio de 1993, «nadie sabía nada del asunto, ni querían saber».

Los militares involucrados parecían preferir negar la presencia de El Chapo en Guatemala que tener que hablar de ello, y ser bombardeados con preguntas para las cuales no tenían respuesta, o no podían responder en público sin traicionar lealtades. En esto, resultaba útil el contexto político del Serranazo. El ensamblaje del gobierno de transición presentó la oportunidad perfecta de jugar *ping-pong* con la prensa. Nadie daba declaraciones. Nadie era responsable porque estaban «en transición».

POST MORTEM DE LA CAPTURA

Después de su accidentado paso por Guatemala, los militares mexicanos se llevaron a El Chapo esposado en un avión militar 727 de Chiapas a Toluca. Cuatro paracaidistas protegían la cabina. El resto del batallón resguardó la salida. Dos horas después, en Toluca, debidamente escoltado, bajó del avión cubierto de la cabeza y el rostro.[20]

El lapso del vuelo no fue tiempo muerto. El Chapo lo utilizó para cantar hasta *Las mañanitas*. Lo interrogó el general brigadier Guillermo Álvarez Nahara, jefe de la Policía Judicial Militar, y El Chapo soltó la sopa: delató a autoridades guatemaltecas y mexicanas y sus vínculos con el narcotráfico.

Una vez que comenzó a hablar, parecía que le habían dado cuerda. El Chapo Guzmán «se puso muy lenguaraz», escribió Hernández. Parecía tan agradecido por cómo lo trataron los militares mexicanos, a diferencia de los guatemaltecos, que no se opuso a responder las preguntas de Álvarez Nahara. «Al contrario, había que madrearlo para callarlo; ya no sabíamos cómo cerrarle la boca, quería contar todo», le dijo un pasajero del 727 a la periodista.[21]

El pasajero —quizás uno de los escoltas paracaidistas— escuchó a El Chapo decir que los militares de Guatemala lo golpearon y le robaron un millón y medio de dólares. No reveló quiénes le pegaron, ni dónde ocurrió. El periodista Lafitte Fernández reportó que El Chapo «mostraba signos de violencia en su cara»,[22] pero resulta extraño que Carrillo Olea no lo comentara. Es algo que habría notado ya que le impresionó tanto la condición en que los militares guatemaltecos le entregaron al detenido.

El Chapo parecía más indignado por el dinero que por la paliza. Apuntó su dedo acusador a un sujeto en particular: un guatemalteco que identificó como el «teniente coronel Carlos Humberto Rosales», quien le ofreció ayuda para escapar a cambio del dinero, sólo para entregarlo mucho más liviano a otros oficiales de la D-2 y marcharse con los ladrillos de dólares, el otrora *per diem* millonario del narcotraficante. Pero Rosales lo había ayudado antes, y por eso El Chapo confió en él. Este teniente coronel fue su salvoconducto para facilitarle la entrada a Guatemala, después de que huyó de la balacera en Guadalajara, en mayo de 1993, hacia San Cristóbal de las Casas, Chiapas.

Cuando El Chapo llegó a San Cristóbal de las Casas, Chiapas, habló con Manuel *El Meño* Castro Meza. Era «para que a su vez me contactara con el teniente coronel del ejército guatemalteco Carlos Humberto Rosales, que nos iba a ayudar allá», en Guatemala,[23] declaró El Chapo durante el vuelo a Toluca. El Meño Castro luego lo acompañaría a El Salvador y, supuestamente, caerían detenidos juntos en Guatemala.

Cuanto El Chapo relató en el vuelo a Toluca quedó plasmado en el oficio número 1387 de la Procuraduría General de Justicia Militar, de la Subjefatura Operativa. El documento lo reprodujo la revista *Milenio Semanal*, el 8 de julio de 2002. La noche del 9 de junio el Ministerio Público Federal le tomaría otra declaración en la que, bajo amenazas de muerte, El Chapo no acusaría a ningún funcionario de colusión con el narcotráfico, ni revelaría quiénes eran sus cómplices en el gobierno. Según Hernández, esta segunda declaración sería la «única versión» que consideraría después el sistema de justicia mexicano. Aunque Carrillo Olea le aseguró en 2009 que el documento original con el interrogatorio de Álvarez Nahara sí existe, la periodista no consiguió obtener una copia oficial. La Secretaría de la Defensa Nacional de México (SEDENA) le informó que «el documento no existe».[24]

Esa verdad que la SEDENA dice que no existe, este secreto a voces, no evitó que salieran a flote otros detalles. El informante y supuesto amigo de Pacay dice que culpar al «teniente coronel Carlos Humberto Rosales» de entregarlo y robarle el dinero puede ser la forma en que El Chapo quiso proteger a sus socios en Guatemala.

«Vos no vas a quemar cómo quedaste», es decir, el arreglo que hizo con la gente, dice el informante. Y agrega que en su testimonio se ve cómo El Chapo cubrió todo «porque Pacay, capitán en esos días» y El Chapo «quedan de amigos». El informante dice que esa amistad incluía a Pérez Molina, y que la declaración original de El Chapo ante el general Álvarez Nahara indica que se estableció una relación con los militares guatemaltecos. «Cuando yo quedo mal con vos, digo "fulano de tal, tal y tal y tal"», dice el informante, para explicar que se acusa de manera directa, con nombres completos.

Pero el abogado del Arzobispado de Guadalajara, José Antonio Ortega, dice que eso es precisamente lo que hizo El Chapo, porque consta en un expediente oficial que el narcotraficante dijo que Pérez Molina también recibió dinero. En las constancias «aparece que El Chapo Guzmán entregó un millón y medio de dólares en Guatemala a Otto Pérez Molina; fue golpeado, torturado y traicionado, y así fue entregado a las autoridades mexicanas», declaró en una entrevista grabada en video el abogado Ortega, quien tenía acceso al expediente del caso por la muerte violenta del cardenal Posadas Ocampo.[25]

Este es un gran detalle que no reproduce la periodista Hernández en su libro, pero sí escribe, en cambio, que este mismo abogado dijo que Carrillo Olea organizó la logística de la balacera en el aeropuerto de Guadalajara, y que otro abogado (Sergio Aguilar Hernández, representante de El Señor de los Cielos) reveló que este militar era amigo de El Señor de los Cielos. Hernández le preguntó al respecto, y Carrillo Olea lo negó.[26]

En las copias de la declaración de El Chapo, que Hernández reprodujo en su libro, nada confirma el señalamiento del abogado Ortega. El abogado no indica si se trató de una declaración que El Chapo hizo días después de su traslado a Toluca. Pero no tiene sentido que El Chapo acusara a dos personas de robarle exactamente la misma cantidad de dinero, a menos que llevara 3 000 000 y que cada sujeto le hubiera robado de manera «democrática» la misma cantidad. Esta posibilidad es insostenible si se considera que, según reportes de prensa, El Chapo llevaba consigo 2 000 000 para sus gastos en El Salvador, donde ocupó unos 500 000 en sobornos y parranda. Lo que le sobró es cuanto llevaba encima en el momento en que cayó en Guatemala.

Que en un documento realmente conste la acusación de El Chapo contra el expresidente guatemalteco obliga —quizá de un modo absurdo— a preguntar cuán fiable es la palabra de El Chapo. ¿A quién acusó falsamente? ¿A Pérez Molina o al teniente coronel Carlos Humberto Rosales? ¿Y por qué la PGR no dilucidó si hubo doble soborno, si hubo soborno, o si en realidad se trató de un robo? ¿Era este el caso de optar por no hacer preguntas cuya respuesta es mejor desconocer?

En septiembre de 2015, después de su renuncia y captura, Pérez Molina quiso demostrar su probidad al declarar frente a un juez que nunca recibió soborno alguno de El Chapo, para liberarlo en 1993. Dijo que en Guatemala, el Ministerio Público le achacaba que recibió 800 000 dólares, pero que cuanto le ofrecían (a él y otros oficiales) y podría haber aceptado si hubiera querido «era diez o quince veces mayor que esa cantidad». Entonces, estamos hablando de al menos 8 000 000 de dólares, a pesar de que a Univisión le dijo que El Chapo había ofrecido entre uno y dos millones de dólares. Pero ese dinero dista mucho de ser la cantidad que El Chapo declaró que le robaron —otra vez, si se puede confiar en su palabra—. Pero además, sabemos que si no consta que llevaba 3 000 000 encima, menos llevaría 8 000 000. Que El Chapo cargara millón y medio y ofreciera una promesa de pago del resto, para escapar, es probable. Nunca lo sabremos.

Abundan las historias de miles de dólares que cambian de manos. Pocas o ninguna se puede probar. Una de ellas, que relata un exsubalterno de Pérez Molina en la D-2, incluía un dato alarmante: «En esos días», principios de junio de 1993, «se rumoraba que Contrainteligencia iba a organizar una fiesta para repartir un dinero, y que el invitado de honor era Pérez Molina». No tenía detalles del origen del dinero, pero el dato coincidía con que Bustamante recién había salido del Negociado de

Contrainteligencia el 6 de junio, según registros oficiales (aunque documentos desclasificados de Estados Unidos lo ubican todavía en la D-2 hasta el 15 de junio), que Pacay aún era hombre de su confianza y que ambos estaban a punto de acompañar a Pérez Molina en el Estado Mayor Presidencial.

CARLOS HUMBERTO ROSALES, PIEZA OCULTA

Rosada, el politólogo y negociador gubernamental, dice que en el grupo de Pérez Molina, Bustamante y Pacay no había ningún Carlos Humberto Rosales. Sin embargo, un ex alto oficial de Inteligencia dice que Carlos Humberto Rosales no sólo existía, sino también pertenecía a la unidad operativa de la Dirección de Inteligencia en 1993. Por lo tanto, era factible que hubiera participado en una operación de captura o traslado de El Chapo a la frontera. De hecho, según Carrillo Olea, en las destartaladas *pickups* había otros pasajeros, quienes seguían al que transportaba al narcotraficante. Otro oficial de Inteligencia de la época corroboró la existencia de Rosales en esa unidad, pero afirma que su nombre completo es Carlos Humberto Búcaro Rosales. Y este Búcaro Rosales tenía quizás un inusual número de coincidencias con Bustamante, Pacay y hasta con el jefe de operaciones de la D-2 en 1993, el teniente coronel Juan Guillermo Oliva Carrera. Por ejemplo, los cuatro superaban la veintena de condecoraciones, entre las que se contaban alas de paracaidista y la Medalla de Conducta de Primera

Clase. Bustamante, Pacay y Oliva eran además kaibiles.[27] Bustamente y Oliva también habían recibido una Medalla de Mérito Intelectual. Entre tanto, Búcaro tenía otros pergaminos como la Cruz de las Fuerzas de Tierra y la Cruz al Mérito Militar España.

Pero en febrero de 1993, según los documentos que desclasificó el gobierno de los Estados Unidos, un sujeto con el mismo nombre, Carlos Humberto Búcaro Rosales, era comandante del Primer Batallón, en la Zona Militar 18 de San Marcos.[28] Registros oficiales del Ministerio de la Defensa indican que el 1 de abril del mismo año fue transferido con el cargo de comandante de batallón a la Zona Militar 17-15 de Quetzaltenango, donde permaneció hasta marzo de 1994. En este lapso, la supuesta operación secreta de la D-2 en Coatepeque, Quetzaltenango, coordinada por Estados Unidos y la DEA, cumplía el tercer mes.

Un exmiembro de la D-2 asegura que era inusual que un oficial que era comandante de batallón en una zona militar integrara operaciones de Inteligencia Militar.[29] Pero no necesariamente debía ser parte de esas operaciones para haber conocido a El Chapo mientras estuvo asignado en San Marcos. Ese estado colinda con Chiapas, y es una de las áreas donde el narcotraficante se desplazó en 1993.

Que Búcaro Rosales fuera un homónimo, o que existiera un oficial llamado Carlos Humberto Rosales en otra unidad, es imposible. Los registros del Ministerio de la Defensa revelan que en las nóminas de personal militar de alta o retirado, sólo existe un oficial con el nombre de Carlos Humberto Búcaro Rosales. Además, sólo hay otros cuatro militares con el nombre de Carlos Humberto Rosales. Dos no tienen segundo apellido, y ninguno de los dos estaba de alta para 1993. Otros dos tienen otro apellido que no es Búcaro, pero estuvieron de servicio entre 1998 y 2002. Además, ninguno prestó servicio en San Marcos, y todos eran tropa, no oficiales. Por lo tanto, ninguno era teniente coronel y no podrían haber actuado en una operación de la D-2. Estos datos indican entonces que El Chapo, en efecto, se refería a Carlos Humberto Búcaro Rosales.

En la década de los noventa del siglo XX, en la policía, algunos investigadores tenían el hábito de llamarse entre sí por su segundo apellido. Los periodistas, por lo general, también los conocían por su segundo apellido y no se enteraban del nombre completo a menos que lo leyeran en un documento oficial. Por ejemplo, un sujeto llamado Rodrigo Ramírez Ponce sería conocido como Ponce. Es posible que los militares tuvieran el mismo hábito por seguridad, o para evitar ser rastreados, y tal vez Búcaro se le presentó a El Chapo como Carlos Humberto Rosales. Él no tendría forma de saber si al nombre le faltaba un apellido.

Otra evidencia de que este era el hombre al que se refería El Chapo es que, para el 1 de abril de 1993, Búcaro Rosales ya era teniente coronel (lo era desde 1991). Este era el mismo rango con el cual el narcotraficante describió al militar que supuestamente lo timó. Además, estuvo de servicio en San Marcos hasta marzo de 1993, y después en Quetzaltenango en los últimos dos meses de la supuesta operación DEA/D-2, hasta casi 10 meses después de que El Chapo fue capturado.

Búcaro Rosales llegó lejos. Fue ascendido a general de brigada en 2002 y pidió su retiro voluntario en 2004. Para entonces, ya tenía el curso de Inteligencia Nivel III bajo el brazo y otro sobre desactivación de artefactos explosivos, entre otros, y 22 condecoraciones, incluyendo una por 30 años de servicio, una medalla de aptitud y conducta, y reconocimientos como combatiente. Y, desde 1985, un curso de seis meses en Estados Unidos cuando era capitán primero.

También, por medio de una orden del Ejecutivo estadounidense, recibió una condecoración el 21 de julio de 2004. La orden mandaba que Búcaro Rosales recibiera «la Legión de Mérito en grado de oficial por conducta excepcionalmente meritoria en la prestación de servicio sobresaliente», entre diciembre de 2002 y enero de 2004. El documento que ordena la condecoración no ofrece detalles respecto a las condiciones en que Búcaro Rosales exhibió esa conducta «excepcionalmente meritoria»,[30] pero los registros del Ministerio de la Defensa indican que fue agregado militar entre 2002 y 2004. La información provista no revela en qué país, pero se puede presumir que fue en Estados Unidos, dada la condecoración.

Es peculiar que este sujeto a quien El Chapo acusó de robarle millón y medio de dólares, en medio de una operación de captura supuestamente organizada por Estados Unidos en 1993, haya sido condecorado por ese país 11 años después.

Búcaro Rosales nunca se ha pronunciado en público respecto a la acusación de El Chapo. En el plano legal podría argumentar que no se trata de él, sino de los otros fulanos, los otros Carlos Humberto Rosales. Un exoficial de la D-2 afirma que en la actualidad reside al norte de la capital guatemalteca, y que guarda muy bajo perfil. Su nombre ni siquiera aparece en la guía telefónica.

FUERON TODOS Y NADIE A LA VEZ

El hermetismo respecto a quiénes capturaron a El Chapo y quiénes lo entregaron le garantizó a la D-2 pocas o ninguna pregunta en los últimos 23 años. Si nadie sabe quiénes fueron, nadie les puede preguntar qué ocurrió en realidad.

En 2015, el Departamento de Información Pública del Ministerio de la Defensa dijo que no podía confirmar o negar que la D-2 capturó a El Chapo en Guatemala en 1993 porque no es su función «dar trámite al requerimiento» (es decir, responder la pregunta) porque no está cubierto por los artículos 2 y 4 de la Ley de Acceso a la Información Pública. Esto quiere decir al menos dos cosas: *1)* que la información no está en ningún archivo de ningún organismo del Estado, y *2)* la citada ley no es aplicable a «asuntos militares o diplomáticos de seguridad nacional, o de datos suministrados por particulares bajo garantía de confidencia».

Entonces, lo único que queda son conjeturas. Por eso, Rosada sólo puede sospechar que Bustamante, alguien de mucha confianza de Pérez Molina, integró el convoy que llevó a El Chapo a México, y que siguió la operación de captura de cerca. Este oficial tenía intereses particulares y preparación pertinente a esta operación, con cursos recibidos como «analistas e interrogadores» y «guerra irregular».

Sin embargo, un exmiembro de la D-2 dice que en mayo de 1993 Bustamante atendía un curso de capacitación en Taiwán. Un exjefe de la D-2 lo confirma, pero dice que al escuchar las noticias del Serranazo, Bustamante regresó a Guatemala. Si el Serranazo fue el 24 de mayo, debió de estar en el país cuando los militares entregaron a El Chapo a México el 9 de junio. Además, según el Ministerio de la Defensa, Bustamante no aparece como estudiante en Taiwán en mayo de 1993, sino en 1997, pero como agregado militar. Si él integró el convoy, ni siquiera se bajó de ninguna de las tres *pickups* de la caravana. Y no lo habría hecho porque, como en esa fecha Bustamante era teniente coronel, no podía haber sido el capitán que entregó al detenido y que tanto impresionó a Carrillo Olea, y la única persona del convoy con quien el general mexicano conversó.

Algunos documentos oficiales desclasificados de Estados Unidos indican que, entre 1992 y el 15 de junio de 1993, después de la captura de El Chapo, Bustamante fue el jefe de Negociado de Contrainteligencia en la Dirección de Inteligencia.[31] Sin embargo, los registros oficiales del Ministerio de la Defensa[32] también revelan que Bustamante fue el jefe de Negociado en el Estado Mayor de la Defensa Nacional (EMDN) hasta el 6 de junio de 1993, justo dos días antes de que la D-2 le anunció a Carrillo Olea que tenía a El Chapo en su poder.

Que Pérez Molina haya sido ese impresionate capitán también es descartable. Los documentos estadounidenses desclasificados revelan que Pérez Molina fue ascendido de capitán a rangos mayores al menos en 1982.[33] Como mínimo, el expresidente tenía 11 años de haber dejado de ser capitán en el momento en que El Chapo cayó en Guatemala. Pero además, Pérez Molina (quien nació en diciembre de 1950) habría tenido 42 años de edad en ese entonces y con dificultad habría aparentado tener 26, como el general mexicano le calculó al joven capitán.

Esos detalles no descartan que Pérez Molina, coronel entonces, viajó en la caravana que llevó a El Chapo a la frontera, pero resultaría extraño —como mínimo un desaire, o una descortesía militar— que no se bajara del vehículo para hablar con Carrillo Olea, y en su lugar enviara al ceremonioso capitán que el exgeneral mexicano todavía recuerda.

Actualmente, un par de exsubalternos de Pérez Molina no creen que él entregó en persona a El Chapo porque era el jefe de la Dirección de Inteligencia, y la entrega de un narcotraficante común y corriente era una función que podía delegar. Un exmiembro de la unidad de Inteligencia incluso duda que Pérez Molina haya hablado con El Chapo, porque el exgeneral «era gente de oficina». Esta fuente asegura que Pérez Molina destacó más en el campo académico que en el operativo. En todos sus estudios en el extranjero fue el primero de su clase. El golpe de Estado de 1982 lo sacó de la capital (donde sirvió en el Estado Mayor Presidencial y la Guardia Presidencial), y lo llevó al occidente del país, todavía en la época cruda del conflicto armado. «Eso era un castigo», dice la fuente. «Él no estaba allí porque prefería las operaciones en tierra, pero como había un nuevo gobierno y no estaba en el grupo de los favoritos, lo sacaron de la ciudad».

Aun así, en 2013, al referirse a la captura, el interrogatorio y la entrega de El Chapo, Pérez Molina habló en primera persona del plural: «nosotros esto, nosotros lo otro». No se sabe si porque hablaba en términos institucionales, como parte de la D-2, y no porque quisiera decir que él personalmente protagonizó los operativos de captura y entrega del detenido. Para entonces, Pacay nada podía decir.

El capitán, que pidió su baja en 2004, cuando ya era coronel, fue asesinado en 2007 en sus oficinas. Lo mataron personas que lo conocían. «Él mismo les hizo el ademán para que entraran mientras atendía una llamada por teléfono celular; por eso no se dio cuenta cuando sacaron las armas y le dispararon de lejos», dijo un exoficial de Inteligencia Militar, quien escuchó el relato de una secretaria en una oficina vecina. Una de las hipótesis extraoficiales del crimen es que lo perpetró alguien de su círculo inmediato de colegas exmilitares, un extremo no comprobado. El caso nunca se esclareció.

Hermandad a prueba del tiempo

El hermetismo que rodea la captura de El Chapo Guzmán en Guatemala no es fortuito. Ocurrió porque algunos oficiales que pertenecían al círculo de confianza de Pérez Molina en 1993 gravitaron a su alrededor incluso años después de que salieron del Ejército.

Un ejemplo son Pacay y Bustamante, no así Búcaro Rosales, quien rebotó de una zona y puesto militar a otro, casi siempre alejado de la capital. En julio de 1993, una vez instalado el gobierno de transición en Guatemala, Pérez Molina fue nombrado jefe del Estado Mayor Presidencial, un equipo de adjuntos militares que se jactaba de hacer funcionar la agenda y la seguridad del presidente como reloj suizo. Estar cerca del presidente, después de estar en la Dirección de Inteligencia, era la máxima aspiración militar, según algunos oficiales. Y Pérez Molina se llevó a Bustamante y Pacay consigo. Los registros oficiales[34] muestran que Bustamante se ocupó como jefe de Departamento en el Estado Mayor Presidencial desde el 7 de junio de 1993, un día antes de comunicada la captura de El Chapo a México. Luego pasó a ser jefe de Negociado, siempre en el Estado Mayor Presidencial.

Pacay fue oficial del Estado Mayor de la Defensa hasta mediados de 1994, año en que lo ascendieron a mayor y lo transfirieron al Estado Mayor Presidencial de Pérez Molina (fue jefe y ayudante de Negociado). Permaneció allí hasta enero de 1996, cuando hubo cambio de gobierno, un año antes del final oficial del conflicto armado con la firma del Acuerdo de Paz Firme y Duradera. Luego, con Pérez Molina fuera del Estado Mayor Presidencial por decisión del nuevo presidente, Álvaro Arzú, y colocado en el equipo negociador de la paz, lejos de la toma de decisiones sobre los cuadros de oficiales,

Pacay fue enviado a fungir como ejecutivo de Batallón a Quiché, un remoto departamento en la frontera noroccidental con México. Bustamante fue asignado como Tercer Comandante en la Base Militar de Tropas Paracaidistas: no era precisamente un ascenso.

Rosada explica que Pérez Molina, quien salió del ejército en 2001, se rodeó de la misma gente desde finales de los años ochenta hasta que llegó a la Presidencia en 2012. Pacay y Bustamente, que salieron del ejército en 2004, gravitaron alrededor de Pérez Molina casi hasta el final. «Hugo Pacay era de mucha confianza», dice un militar retirado. «Si no estuviera muerto, habría sido uno de los protegidos en el gobierno de Otto Pérez Molina.» De hecho, una hermana de Pacay estaba casada con quien fue viceministro de Gobernación en la administración del general retirado, aunque no permaneció en el puesto hasta el final del periodo presidencial. Mientras tanto, Bustamante fue secretario técnico del Consejo Nacional de Seguridad, y jefe de la Secretaría de Inteligencia Estratégica del Estado, en el gobierno del general. Permaneció en el puesto hasta poco antes de que el mandatario renunciara, en septiembre de 2015.

Operación secreta, según Pérez Molina

En septiembre de 2013, se escuchó en público y por primera vez, en boca de Pérez Molina, cómo la D-2 capturó a El Chapo. El entonces presidente habló frente a la cámara de Univisión.[35] Lo precedieron imágenes de archivo de El Chapo y de Guatemala, y la periodista María Elena Salinas anunció que «el Ejército ya había infiltrado la organización de Guzmán» al momento en que los militares capturaron al narcotraficante en Guatemala. Pérez Molina no reveló durante cuánto tiempo infiltraron la organización, pero explicó que eso les permitió ubicar a El Chapo y capturarlo.

«Fuimos muy cuidadosos en proteger al oficial que hizo la infiltración», dijo Pérez Molina acerca de esos días, cuando estaba al frente de la D-2. Sin embargo, existe la sospecha de que ocupaba el cargo de modo extraoficial porque desde el 7 de junio Bustamante ya aparece en los registros oficiales como teniente coronel jefe de Departamento en el Estado Mayor Presidencial. Y si Bustamante ya estaba en el Estado Mayor Presidencial en papel, Pérez Molina también debió de estar como el nuevo jefe. Y esta captura y entrega de El Chapo era la última operación de la D-2 bajo su cargo.

Pérez Molina reveló que el oficial infiltrado, que «trabajaba para una unidad móvil de inteligencia, había logrado infiltrar a un grupo de Guzmán que se había establecido en Tecún Umán», San Marcos, frontera con México.[36] Nadie más habló de una infiltración en Tecún Umán. Otro exjefe de la D-2 dice que la operación se hizo en Coatepeque, Quetzaltenango, incluso la captura. No obstante, Pérez Molina reveló que el oficial infiltrado «aceptó un pago de 30 000 dólares y una camioneta (un vehículo costoso) a cambio de protección del paso de cargamentos de droga», y que la operación avanzó. No dijo qué hicieron con el dinero.

Parecía que esa cantidad de dólares, que Pérez Molina dijo que los narcos le entregaron al infiltrado, era popular. Es la misma cantidad que el informante, amigo de Pacay, dice que cierto coronel, luego ascendido a general, le dio a Pacay para que nunca contara que estuvo en un retén sobre la carretera guatemalteca que conduce a El Salvador, donde capturó a El Chapo.

Pérez Molina dijo que «Tomó tiempo que ellos ganaran confianza», refiriéndose a la estructura del cártel de Sinaloa. «A él», el informante, «lo deberíamos haber movido, pero lo dejamos precisamente para que pudiera avanzar en tener más inteligencia sobre lo que se estaba haciendo.»

Transcurrieron pocos días después de la muerte del cardenal Posadas Ocampo el 24 de mayo de 1993, cuando el oficial infiltrado empezó a escuchar que «algo grande pasaría por la frontera», según Pérez Molina. Creyeron que se trataba de droga.

En esos días de fuga, después de la refriega en Guadalajara, El Chapo, como lo declaró después, habló con Manuel El Meño Castro Meza en San Cristóbal de las Casas, Chiapas, y le pidió comunicarse con el teniente coronel Carlos Humberto Búcaro Rosales en Guatemala. Este sujeto es quien le haría el salvoconducto para un ingreso furtivo a ese país. Para entonces, cumplía cuatro meses la supuesta secreta operación de los estadounidenses en Quetzaltenango. Es coincidente que en abril de 1993 Búcaro Rosales fue trasladado de la zona militar de San Marcos a la zona militar de Quetzaltenango (es posible que hasta al destacamento Santa Ana Berlín en Coatepeque), momento en que faltaban dos meses para la captura de El Chapo. Para entonces, los oficiales del destacamento, con el infiltrado que la D-2 asignó para acompañarlos en las reuniones en Coatepeque, se habrían visto con la gente de El Chapo al menos cuatro veces, y habían intercambiado números telefónicos.

¿Qué tal si El Meño Castro Meza le avisó a Búcaro Rosales que El Chapo iba camino a Guatemala, y este teniente coronel lo filtró o se le salió decir que «venía algo grande» al país y la información llegó a Pérez Molina? De ser así, Búcaro Rosales debió de hacerlo con una demora estratégica —o accidental— para que El Chapo se pudiera deslizar a El Salvador sin que lo capturaran antes. Claro que todo esto podría ser un castillo de naipes si El Chapo se inventó el cuento de Carlos Humberto Rosales.

Una vez que El Chapo tocó suelo guatemalteco, los únicos ojos y oídos del general mexicano Carrillo Olea eran la D-2. No podía saber si los militares guatemaltecos le echaban «crema a sus tacos» en sus reportes minuto a minuto del desplazamiento del narcotraficante. Tampoco podemos saber si las contradicciones obedecen a que la versión de Pérez Molina es de segunda mano, porque este militar nunca estuvo en el lugar —después de todo, también debía estar atendiendo la crisis que el Serranazo desencadenó—. Esto podría explicar que el exmilitar guatemalteco insista en que la captura evitó que El Chapo llegara a El Salvador, a pesar de que hay relatos de la juerga de El Chapo en la capital salvadoreña, y Carrillo Olea sostiene que lo capturaron después de que regresó de El Salvador a Guatemala.

En El Salvador, se suponía que lo tenían localizado la DEA y El Señor de los Cielos, Carrillo Fuentes, aunque el general mexicano dijo que recibió reportes de localización de las autoridades salvadoreñas. Según Pérez Molina, todo cuanto hicieron en Guatemala fue el resultado de la inteligencia que el infiltrado recabó.

«Dos días antes», el 7 o el 8 de mayo de 1993, «empezamos a tener información que posiblemente el mismo Chapo viniera aquí a Guatemala», dijo el exmilitar guatemalteco, refiriéndose a que llegaría de México a Guatemala. No explica «dos días antes» de qué. Pero si se refería a la captura, que fue el 8 de junio (al menos el día que la notificaron a México), eso lo sitúa en el 6 de junio. Para entonces, El Chapo ya había entrado a Guatemala. Lo «grande que pasaría por la frontera», según Pérez Molina, ya había pasado.

El seguimiento que el general mexicano Carrillo Olea hizo de El Chapo establece que, después de que huyó de Guadalajara y permaneció 10 días en la Ciudad de México, llegó a Chiapas, cerca de la frontera, el 31 de mayo. Carpizo, el procurador general mexicano, dijo que pese a que el narcotraficante estaba en plena escapatoria, le ordenó «a sus acompañantes destruir los afiches con su foto y la frase "SE BUSCA" que hallaron sobre la vía pública».[37] Pero eran afiches donde literalmente aparecía como una caricatura de sí mismo. Al parecer, las autoridades no tenían ninguna fotografía de El Chapo.

Las fuentes de Univisión ubican a El Chapo mientras cruzaba la frontera cerca del 4 de mayo. Además, estaba la vuelta a El Salvador, que siguió a su ingreso a

Guatemala. ¿Cómo podía la D-2 escuchar campanas de El Chapo en la frontera con México, mientras el hombre estaba tomando tequila en San Salvador y Carrillo Olea esperaba que las autoridades salvadoreñas lo espantaran hacia Guatemala, para que los militares guatemaltecos lo capturaran al salir de El Salvador? ¿Jugaban a teléfono descompuesto? ¿Lo del retén en la carretera a El Salvador fue una pantomima? ¿O alguien se confundió? Nadie lo explica. Menos Pérez Molina.

El militar guatemalteco dijo que antes de la captura sacaron al infiltrado de la operación encubierta. Un exoficial de Inteligencia sospecha que Pacay fue el infiltrado. Sin embargo, ello echaría por tierra la versión del retén en la carretera a El Salvador, pues se suponía que, para entonces, Pacay y El Chapo no se conocían, ¿o sí?

El informante y supuesto amigo de Pacay dijo que sacaron a Pacay de la operación después de la captura en el retén de la carretera, para protegerlo. Pero entonces, ¿tendría sentido enviarlo después a dejar a El Chapo en una destartalada *pickup* a la frontera con México? Si Pacay no era el joven capitán que impresionó a Carrillo Olea, ¿quién era? Nadie más del círculo inmediato conocido de Pérez Molina y Bustamante tenía ese rango en 1993.

Pero que Pacay le contara al informante que lo habían sacado de la operación después del retén era una historia conveniente si pretendía que se le descartara como el oficial que entregó a El Chapo en la frontera. Nadie lo ha podido esclarecer, en especial después del asesinato de Pacay. El posible protagonismo de Búcaro Rosales también se mantuvo en reserva casi 17 años, hasta que Anabel Hernández publicó este nombre en su libro en 2010. La pregunta del millón es si Búcaro Rosales auténticamente se ofreció para ayudar a El Chapo en mayo de 1993, sólo para entregarlo a sus jefes de la D-2 unos días después, o si el asunto fue un ardid desde un principio y El Chapo cayó redondo.

Pérez Molina y el informante, supuesto amigo de Pacay, no son los únicos que sabían que había un infiltrado en una célula del cártel de Sinaloa en Guatemala. Vigil, el exjefe de Operaciones Internacionales de la DEA, dice que en 1993 El Chapo se reunió con un oficial militar encubierto a quien trató de sobornar para que lo ayudara a mover cinco toneladas de cocaína y un voluminoso cargamento de fusiles AK-47 (cuernos de chivo), que estaban en Guatemala. «También quería protección a largo plazo de este oficial y, por medio de él, del ejército», revela Vigil.[38] Esta era una conversación distinta y anterior a la que El Chapo tuvo con los oficiales de la D-2 cuando lo capturaron, y quería decir que, además de las seis toneladas en El Salvador, el narcotraficante tenía otra carga en Guatemala. La pregunta es quién era el agente encubierto del cual habla Vigil y, más importante, si El Chapo logró la protección que esperaba para la cocaína y los fusiles.

Notas

[1] Carmen Aristegui, «El Chapo se fugó hace 11 años. No conviene capturarlo. Jorge Carrillo Olea» [video en línea], CNN en Español, 23 de enero, 2012 <https://www.youtube.com/watch?v=lXi8RmMGOc0>. [Consulta: 17 de diciembre, 2015.]

[2] Anabel Hernández, *Los señores del narco*, México, Grijalbo, 2010, p. 24.

[3] El Periódico de Guatemala. Fragmento de video original de Univisión: Gerardo Reyes, «Otto Pérez, el único hombre que capturó a El Chapo» [en línea], Noticiero Univisión Investiga, 8 de noviembre, 2013 (minuto 01:30.) <https://www.youtube.com/watch?v=UShwqoUvwDc>. [Consulta: 21 de enero, 2016.]

[4] Carlos Acosta y Francisco López Vargas, «Junio de 1993… una (primera) captura bajo sospecha», en *Proceso* [en línea], núm. 867, 14 de junio, 1993 <http://www.proceso.com.mx/?p=365571>. [Consulta: 15 de diciembre, 2015.]

[5] *Idem.*

[6] «Así se dio a conocer la primera captura y posterior fuga de El Chapo», en *Excélsior* [en línea], 14 de julio, 2015 <http://www.excelsior.com.mx/nacional/2015/07/14/945206>. [Consulta: 15 de diciembre, 2015.]

[7] A. Hernández, *op. cit.*, p. 19.

[8] *Ibid.*, pp. 19-20. C. Aristegui, *op. cit.*

[9] A. Hernández, *op. cit.*, p. 26. C. Aristegui, *op. cit.*

[10] A. Hernández, *op. cit.*, pp. 20, 26.

[11] Gerardo Reyes, «Otto Pérez, el hombre que capturó a El Chapo» [en línea], Noticiero Univisión Investiga, 4 de noviembre, 2013 (minuto 2:35) <https://www.youtube.com/watch?v=U1slsdyw5ug>. [Consulta: 23 de enero, 2016.]

[12] «El día en que el Chapo Guzmán se fugó de Puente Grande», en *Excélsior* [en línea], 22 de febrero, 2014 <http://www.excelsior.com.mx/nacional/2014/02/22/945151>. [Consulta: 15 de diciembre, 2015.]

[13] Lafitte Fernández, «Especial: La historia no contada de El Chapo Guzmán», en *Diario1.com* [en línea], 23 de febrero, 2014 <http://diario1.com/zona-1/2014/02/la-historia-no-contada-de-el-chapo-guzman-en-el-salvador/>. [Consulta: 18 de diciembre, 2015.]

[14] Informe de la Procuraduría General de la República [en línea], 14 de enero, 1995 <http://201.147.173.37/que%20es%20pgr/Documentos/conmemoracion/pecarp1.htm>.

[15] El Periódico de Guatemala. Fragmento de video original de Univisión: Gerardo Reyes, «Otto Pérez, el único hombre que capturó a El Chapo» [en línea], Noticiero Univisión Investiga, 8 de noviembre, 2013 (minuto 01:20) <https://www.youtube.com/watch?v=UShwqoUvwDc>. [Consulta: 21 de enero, 2016.]

[16] Coincidentemente, en 2008, un ciudadano mexicano miembro de los Zetas se hospedó en este hotel, según registros de la Fiscalía de Narcoactividad de Guatemala. El sujeto fue ligado después al asesinato del narcotraficante Juancho León y de 10 personas más, el 25 de marzo de 2008 en Zacapa, Guatemala (estado colindante con Honduras).

[17] G. Reyes, op. cit.

[18] Enrique Naveda, «Por sus actos lo conocerás», en Plaza Pública [en línea], Guatemala, 10 de septiembre, 2011 <http://www.plazapublica.com.gt/content/por-sus-actos-lo-conoceras>. [Consulta: 18 de diciembre, 2015.]

[19] Departamento de Información Pública-Dirección General Administrativa del Ministerio de la Defensa Nacional, Resolución núm. P/RS-DIP-1991-MVL-cefm-2015, 18 de diciembre, 2015, p. 4.

[20] En esta sección, todos los datos referentes a cuanto ocurrió en ese vuelo fueron tomados de A. Hernández, op. cit., pp. 48-62.

[21] Ibid., 49.

[22] L. Fernández, op. cit.

[23] A. Hernández, op. cit., p. 53.

[24] Ibid., pp. 60, 72-73.

[25] Julio César Sánchez, «Otto Perez Molina sí recibió dinero del Chapo, aseguran especialistas en narcotráfico» [en línea], IJS News, México, 8 de septiembre de 2015 (minuto 00:33) <https://youtu.be/eRQOniHidV4>. Reproduce el enlace el noticiero Guatevisión de Guatemala, septiembre, 2015 <https://youtu.be/0ERQyjF3-kk>. [Consulta: 18 de diciembre, 2015.]

[26] A. Hernández, op. cit., pp. 31, 45.

[27] Una fuente del Estado Mayor de la Defensa en Guatemala dijo que hasta 2011 se habían graduado al menos 6000 oficiales del curso kaibil. Aquellos identificados como cómplices de narcotraficantes en México y Guatemala no superan ni 3%, según la fuente.

[28] National Security Archive, «El ejército de Guatemala: Lo que revelan los archivos de los Estados Unidos», NSA-Universidad George Washington, Guatemala, 2000, p. 65.

[29] No existe información pública disponible acerca del paradero de Carlos Humberto Búcaro Rosales. Un exmilitar afirma que en el presente vive en una zona al norte de la capital guatemalteca.

[30] Headquarters-Department of the Army, General Orders No. 2009-08, Permanent Order [en línea], 21 de julio, 2004 <http://www.apd.army.mil/pdffiles/go0908.pdf>.

[31] National Security Archive, op. cit., p. 25.

[32] Departamento de Información Pública-Dirección General Administrativa del Ministerio de la Defensa Nacional, op. cit., p. 14.

[33] National Security Archive, op. cit., pp. 222 y 252.

[34] Departamento de Información Pública-Dirección General Administrativa del Ministerio de la Defensa Nacional, op. cit., pp. 4, 13.

[35] «Otto Pérez Molina habría atrapado a El Chapo en 1993 en Guatemala» [en línea], Noticiero Univisión, <https://www.youtube.com/watch?v=TkLZXSiuJ30>. [Consulta: 15 de diciembre, 2015.]

[36] Gerardo Reyes, «El Chapo. Episodio 3: El eterno fugitivo: arresto y fuga» [en línea], Univisión, s. f. <http://www.univision.com/noticias/la-huella-digital/especial-el-chapo/episodio-3>. [Consulta: 21 de enero, 2016.]

[37] Idem.

[38] Michael Vigil, entrevista vía correo electrónico, 19 de diciembre, 2015.

CAPÍTULO 4

Llegó a Guatemala, y se le acabó la fiesta

En 1993, el Serranazo atrapó la atención nacional e internacional. Mientras tanto, avanzaba la supuesta operación de la Agencia Federal Antidrogas (DEA) para cazar a El Chapo. El 5 de junio se descartó que el vicepresidente Gustavo Espina relevaría a Serrano en la presidencia, y la administración se vino abajo. Para entonces, El Chapo había entrado al país y se deslizaba hacia El Salvador, pero nadie se percató de ello, salvo la DEA quizá, y Búcaro Rosales. En esos días, el Congreso reintegrado decidía quién ocuparía la presidencia para un gobierno de transición mientras llegaban las elecciones de 1995.[1] Los diputados, la Corte de Constitucionalidad y los representantes de la sociedad civil intentaban poner la casa en orden. Pero eso era en la capital; lejos, en la provincia, había necesidades distintas.

El 8 de junio, El Chapo, otro sujeto y dos oficiales militares guatemaltecos fueron a una fiesta en una finca en San Marcos. «Era una reunión de guaro», o sea con licor, «un convivio con mujeres y todo eso», afirma un exmilitar que supo acerca de la operación estadounidense. Después de algunas horas, los cuatro salieron juntos de la fiesta rumbo a Coatepeque. Pero habían bebido tanto que debieron detenerse a orinar sobre la orilla de la carretera, en un cañaveral. Y allí, junto a la letrina improvisada entre el vehículo y las cañas de azúcar, uno de los oficiales militares le soltó la noticia a El Chapo: estaba detenido. La captura fue el resultado de las reuniones en La Embajada. Los dos oficiales seguían instrucciones precisas. No sabían exactamente quién era este sujeto, sólo que le interesaba a Estados Unidos, que lo quería México, y que debían entregarlo.

El acompañante de El Chapo desapareció: lo dejaron ir o logró escapar. Un alto oficial retirado que escuchó el relato de uno de los oficiales que lo capturó desconoce qué ocurrió con ese otro sujeto; tampoco sabe cómo cayeron los demás acompañantes del narcotraficante que el procurador Carpizo anunció como atrapados junto a El Chapo. Que estos quizá fueran aprehendidos en otro operativo podría explicar por qué no aparecen en el relato que el exgeneral mexicano Carrillo Olea hizo de la entrega de El Chapo en la frontera. Lo que resulta inexplicable es que la Dirección de Inteligencia (D-2) desconociera quién era El Chapo, aun después de ver el retrato hablado que los funcionarios estadounidenses solicitaron.

En 2013, de acuerdo con la versión de la captura en la carretera a El Salvador, Univisión reportó que «tras el arresto, la mayor preocupación de los servicios de inteligencia guatemaltecos la causaba la premura de identificar plenamente a Guzmán».[2] En la versión de la captura en Coatepeque, un exmiembro de la D-2 asegura que desconocían el nombre y el rostro de El Chapo Guzmán. Sin embargo, la misma televisora, con datos que proporcionó Pérez Molina, publicó que «después de varias horas de intercambio de información con México, salieron de dudas» y comenzaron el traslado.

Resulta interesante que en 2012, Pérez Molina le dijo a *Excélsior* que la captura de El Chapo en 1993 fue inesperada porque cayó cuando vigilaban el movimiento de dos toneladas de cocaína.[3] «Cuando se hizo la captura, inmediatamente nos dimos cuenta de que coincidía con la descripción que nos dieron las autoridades mexicanas de El Chapo Guzmán». Es decir, en esa versión no había dudas de que los militares tenían certeza de la identidad del sujeto al que perseguían, como le dijo a Univisión. Pero aunado a esto estaban esas dos toneladas de cocaína en Guatemala, una cantidad similar al supuesto cargamento de El Señor de los Cielos en El Salvador, pero mucho menor que las cinco toneladas que El Chapo pretendía mover en Guatemala, según Michael Vigil. Un ano después, el único cargamento del cual le hablaba Pérez Molina a Univisión era uno de seis toneladas en El Salvador, el que la policía de ese país sí decomisó.

En la entrevista con *Excélsior*, el entonces presidente tampoco habló de la «preocupación» por identificar a El Chapo (como lo hizo después a Univisión) porque «inmediatamente» lo reconocieron al tener en sus manos la descripción que les había enviado México.

Y es que en realidad, «los militares guatemaltecos ya conocían la apariencia física de El Chapo», dice Vigil.

«Por eso me deja perplejo la necesidad de tener que acudir a un retrato hablado para confirmar quién era». ¿Intentaba la D-2 ganar tiempo? ¿Para qué? Pérez Molina nunca mencionó que Estados Unidos tomó el control de la infiltración, ni que utilizó un retrato hablado. ¿Y si no lo hizo porque la D-2 supo todo el tiempo quién era El Chapo? Entonces, ¿quién le tomaba el pelo a quién?

Héctor Rosada recuerda que en esa época la cúpula de Inteligencia militar quería entender cómo funcionaba el narcotráfico, incluso lo consultaba al respecto. «Ahora se me hace que sí lo entendían, y sólo querían averiguar qué es lo que yo sabía», concluye el politólogo.

¿Maestros del embuste?

Rosada permanece convencido de que los captores de El Chapo era gente cercana a Pérez Molina en la D-2, así como sospecha que Bustamante Figueroa integró el convoy que llevó al detenido a la frontera con México. No obstante, algunos de estos oficiales estaban en el extranjero o en unidades lejos del lugar de captura, fuera de Coatepeque o de la zona entre la capital guatemalteca y El Salvador.

El politólogo sospecha que el mayor Julio Roberto Alpírez y el teniente coronel Oliva Carrera, jefe de operaciones de la D-2 en 1993, fueron quienes capturaron a El Chapo. Ambos formaban parte de un grupo de oficiales, blanco de escandalosas acusaciones de violaciones a los derechos humanos: «Ellos eran los ejecutores [en las operaciones militares]», afirma Rosada. Sin embargo, un exoficial de la D-2 sostiene que Alpírez y Pérez Molina «no eran cerca-nos», y más bien se observaban el uno al otro con recelo.

El mayor Alpírez fue comandante de pelotón en San Marcos durante 1992, pero es señalado como sospe-choso en el interrogatorio y desaparición del guerrillero guatemalteco Efraín Bámaca, ese mismo año, en Quet-zaltenango (estado que colinda con San Marcos). Según documentos estadounidenses desclasificados, en 1993 Alpírez estaba en Santa Rosa, lejos de Quetzaltenango y de la frontera con México. Pero Santa Rosa sí está cerca de El Salvador, en la ruta entre la capital de Guatemala y la frontera con El Salvador, donde los militares intercep-taron a El Chapo, según Pérez Molina.

Por su parte, el teniente coronel Oliva Carrera, acu-sado de ser coautor intelectual del asesinato de la antro-póloga guatemalteca Myrna Mack en 1990, sí aparece como estudiante en Taiwán en la primera mitad de 1993, según documentos que Estados Unidos desclasificó. Un exoficial de la D-2 dijo que Bustamante también estaba en Taiwán en 1993. De cualquier manera el exoficial mi-litar dice que al menos Bustamante regresó a Guatema-la inmediatamente después del 25 de mayo de 1993, cuando ocurrió el Serranazo.

SANTA ANA BERLÍN, LA ESCALA MALDITA

La historia de la captura de El Chapo en el cañaveral con-tinuó con su traslado al destacamento Santa Ana Ber-lín. Allí lo cocieron a patadas para sacarle información, un dato que coincide con su queja durante su primera declaración en México: que los militares guatemaltecos lo golpearon. Un exoficial de Inteligencia supo de la golpiza en aquella época, aunque no está seguro de si a El Chapo lo interrogaron en las oficinas de la D-2 en la capital o en el destacamento militar. Otro exoficial de Inteligencia supuso que, si fueron al destacamento, fue en una escala entre la capital guatemalteca y la frontera con México donde le cayeron a golpes.

Golpear a los capturados resultaba usual, según este exoficial. La información luego servía para propósitos oficiales o personales, según si quienes propinaban la golpiza se querían beneficiar de algún negocio ilegal o buscaban quedar bien con sus superiores, cuando les facilitaban datos de valor.

Santa Ana Berlín ya era famoso por la captura en marzo de 1992 del guerrillero Bámaca, conocido con el alias de Comandante Everardo. Algunos documentos desclasificados de Estados Unidos responsabilizan a Pérez Molina, extraoficialmente, de la tortura, muerte y desaparición forzada de este. Sin embargo, tales hechos no se probaron en una corte, ni Pérez Molina fue acusado de modo formal por este caso. Alpírez también fue responsabilizado, pero tampoco fue a juicio.[4] Aun así, el congresista estadounidense Robert Torricelli dijo que Alpírez ordenó el asesinato de Bámaca y que además era un contacto de la Agencia Central de Inteligencia del gobierno de Estados Unidos (CIA).[5] Un comité que supervisa las misiones de inteligencia estadounidense en el exterior observó en un informe que recibió datos que indican que los militares enterraron el cadáver de Bámaca en un cañaveral cerca del destacamento.[6] Debía ser un sitio cercano a donde fue detenido El Chapo, quien nunca supo cuán cerca caminó del precipicio. No podía saberlo en ese entonces, pero la exigencia de la Procuraduría General de la República (PGR) y la del mismo presidente Salinas de que fuera devuelto a México de forma expedita, quizá le salvaron la vida.

El destacamento Santa Ana Berlín ya figuraba en publicaciones internacionales en 1993 y ya estaba en el radar de las autoridades de Estados Unidos. La esposa de Bámaca era la abogada estadounidense Jennifer Harbury, quien infructuosamente hizo desde cabildeo diplomático hasta huelgas de hambre para esclarecer el caso de su marido. Por este caso, varios familiares de Bámaca y algunos testigos recibieron, durante años, serias amenazas de muerte.[7]

En 1996, por ejemplo, el vehículo del abogado José Pertierra explotó a causa de una bomba, frente a su residencia en Washington, D. C. No se hallaron responsables, pero prevaleció la sospecha de que el ataque ocurrió porque entonces representaba a Harbury en el caso Bámaca.[8] En 2002, la Corte Interamericana de Derechos Humanos condenó al Estado de Guatemala a pagar 498 000 dólares como parte de las reparaciones a Harbury y a la familia de Bámaca. El Estado pagó, pero la investigación del caso permanece abierta.[9]

Los paralelismos entre el caso Bámaca y la captura de El Chapo no son pocos: las verdades a medias, los espejismos, las contradicciones, los militares y Santa Ana

Berlín. En 1992, el ejército divulgó que la muerte de Bámaca ocurrió durante un enfrentamiento armado con la guerrilla. Para hacer creer a la opinión pública que él estaba muerto, presuntamente mostró el cuerpo de otro guerrillero y lo hizo pasar por el de Bámaca para comprobar el deceso. Mientras tanto, lo retenía vivo y bajo tortura para extraerle información, según algunos reportes de prensa.[10] Se sospecha que lo retuvieron al menos un año, de manera que estuvo en Santa Ana Berlín hasta tres meses antes de que los militares llevaran a El Chapo al mismo lugar. Incluso parece probable que estuvieran en el mismo sitio al mismo tiempo. Un documento de 1995, que cita fuentes militares y el cual la CIA desclasificó,[11] indica que se presumió que Bámaca estaba vivo hasta finales de 1994.

La entrega: otro cuarto de espejos

La supuesta ignorancia acerca de la identidad de El Chapo así como cuánto tiempo lo retuvieron los militares no son los únicos detalles nebulosos en este caso. El lapso del viaje a la frontera también despierta algunas dudas.

Univisión reportó que, «al anochecer», los militares «iniciaron el envío de El Chapo por tierra hacia el puente fronterizo de Talismán».[12] Era extraño que salieran de noche desde la capital, cuando el trayecto de esta a la frontera dura, sin tráfico vehicular, unas tres horas. La misma Anabel Hernández, después de escuchar las declaraciones del exgeneral mexicano Carrillo Olea, lo confirmó con su relato: El Chapo había rebotado como fardo durante «tres horas» en la cajuela de la *pickup*, desde la capital. Pero, otra vez, eso es lo que los militares guatemaltecos le dijeron a Carrillo Olea. Y, si salieron durante la noche desde la capital, digamos que para evitar el tráfico y hacer un desplazamiento furtivo aprovechando la oscuridad, ¿qué hicieron el resto del tiempo después de llegar a la frontera?

Si salieron de la capital a las ocho de la noche, por ejemplo, después de la hora pico del tráfico y al menos un par de horas después de que oscureció, eso los situaba en la frontera a las once de la noche. Es decir, 12 horas antes de que Carrillo Olea recibiera el convoy de las destartaladas *pickups* militares en la frontera, el 9 de junio de 1993. Lo único que explica la salida de la capital una noche antes es que hicieran escala en algún lugar. Y ese lugar podía ser perfectamente el destacamento de Santa Ana Berlín. Eso o que El Chapo nunca estuvo en la capital porque no lo detuvieron en la carretera a El Salvador, y que permaneció en Coatepeque todo el tiempo después de la sorpresiva captura en el cañaveral. Para entregarlo en la frontera a las once de la mañana, les bastaba salir del destacamento 38 minutos antes.

Y así, ese 9 de junio al medio día, en el puente Talismán, en el momento en que el general Carrillo Olea y aquel misterioso y solícito capitán guatemalteco se despidieron, también le dijeron adiós a la posibilidad de esclarecer las incongruencias de la extraña captura de El Chapo. Sin duda, una verdad que conocen sólo quienes eran jefes de la D-2 en 1993 y el narcotraficante.

Notas

[1] Hugo Cuyán Vásquez, «Recambio: Vuelve orden constitucional», en *Prensa Libre* [en línea], 31 de mayo, 2015 <http://www.prensalibre.com/hemeroteca/recambio-vuelve-orden-constitucional>.

[2] Gerardo Reyes, «El Chapo. Episodio 3: El eterno fugitivo: arresto y fuga» [en línea], Univisión, s. f. <http://www.univision.com/noticias/la-huella-digital/especial-el-chapo/episodio-3>. [Consulta: 21 de enero, 2016.]

[3] El artículo se publicó en 2014, pero el autor de la nota indica que entrevistó a Pérez Molina en 2012. Pascal Beltrán del Río, «Las tres caídas de El Chapo», *Excélsior*, sección Bitácora del Director, año XCVIII, t. I, núm. 35 236, México, 24 de febrero, 2014, p. 2; versión en línea <http://bfc1c332b5c 17ae20e62-6cbba7cfb59c65abd107ce24040b0bca.r14.cf2.rackcdn.com/flip-nacional/24-02-2014/portada.pdf>.

[4] Anthony S. Harrington Chairman, «Report on the Guatemala Review» [en línea], Intelligence Oversight Board, 28 de junio, 1996, p. 28, <http://nsar chive.gwu.edu/NSAEBB/NSAEBB27/docs/doc04.pdf>. Véase «Reactivación de caso Bámaca apunta a cercanos de Pérez Molina» [en línea], Centro de Medios Independientes, 23 de noviembre, 2015 <https://cmiguate.org/reactivacion-de-caso-bamaca-apunta-a-perez-molina/>.

[5] Jennifer Harbury, «The Bamaca Case, an 18-year Struggle for Justice» [en línea], Guatemala Human Rights Commission/USA, 8 de junio, 2010 <http://www.ghrc-usa.org/Resources/UrgentActions/bamaca_case/details.htm>.

[6] A. S. Harrington Chairman, *op. cit.*

[7] J. Harbury, *op. cit.*

[8] Santiago David Távara, «El tiempo latino: El abogado Pertierra vive en el epicentro de la historia» [en línea], CubaDebate, 10 de marzo, 2015 <http://www.cubadebate.cu/noticias/2015/03/10/el-tiempo-latino-el-abogado-per tierra-vive-en-el-epicentro-de-la-historia/#.VohD-rYrLIV>.

[9] «Reactivación de caso Bámaca apunta a cercanos de Pérez Molina», *op. cit.*

[10] Asier Andrés, «Otto Pérez Molina y la soledad de todos los presidentes», en *ContraPoder* [en línea], 3 de septiembre, 2015 <http://contrapoder.com.gt/2015/09/03/otto-perez-molina-y-la-soledad-de-todos-los-presidentes/>.

[11] Agencia Central de Inteligencia, Conección de Alpírez a los casos Bámaca y Devine. ID 50045 31 de marzo, 1995, 5 pp. Desclasificación parcial aprobada en julio, 1996, y agosto, 1998 <http://www.foia.cia.gov/sites/default/files/document_conversions/89801/DOC_0000363631.pdf>.

[12] Gerardo Reyes, «El Chapo. Episodio 3: El eterno fugitivo: arresto y fuga» [en línea], Univisión, s. f. <http://www.univision.com/noticias/la-huella-digital/especial-el-chapo/episodio-3>. [Consulta: 21 de enero, 2016.]

CAPÍTULO 5

De por qué Estados Unidos no reclamó a El Chapo

En la embajada de Estados Unidos en Guatemala, la portavoz Maureen Mimnaugh dijo, en enero de 2016, que el caso de la captura de El Chapo en Guatemala era tan viejo que no encontró información disponible para confirmar o refutar que la Agencia Federal Antidrogas (DEA, por sus siglas en inglés) la coordinó en 1993. Barbara Carreño, oficial de relaciones públicas en la sede de la DEA en Virginia, Estados Unidos, explicó que tampoco allí tienen datos al respecto. Sin embargo, en 1996 el director de la Dirección de Inteligencia (D 2), Julio Yon Rivera, le dijo a la antropóloga estadounidense Jennifer Schirmer que desde 1990 la DEA apoyó las operaciones antinarcóticas de esta Dirección;[1] esto apunta a que el acompañamiento de la DEA en la cacería de El Chapo en aquel 1993 era posible.

Veintidós años después, un exoficial de Inteligencia Militar que habló de la captura en Coatepeque, y de la participación de Estados Unidos en la identificación de El Chapo, todavía se pregunta por qué los estadounidenses no se llevaron al narcotraficante a su país. La respuesta es quizá la misma por la cual —al menos en apariencia— respetaron la decisión del actual presidente mexicano Enrique Peña Nieto de retener a El Chapo en México, después de su captura en febrero de 2014.

En 1993, en Estados Unidos se sabía quién era El Chapo. Varios testigos en casos de Arizona y California dijeron que él envió cocaína y mariguana a ese país entre 1987 y 1990,[2] pero quizá las evidencias eran insuficientes para pedir su extradición. Sin embargo, si esto comprobaba que todavía no era un capo de altos vuelos, ¿cuál era la razón de todo ese esfuerzo para llevar a Guatemala a expertos en retratos hablados y dar seguimiento durante casi cuatro meses?

«La DEA en Ciudad de México tenía información de que El Chapo tenía cinco toneladas de cocaína y una gran cantidad de fusiles AK-47 almacenados en Guatemala, que quería mover hacia México», dice Michael Vigil,[3] y añade:

Su principal método para trasladar cocaína desde Colombia a Guatemala eran aviones bimotores como los King Airs y los Aero Commanders. Esta información se les trasladó a las autoridades guatemaltecas y, poco después, lo ubicaron en la Ciudad de Guatemala. Él quería que los militares le ayudaran a transportar a México. El Chapo luego se reunió con un oficial militar quien era un agente encubierto y después fue capturado.

Este exagente especial de la DEA desconoce más detalles de la captura.

El relato de Vigil coincide parcialmente con varias versiones: la captura en Coatepeque, la versión de Pérez Molina de 2012 publicada en *Excélsior* y otra que *Proceso* publicó.[4] Esta última revela que los militares investigaban el contrabando de armas cuando inesperadamente se encontraron con un avión accidentado, y entre los pasajeros —¡oh sorpresa!— estaba El Chapo. No iban por él, buscaban las armas. ¡Fue un golpe de suerte! Según la revista, uno de los militares que capturaron a El Chapo dijo que «Estados Unidos le pidió al gobierno de Guatemala que dejara de lado el tema del tráfico de armas y se concentrara en el jefe narcotraficante mexicano». Si así fue, entonces todavía no tenían una silla con su nombre en una corte federal estadounidense.

De pronto, a Estados Unidos le interesaba que México estabilizara su imagen en el ámbito interno, mediante la captura de quien el gobierno describía como uno de los responsables de la balacera en el aeropuerto de Guadalajara, la cual dejó como saldo la muerte del cardenal Posadas y otras víctimas. O quizá los estadounidenses, que tenían más evidencias de las andanzas de El Chapo en Centroamérica que de sus envíos de cocaína a Estados Unidos, esperaban que México hiciera lo que ellos no podían hacer por falta de jurisdicción: capturarlo, juzgarlo y enviarlo a la cárcel.

EN GUATEMALA JUGABAN AL «YO NO FUI»

El 10 de junio de 1993, las autoridades en México presentaron a El Chapo Guzmán ante la prensa. Fue la primera vez que los periodistas fotografiaron a este sujeto que vestía gorra y abrigo marrón claro, respondía preguntas bajo la lluvia y aseguraba que sólo era un agricultor. Esas fotografías conformaron algunas de las pocas imágenes que se tenían de él y que le darían la vuelta al mundo años después, cuando volviera a hacer noticia con sus fugas de la cárcel y recapturas. Pero ese 10 de junio, en particular llamaba la atención el hecho de que una vez entregado El Chapo a México las autoridades guatemaltecas hubieran negado que la captura había ocurrido. Según la revista *Proceso*,[5] estas aseguraron que «nunca se trasladó a El Chapo Guzmán desde territorio guatemalteco a suelo mexicano». Esto no era extraño: estaba el caso del guerrillero Bámaca, desmentido con vehemencia por los militares apenas un año antes.

En *Proceso* se explica que la Dirección de Información y Difusión del Ejército de Guatemala negó cualquier conocimiento al respecto, aunque advirtió que si hubo tal captura y traslado, la Secretaría de Relaciones Públicas de la presidencia lo podía informar. De un modo conveniente, ante el caos político del país, mientras se decidía acerca del gobierno de transición, nadie en dicha secretaría brindó información al respecto. Hasta pocos días antes, la secretaría había estado a cargo de Roxana Baldetti Elías, quien fue vicepresidenta de Guatemala de enero de 2012 a mayo de 2015, cuando renunció. Luego fue encarcelada por cargos de corrupción similiares a los que hoy enfrenta Otto Pérez Molina.

En 1993, la misma *Proceso* citó también a un encargado de migración en la frontera de El Carmen (la más cercana a Tapachula), que también juró no haber visto ningún convoy militar en la ruta a Talismán, Chiapas, aunque fuentes militares y documentales aseguran que el traslado se hizo por la frontera de Tecún Umán (a unos 10 minutos de distancia).

El encargado de la Dirección General de Migración en ese tiempo, Ángel Conte, declaró que «nadie con el nombre de Joaquín Guzmán Loera cruzó la frontera de Guatemala con México». Pero en aquel entonces, la supervisión oficial fronteriza era laxa. «No había control», dice un exmilitar, que estuvo de alta en Coatepeque a principios de los años noventa del siglo pasado, respecto a la frontera de Guatemala con México.

El paso era prácticamente libre incluso para los guatemaltecos que iban para Tapachula. Yo fui a comprar libros un par de veces allí y no había mayor control. En la frontera me decían «¿Qué llevás allí?», y les respondía, «Libros y unas galletas». Entonces sólo me decían, «ah, pasa», y ya.

Más divertida resultó la declaracion de Gonzalo Figueroa, subcomisario de la Policía Nacional, quien reiteró que El Chapo no había entrado a Guatemala. También aseguró categóricamente: «Aquí nadie sale del país si no hay nuestra anuencia». Era un chiste. Un jefe policial de El Carmen, Absalón Cardona, se atrevió a decirle a *Proceso* que las declaraciones del procurador mexicano Carpizo respecto a la captura en Guatemala eran «falsas». Se notaba que a ellos les había faltado la candidez que sobraba a otros funcionarios, citados sin nombre ni apellido, quienes aseguraron que «lo que pudo ocurrir es que las autoridades mexicanas cruzaron ilegalmente su frontera sur, como el delincuente y sus secuaces, e hicieron la aprehensión, si la hubo, también de manera ilegal».

Si Estados Unidos y la D-2 pretendían que la operación para capturar a El Chapo permaneciera en secreto, lo habían logrado. Aún 23 años después, las distintas versiones del hecho están plagadas con verdades a medias y rumores.

RECOMPENSA

Algunos días antes de la captura de El Chapo en Guatemala, el procurador Carpizo anunció una recompensa de 1 000 000 de dólares para quien proporcionara información que condujera a su captura. Y quienes lo hicieron eran, de manera oficial, funcionarios públicos de El Salvador y Guatemala.

«En El Salvador se entregaron 300 000 dólares en efectivo al entonces presidente Alfredo Félix Cristiani para que en su caso lo repartiera entre las personas que habían hecho que El Chapo huyera de ahí hasta Guatemala», dice Hernández en su libro. Carrillo Olea también le entregó otros 300 000 al recién electo presidente de Guatemala, Ramiro de León Carpio, «y a aquel joven capitán que tanto lo impresionó».

Incluso Hernández relata que de León le dijo a Carrillo Olea esto: «México es un gran país, siempre atento y siempre justo». No obstante, Jorge de León Duque (actual procurador de los Derechos Humanos en Guatemala), el hijo del expresidente Ramiro de León Carpio, aseguró en diciembre de 2015 que su padre no recibió dinero alguno, «porque no le correspondía».

Nadie supo qué ocurrió con los 400 000 dólares restantes del 1 000 000 de dólares originalmente previstos para recompensar a quienes facilitaron la captura de El Chapo y su entrega a México.[6] Así, algunos oficiales militares creían haber cerrado en Guatemala el capítulo de El Chapo. Se equivocaron.

Notas

[1] Jennifer Schirmer, *The Guatemalan Military Project, a Violence called Democracy*, Filadelfia, University of Pennsylvania Press, 1998, p. 171

[2] Malcolm Beith, *The Last Narco*, Nueva York, Grove Press, 2010, p. 69.

[3] Michael Vigil, entrevista vía correo electrónico, 21 de enero, 2016.

[4] Rafael Rodríguez Castañeda (coord.) con el equipo de reporteros de la revista *Proceso*, *El imperio del Chapo*, México, Planeta/Temas de hoy, 2012, pp. 157 y 158.

[5] La información aparece en *Proceso*, núm. 867, 14 de junio, 1993, y núm. 36, edición especial, <http://www.proceso.com.mx/?p=365571>. [Consulta: 20 de enero, 2016.]

[6] Anabel Hernández, *Los señores del narco*, México, Grijalbo, 2010, p. 45.

CAPÍTULO 6

¿Quién era El Chapo en 1993?

Anabel Hernández escribió que los militares guatemaltecos devolvieron a El Chapo a México como un «preso de quinta».[1] Y, en efecto, eso parecía. Aquel sujeto encapuchado y amarrado de pies y manos «como un cerdo», según Carrillo Olea, no tenía pinta del gran trofeo que la Procuraduría General de la República (PGR) reclamaba: uno de los peligrosos sujetos que protagonizó la balacera en el aeropuerto de Guadalajara el 24 de mayo de 1993, que acabó escandalosamente con la vida del cardenal Posadas Ocampo.

Pero, ¿El Chapo era o se hacía el poca cosa? Univisión reportó que hasta principios de 1993[2] se amparó en «un entramado de empresas fachada, testaferros y contactos gubernamentales» para lavar ganancias del narcotráfico y mantener un bajo perfil, «mientras acumulaba el poder necesario para independizarse». Parte de esa red eran los cuatro sujetos detenidos en Guatemala con él.

Si todo esto es cierto, no sorprende que antes de salir de México entre mayo y junio de 1993 este narcotraficante «le entregó a uno de sus primos 200 000 000 de dólares como reserva para la organización, y para que a su familia no le faltara nada», según la declaración que la Unidad Especializada en Delincuencia Organizada registró de un testigo y excolaborador de El Chapo.[3] El testigo dijo que este envío ocurrió meses antes de la captura de El Chapo, incluso antes de la balacera en Guadalajara.

El Chapo de 1993 era semianalfabeto y tenía un físico poco imponente, pero había salido de las trincheras de la narcoactividad: su padre, Emilio Guzmán Bustillos, era, de manera oficial, empleado en una finca de ganado. Extraoficialmente, en La Tuna de Badiraguato, Sinaloa, donde vivían, lo conocían como cultivador de amapola, o «gomero», como a muchos otros en el pueblo. Eran negocios de familia en que los hijos, desde los 11 hasta los 18 años de edad, ayudaban en la cosecha, y los mayores controlaban otros elementos de la cadena de distribución. A El Chapo, además, le tocó una suerte peor: de niño, el padre lo golpeaba con frecuencia; de adolescente, lo corrió de la casa. El Chapo se fue a vivir con su abuelo para trabajar en las plantaciones todo el tiempo. Años después, la única ocasión que alguien le volvió a poner las manos encima fue cuando los militares guatemaltecos lo capturaron y le dieron una paliza.

Pero algo distinguía a El Chapo: era el sobrino de Pedro Avilés Pérez,[4] alias El León de la Sierra, el primer mexicano que traficó cocaína por vía aérea, de Sudamérica a Estados Unidos, en los años sesenta.[5] El sucesor de Avilés Pérez fue El Padrino o Jefe de Jefes, Miguel Ángel

Félix Gallardo, bajo quien El Chapo empezó a crecer. Ello, no obstante, no evitó que tuviera que comenzar desde abajo.

El Chapo y Félix Gallardo se conocieron en las filas policiacas, en la Policía Judicial de Sinaloa, según Hernández.[6] El Chapo se empleó como su chofer cuando tenía unos 20 años de edad. Pronto escaló posiciones, pero se mantuvo al menos un escalón debajo del Güero Palma y otro más debajo de Carrillo Fuentes.

Vigil, exjefe de Operaciones Internacionales de la Agencia Federal Antidrogas (DEA, por sus siglas en inglés), quien durante varios años fue agente encubierto en México, afirma que El Chapo Guzmán comenzó a trabajar para Félix Gallardo en los años ochenta «como un miembro del nivel más bajo en el cártel de Guadalajara». Para entonces, ya era hombre de familia: se casó en 1977 con Alejandrina María Salazar Hernández, quien era familiar de su socio Héctor *El Güero* Palma Salazar y con quien tuvo cuatro hijos.[7] Alrededor de 1987, raptó a Estela Peña, una empleada de un banco en Tepic, Nayarit, con quien tres meses después se casó y tuvo hijos también.[8]

En esos años, El Padrino se afanaba en ofrecerles a los cárteles colombianos una alternativa a la riesgosa ruta del Caribe a Estados Unidos:[9] por tierra, vía Centroamérica y México, y por aire o mar, bordeando el océano Pacífico. En Estados Unidos ya se libraba su «guerra contra las drogas», y desde allí se vigilaban con atención las aguas caribeñas, a causa de los osados envíos de cocaína que Pablo Escobar y Carlos Lehder del cártel de Medellín hacían a la costa este del país del norte, vía las Bahamas. Así que los colombianos mordieron el anzuelo y se asociaron con El Padrino. Además, hacerse amigo y socio del traficante hondureño Juan Ramón Matta Ballesteros le permitió a ser el contacto principal del cártel de Medellín en México.[10]

El Chapo reconoció la coyuntura e hizo méritos con El Padrino para adquirir mayores responsabilidades; siempre estaba maquinando algo. Entonces, El Padrino lo empleó como su coordinador de logística, afirma el periodista Alfredo Corchado, corresponsal del *Dallas Morning News* en México. Las ocurrencias de El Chapo se materializaron en varias cuadrillas de trabajadores que excavaron docenas de túneles a lo largo de la frontera entre México y Estados Unidos en los años ochenta, para llevar la cocaína a las calles estadounidenses.[11] Vigil explica que en esa misma época, el joven narco «mostró una gran habilidad para la logística que requería recibir cargamentos de cocaína desde Sudamérica, y después enviarlos a los Estados Unidos». Su habilidad consistía en que no perdonaba los retrasos en la entrega de mercancía. Corregía la impuntualidad con un balazo mortal, sin agitarse ni perder la compostura.[12] Tampoco perdía el paso en su vida personal: antes que acabara la década, se casó por tercera vez. Su nueva esposa, Griselda López Pérez, le dio cuatro hijos más.[13]

Vigil sostiene que El Chapo «rara vez perdió cargamentos significativos y, como resultado, El Padrino lo respetaba». No era su persona favorita, pero lo respetaba. El analista y académico sinaloense David Martínez-

Amador afirma que «Félix Gallardo nunca simpatizó con Joaquín Guzmán ni con toda esa generación». No obstante, después de todo, algunos de estos sujetos, como el mismo Chapo, le resultaban útiles, pues administraban sus movimientos y cuidaban el negocio.

El Chapo tampoco era el hijo predilecto de Carrillo Fuentes. Este narco junior hacía cosas como rentar pisos enteros en hoteles en los que organizaba juergas para él y su gente, para más inri de El Señor de los Cielos, a quien le irritaba que El Chapo socializara con sus escoltas y llamara demasiado la atención.

Las excentricidades de El Chapo no le obstaculizaron el camino al narcoestrellato. En ese ascenso, el primer hito se presentó con el secuestro y asesinato en Guadalajara del agente de la DEA Enrique *Kiki* Camarena, en 1985. Después, por este crimen pagaron con años de cárcel Ernesto Fonseca, Don Neto; su sobrino El Padrino Félix Gallardo, y Rafael Caro Quintero.[14] Don Neto fue socio de Avilés Pérez, El León de la Sierra, el tío de El Chapo.

En 1987, y previendo quizá su captura, El Padrino se reunió con varios narcotraficantes clave para dividir su vasto imperio. «Él pensaba que por medio de la subdivisión, su organización sería más capaz de sobrevivir la ofensiva de las fuerzas de seguridad después de la muerte de Camarena», dice Vigil, quien trabajó con Camarena y permaneció en México al menos 10 años. Según este exagente especial de la DEA, el Padrino le entregó el corredor de Tijuana a los hermanos Arellano Félix; el corredor de Juárez a Don Neto Fonseca, Amado Carrillo Fuentes y su hermano Vicente, y entregó el estado principal, Sinaloa, a El Chapo Guzmán, El Güero Palma e Ismael *El Mayo* Zambada. El corredor del Golfo de México, la costa este, ya le pertenecía a Juan Nepomuceno Guerra,[15] quien lo heredó a Juan García Ábrego, el predecesor de Osiel Cárdenas en el liderazgo del cártel del Golfo).

«Entre 1987 y 1993, El Chapo era el cojefe de un cártel de Sinaloa que comenzaba a expandirse rápidamente», afirma Vigil. El exagente especial, quien también trabajó en Colombia, atribuye esa expansión al liderazgo y los poderosos contactos de El Chapo con los cárteles de Medellín y Cali, Colombia, los cuales le suministraban toneladas de cocaína. Para entonces, también había logrado hacer equipo con los proveedores de esta última ciudad colombiana.

El Chapo operó entre bastidores, con el apoyo de El Mayo Zambada. Pero apareció por primera vez en el radar de Estados Unidos cerca de 1990. Varios criminales convertidos en testigos en una corte estadounidense declararon que él era el «jefe» de su organización. En una acusación de la fiscalía en Arizona se revela que entre octubre de 1987 y mayo de 1990, El Chapo planificó la entrega de 4 600 libras de mariguana y 10 504 libras de cocaína en Arizona y California. Después, presuntamente planificó el transporte hacia Sinaloa de las ganacias por la venta de la droga: 1.5 millones de dólares. Otra acusación revela que, durante tres años, El Chapo importó 35 toneladas de cocaína y una cantidad indeterminada de mariguana, cuyo destino fue Tucson, Arizona, para su posterior distribución hacia otros estados en Estados Unidos. La fiscalía aseguró que esa venta generó ganacias por 100 000 dólares, dinero que llegó a las arcas del cártel en México. Si algo les quedó claro a los agentes de la DEA que lo monitoreaban, era que El Chapo estaba «madurando», y que no debían subestimarlo.[16]

Los alcances del Chapo emergieron pronto. En mayo de 1990, agentes del Servicio de Aduanas de Estados Unidos descubrieron que un túnel de 200 pies de largo comunicaba una bodega en Douglas, Arizona, con la casa del abogado del Chapo en Agua Prieta, Sonora. El túnel era bastante ancho para acomodar un pequeño camión; tenía aire acondicionado, iluminación y drenajes tubulares para sacar el agua y la humedad. Un pequeño elevador servía para enviar la droga al túnel, donde un trabajador la colocaba en una carreta sobre rieles y la empujaba hasta Arizona. Los agentes estadounidenses también hallaron otro túnel bajo la frontera con California, de 65 pies (19.8 metros) bajo la superficie y 1 452 pies (435 metros) de longitud, que conectaba con una bodega en Tijuana, estaban estupefactos. Habían descubierto antes túneles de 15 a 30 pies de largo, pero esto era otra cosa, y constituyó también un antecedente fundamental de la peliculesca fuga de El Chapo en julio de 2015.

Los túneles en la frontera eran tan discretos que la DEA decía que sólo los podía encontrar por medio de informantes. El periodista Malcolm Beith escribió que El Chapo secuestraba de forma masiva a campesinos en las regiones más pobres para excavar los túneles durante semanas o meses, bajo la dirección de un ingeniero de su confianza. Los trabajadores vivían en el túnel o en bodegas cerca del túnel, y cuando el trabajo estaba hecho los mandaba matar.[17]

Hernández documentó que también «entre 1985 y 1990, Guzmán Loera movió decenas de toneladas de cocaína» en El Tonino (municipio de Compostela, en Nayarit), para Amado Carrillo Fuentes, «quien estaba vinculado con el cártel de Medellín».[18] Es posible que de estas transacciones se desprenda la versión de que El Chapo trabajaba para Carrillo Fuentes, bajo la sombra de El Güero Palma, y en un puesto secundario. Hernández afirma que a El Chapo, a Palma y a los hermanos Beltrán Leyva (Marcos Arturo, Alfredo, Héctor, Mario y Carlos) «sólo les tocaban las migajas», pero se unieron a Carrillo Fuentes para crecer en el narcotráfico. La periodista explica que El Chapo llegó a vivir a Guadalajara en 1988, plaza donde operaba El Padrino Félix Gallardo en sociedad con Rafael Aguilar Guajardo y Amado Carrillo Fuentes. Si los tres estaban asociados, tenía sentido que después de la captura de Félix Gallardo en 1989 El Chapo y El Güero trabajaran juntos y traficaran para Carrillo Fuentes cuando este salió de la cárcel en 1990, luego de unos pocos meses de detención.[19]

Martínez-Amador asegura que la repartición de territorios desfavoreció a Guzmán.[20] De hecho, el periodista Jesús Blancornelas escribió que, cuando El Padrino repartió territorios a los «capitanes» o «soldados» de su familia, dejó el estado de Sinaloa en manos de un ya respetado Mayo Zambada y de Baltazar Díaz Vega,

El Balta (a quien *Proceso* describe como «lugarteniente del cártel de Juárez en la época de Amado Carrillo»).[21] A los juniors y soldados les tocaron municipios; de manera que ubicó a El Chapo en Tecate, un municipio clave de Baja California por su colindancia con Estados Unidos y casi vecino de Tijuana. Por su parte, San Luis Río Colorado, municipio de Sonora también colindante con Estados Unidos, le quedó a El Güero Palma; Tijuana fue para Jesús *Don Chuy* Labra Avilés (este, como El Chapo, era sobrino de Avilés Pérez,[22] el pionero León de la Sierra). Don Chuy fue predecesor de los Arellano Félix (simples pistoleros en la época) en el cártel de Tijuana. Blancornelas describe a Rafael Aguilar Guajardo como un comandante de la policía federal que recibió Ciudad Juárez, Chihuahua y Nuevo Laredo,[23] y algunas versiones rezan que Carrillo Fuentes quedó bajo su mando, por poco tiempo pues en cuanto pudo Carrillo lo envió a «cargar» tierra: lo asesinó y se apoderó de la plaza.

La revista *Proceso* cita datos de la PGR y describe una repartición similar a la aquí anotada, salvo por una diferencia: indica que El Chapo recibió Mexicali y San Luis Río Colorado y que El Güero Palma recibió Nogales y Hermosillo. Además, en la publicación se afirma que la repartición ocurrió luego de abril de 1989, después de la captura de Félix Gallardo.[24]

Es probable que las raíces que compartían El Chapo y sus contemporáneos con Carrillo Fuentes y el cártel de Juárez: sus orígenes en la estructura de El Padrino Félix Gallardo,[25] los situaran bajo la estructura de Carrillo Fuentes. Sin embargo, Vigil insiste en que entre El Chapo y Carrillo Fuentes había una relación de negocios, no de autoridad.

En abril de 1989 las autoridades capturaron a Carrillo Fuentes y lo internaron en el Reclusorio Sur de México. Allí se encontró detenido a Félix Gallardo y a Juan José Esparragoza Moreno, alias El Azul, futuro *consigliere* del cártel de Sinaloa. Carrillo Fuentes salió en algunos meses, en 1990, y El Azul fue liberado en 1992. «En esos tiempos, El Mayo Zambada y El Azul no tenían influencia más allá de Sinaloa», afirma Hernández.[26] Y, con El Padrino capturado, El Chapo no perdió tiempo en siestas.

«Alcanzó el poder después de desmantelar el llamado Cártel de Guadalajara y de la captura de su líder, Miguel Ángel Félix Gallardo», dice Vigil. «El Chapo ya utilizaba a Centroamérica como área de tránsito para toneladas de cocaína»; «Guatemala era el lugar ideal porque tenía una frontera común con México, sin control». Por eso es curioso que un exjefe de la Dirección de Inteligencia (D-2) diga que se enteró de que los narcotraficantes mexicanos operaban en Guatemala hasta que cayó El Chapo. Este oficial estaba un poco atrasado en noticias.

El Chapo había preparado el terreno. Tenía contactos en Centroamérica por lo menos desde finales de la década de los ochenta. Por eso su fuga hacia Guatemala y El Salvador no fue sólo un antojo: ya estaba en sus planes el desarrollo de más contactos en ambos países antes de la refriega en el aeropuerto de Guadalajara. ¿De qué otra manera se explica que dejó 200 000 000 de dólares para los gastos del cártel y de su familia meses antes del hecho? Esto parecía indicar que tenía planes para reubicarse por una temporada durante la cual vaticinaba que no podría suministrar dinero a la organización ni a su familia.

El plan B de El Chapo era parte de una estrategia: multiplicar las rutas. Mientras más repartidos estaban los cargamentos, menor era el riesgo de tener pérdidas significativas. Así se entendía que si ya tenía montado el negocio de Colombia con México quisiera abrir una sucursal en Guatemala, una ruta alterna. Pero en eso no era pionero: los colombianos lo hacían desde los años ochenta con socios locales: finqueros, algunos funcionarios públicos y militares.

Entonces, ocurrió lo que Vigil describe como un *marriage made in heaven* (un matrimonio ideal, hecho en el paraíso… del narco). El Chapo Guzmán conoció al narcotraficante guatemalteco Otto Roberto Herrera García cerca de 1990; aquel tenía 33 años de edad; este, 28. Herrera se introdujo en el narcotráfico cuando trabajó como indocumentado y chofer de camión en Los Ángeles, California, en los años ochenta, y luego regresó a Guatemala casado con una mujer estadounidense y comenzó a cultivar cómplices en las filas militares.[27] Cerca de 1990, y gracias a socios comunes, «el Chapo fue presentado ante Otto como alguien con una estructura criminal establecida y muchos funcionarios públicos en su planilla de pago», revela el exagente de la DEA[28] Este dato explica cómo en 1993 El Chapo se movía con agenda propia.

Héctor Rosada, quien también es antropólogo, cree que El Chapo no quería reclamar un liderazgo público: «Primero, no es paranoico, ni ha sido como otros que han querido figurar como persona importante dentro del propio grupo de narcos, porque eso es morirse», afirma el analista. «Él ha sabido establecer ciertos equilibrios porque estuvo muy cerca del Jefe de Jefes (El Padrino) y vio cómo Miguel Ángel Félix Gallardo mantenía los equilibrios en México y cómo cuando cae, comienza el caos.» Rosada hace una comparación con el *modus operandi* de la mafia italiana en Nueva Inglaterra, Estados Unidos, en las décadas quinta y sexta del siglo XX, cuando la caída del negociador y conciliador principal, Enrico Tameleo, desató la guerra.

La captura de El Padrino rompió el equilibrio del grupo de Sinaloa-Jalisco con Tijuana. Sin embargo, Blancornelas relata[29] que todavía en 1991 El Chapo, El Güero Palma y los hermanos Arellano Félix se unieron para ejecutar a Rigoberto Campos (quien traficaba en los municipios de San Luis Río Colorado, Mexicali, Tecate y Tijuana), sin tomar en cuenta a los «dueños de las plazas».

Campos quedó en un triste estado, mas El Chapo quedó inconforme. Quería salir de las sombras, separarse de los juniors y codearse con los grandes. Para eso pasaría encima de quien fuera. En algún momento en 1992 comenzó a torpedear a los Arellano Félix e hizo un blanco del cártel del Golfo y de su jefe Cárdenas Guillén, con el cual el cártel de Guadalajara (luego, cártel de Sinaloa) tenía una rivalidad de varios años. Sin El Padrino como la piedra angular, las alianzas y treguas se rompieron y la guerra reventó.

En mayo de 1993, los Arellano Félix llegaron a Guadalajara para matar a El Chapo. El día de la balacera en el aeropuerto habían desistido de buscarlo por el momento, hasta que lo vieron. La refriega fue parte de un *ping-pong* sicario para intentar acabar unos con otros. En los meses anteriores, a finales de mayo de 1992, los Arellano Félix habían lanzado una granada a una casa de El Chapo en Culiacán, Sinaloa; algunos reportes indican que de hecho le dejaron un carro bomba. Luego, El Chapo intentó en vano acribillarlos en Christine, una famosa discoteca en Puerto Vallarta, el 8 de noviembre del mismo año. Uno de los encarcelados brevemente por la balacera en Puerto Vallarta fue Baldemar Escobar Barraza, uno de los cinco acompañantes que fueron detenidos con El Chapo en Guatemala siete meses después.[30] Lo de Guadalajara fue una respuesta al ataque en la discoteca. Esta guerra convirtió a El Chapo en chivo expiatorio en la muerte del cardenal Posadas Ocampo, y lo hizo huir de México.

Pero otras cosas ocurrieron con El Chapo antes de la conversación a balazos que sostuvo con los Arellano Félix. Este narcotraficante comprobó en el Distrito Federal por qué lo presentaron con el guatemalteco Otto Herrera como alguien con «muchos funcionarios públicos en su planilla de pago».[31] Univisión reportó la insólita historia de un Chapo a quien la policía del Distrito Federal detuvo en 1991 con la sospecha de que era un carterista, que al final «pagó medio millón de dólares de soborno para quedar libre».[32]

El periódico *Excélsior* documentó que El Chapo tuvo otro *tête-à-tête* con la policía en junio de 1991, «cuando patrulleros de la policía capitalina detuvieron en las

calles de la delegación Venustiano Carranza una camioneta Suburban sin placas, y con vidrios polarizados».[33]
Según el relato, adentro viajaban cuatro sujetos fuerte-
mente armados. Entre ellos, El Chapo. La policía no supo
a quién tenía enfrente «hasta que les ofrecieron una
mordida de 10 000 dólares». Los patrulleros, asustados:

> llamaron a su jefe de sector, Rogelio Herrera Pérez. Este
> a su vez avisó a Fulvio Jiménez Turegano, comandante
> de la Policía Judicial Federal. El asunto llegó a oídos de
> Santiago Tapia Aceves, entonces director operativo de la
> Secretaría de Protección y Vialidad del Distrito Federal,
> quien se trasladó al lugar en helicóptero.

Tapia Aceves confesó años después, luego de su detención, que «dejó ir a los narcos a cambio de una fuerte
cantidad de dinero».[34] Estaba claro que El Chapo no se
despeinaba para sobornar autoridades. Por eso iba tan
fresco hacia Guatemala y El Salvador con una maleta de
2 000 000 de dólares, su pasaporte para la libertad ante
retenes policiacos o militares.

Desde meses antes de su fuga a Guatemala, los dólares del Chapo ya habían llegado al país. Y habían llegado
justo a las manos de oficiales militares, como los 5 000
que supuestamente los mexicanos socios de El Chapo les
dieron a los oficiales del destacamento Santa Ana Berlín,
y los 30 000 que según Pérez Molina recibió un oficial
infiltrado de manos de narcotraficantes mexicanos.

Luego, una vez en Guatemala, si El Chapo tuvo el
aplomo de viajar en una caravana de obvias camionetas

agrícolas, de bajarse de una de ellas y de soltarle un cañonazo de dólares a un perfecto desconocido (un capitán del ejército de Guatemala) es porque se trataba de una práctica común, aún vigente. También significaba que El Chapo asumía que los militares ya sabrían quién era El Chapo Guzmán. ¿Sabía El Chapo que ya lo esperaban en Guatemala? ¿O era siempre así de precavido, llevando consigo ladrillos de dólares por si acaso?

Por otro lado, la llegada de El Chapo a Guatemala fue coyuntural: ya estaba debilitado el cártel de Medellín, que caería con la muerte de Pablo Escobar seis meses después de la captura de El Chapo. En ese lapso, en octubre de 1993, una operación militar acabó con una estructura del cártel de Cali en Guatemala. Así comenzó a crecer la presencia de los mexicanos, aunque no sería perceptible hasta el cambio de siglo, según un excomisario de la Policía Nacional Civil de servicio hasta el año 2000. El académico estadounidense Bruce Bagley, de la Universidad de Miami, Estados Unidos, afirma que a principios del nuevo milenio, en Centroamérica, «los grupos criminales mexicanos desplazaron a los cártelos de Medellín y Cali, y a sus herederos».[35]

¿Sabía El Chapo que los grandes cárteles colombianos estaban en problemas y por eso se enfocó en Guatemala? Quién sabe. Su decisión fue tan fortuita como el inicio de la operación militar guatemalteca que acabó en su captura. Sin embargo, no fue casual su amistad con finqueros de los alrededores de Coatepeque, como aquel anfitrión de la fiesta a la que asistió y después de la cual supuestamente lo capturaron y llevaron al destacamento militar Santa Ana Berlín. Fraternizar con los finqueros y pagarles miles de dólares le abría la puerta a propiedades donde podía almacenar droga, o a pistas de aterrizaje para avionetas con cocaína colombiana, que luego sería transportada por tierra a México. Los colombianos lo hicieron en la frontera con El Salvador y Honduras. El Chapo prefirió la zona cerca de la frontera con México; tuvo buen olfato, aunque este le falló a la hora de evitar su captura a manos de los militares guatemaltecos.

Considerando sus contactos en Guatemala, tiene sentido que El Chapo se negara a seguir las instrucciones de Carrillo Fuentes de viajar a Nayarit después del asesinato del cardenal Posadas Ocampo,[36] y que prefiriera huir a Guatemala. Los hechos de Guadalajara sólo parecen haber acelerado un plan en ciernes de El Chapo.

El Chapo todavía estaba en México, en la madrugada del 25 de mayo de 1993, cuando le pidieron a El Señor de los Cielos que lo entregara, según una declaración del abogado Andrade Bojorges ante la PGR.[37] La petición ocurrió durante una llamada telefónica del subprocurador de dicha dependencia en Jalisco, Antonio García Torres, quien insistía en que entregaran al prófugo. El interlocutor era Javier Coello Trejo, exsubprocurador de Lucha Contra el Narcotráfico, quien estaba reunido con El Señor de los Cielos y Sergio Aguilar Hernández, su abogado. Andrade Bojorges conocía esta historia porque la escuchó de Aguilar Hernández. De esta coyuntura, la periodista Anabel Hernández escribió que «no había mejor momento para deshacerse de El Chapo Guzmán sin derramar sangre».[38] ¿Era posible que para entonces este narcotraficante y el cártel de Sinaloa le estorbaran ya al cártel de Juárez? Parece que sí. Hernández narra que Carrillo Fuentes dudó por algunos instantes. Sabía que El Chapo no asesinó al cardenal Posadas, pero cedió y lo marcó para siempre.

De la captura de El Chapo, Martínez-Amador cree que «la organización lo puso» en 1993, en Guatemala, sus socios lo delataron y lo dejaron desprotegido. Hernández observa que, cuando El Señor de los Cielos le ordenó a El Güero Palma «que se comunicara con la gente que estaba vigilando a El Chapo»[39] sabían con exactitud dónde estaba. Ni Carrillo Olea ni Pérez Molina admiten haber filtrado su ubicación a las autoridades.

El liderazgo en el cártel no era único ni vertical. Una evidencia de ello es que, luego de que El Chapo huyó hacia Guatemala y lo capturaron en 1993, el cártel de Sinaloa no se descalabró, como tampoco ocurrió después de su captura en 2014. Esto significa que mientras escaló posiciones, El Chapo no monopolizó el control. Supo encajar en el gran tablero de narcoajedrez de la región. También aprendió a bailar esa danza perversa entre las autoridades y los narcotraficantes.

NOTAS

[1] Anabel Hernández, *Los señores del narco*, México, Grijalbo, 2010, p. 21.

[2] Casto Ocando y María Antonieta Collins, «El Chapo. Episodio 2: Salto a la fama» [en línea], Univisión, s. f. <http://www.univision.com/noticias/la-huella-digital/especial-el-chapo/episodio-2>. [Consulta: 21 de enero, 2016.]

[3] Marcos Beltrán, «¿De nuevo El Chapo en Nayarit?», en *Diario Crítica* [en línea], 20 de octubre, 2015 <http://diario-critica.mx/nota.php?id=43414>. [Consulta: 5 de enero, 2016.]

[4] La madre de El Chapo, María Consuelo Loera Pérez, era prima en primer grado de Pedro Avilés Pérez, El León de la Sierra.

[5] Malcolm Beith, *The Last Narco*, Nueva York, Grove Press, 2010, pp. 26, 28-29. Alfredo Corchado, *Midnight in Mexico*, Nueva York, Penguin Books, 2013, p. 38. A. Hernández, *op. cit.*, p. 10. Hernández se refiere al empleo de niños en la pizca de la amapola y la mariguana en Guadalupe y Calvo, un municipio de Chihuahua, en el Triángulo Dorado, la zona que forman Chihuahua, Sinaloa y Durango, en la Sierra Madre Occidental.

[6] A. Hernández, *op. cit.*, p. 58.

[7] Alberto Nájar, «Las mujeres en la vida de Joaquín El Chapo Guzmán» [en línea], BBC Mundo, México, 12 de enero, 2016 <http://www.bbc.com/mundo/noticias/2016/01/160111_mujeres_chapo_guzman_loera_mexico_an>. [Consulta: 20 de enero, 2016.]

[8] Gerardo Reyes, «Las mujeres de El Chapo Guzmán» [en línea], Univisión, 12 de julio, 2015 <http://www.univision.com/noticias/las-mujeres-de-el-chapo-guzman>. [Consulta: 20 de enero, 2016.]

[9] A. Corchado, *op. cit.*, p. 42.

[10] M. Beith, *op. cit.*, pp. 40-41.

[11] A. Corchado, *op. cit.*, p. 43. M. Beith, *op. cit.*, p. 61.

[12] *Ibid.*, pp. 38 y 39.

[13] Gustavo Gerrtner, «Las mujeres, una obsesión del Chapo», en *Página 12* [en línea], 18 de enero, 2016 <http://m.pagina12.com.ar/diario/elmundo/4-290530-2016-01-18.html>. [Consulta: 20 de enero, 2016.]

[14] En 2015, Don Neto Fonseca recibió prisión domiciliar. Caro Quintero fue excarcelado en agosto de 2013 por decisión de un tribunal de Jalisco y, cuando un tribunal federal ordenó su recaptura en enero de 2015, ya se había perdido en el mapa.

[15] A. Corchado, *op. cit.*, pp. 43-44. Ricardo Ravelo, *Osiel, vida y tragedia de un capo*, México, Grijalbo, 2009, pp. 29, 31-32.

[16] M. Beith, *op. cit.*, p. 69.

[17] *Ibid.*, pp. 71-73.

[18] A. Hernández, *op. cit.*, p. 156.

[19] *Ibid.*, pp. 40, 58 y 155.

[20] David Martínez-Amador, entrevista vía correo electrónico, octubre, 2015.

[21] Rafael Rodríguez Castañeda (coord.) con el equipo de reporteros de la revista *Proceso, El imperio del Chapo*, México, Planeta/Temas de hoy, 2012, p. 22.

[22] Ricardo de la O., «Genealogía del Narcotráfico (1 a 5). Primera generación: El inicio», en *Peninsular Digital* [en línea], México, 10 de noviembre, 2011 <http://peninsulardigital.com/cronicas/genealogia-del-narcotrafico-1-de-5/60099>. [Consulta: 7 de enero, 2016.]

[23] Jesús Blancornelas, *El cártel*, México, De Bolsillo, 2004, p. 54.

[24] R. Rodríguez Castañeda, *op. cit.*, p. 145.

[25] Don Neto Fonseca, socio de El León de la Sierra Avilés (tío de El Chapo), era tío de El Padrino Félix Gallardo. Bajo la sombrilla de Félix Gallardo estaban Caro Quintero y Amado Carrillo Fuentes. Bajo Carrillo Fuentes estaban El Mayo Zambada, El Azul Esparragoza, El Güero Palma y El Chapo Guzmán.

[26] A. Hernández, *op. cit.*, p. 40.

[27] Julie López, «Nueve años de cacería para ocho narcos guatemaltecos», en *Plaza Pública* [en línea], Guatemala, 17 de mayo, 2012 <http://www.plazapublica.com.gt/content/nueve-anos-de-caceria-para-ocho-narcos-guatemaltecos-i>. [Consulta: 7 de enero, 2016.]

[28] Michael Vigil, entrevista vía correo electrónico, 21 de enero, 2016.

[29] J. Blancornelas, *op. cit.*, pp. 56-57.

[30] Cayetano Frías Frías, «Cumplió El Güero Palma su sentencia relativa a portación de arma de fuego», en *La Jornada* [en línea], 27 de diciembre, 1997 <http://www.jornada.unam.mx/1997/12/27/palma.html> [Consulta: 7 de enero, 2016.]

[31] M. Vigil, *op. cit.*, 2015.

[32] Univisión, «Otto Pérez, el hombre que capturó a El Chapo», noviembre 4, 2013. El reportaje fue realizado por el periodista Gerardo Reyes, pero la información del caso de 1991 es relatada por María Elena Salinas en los primeros cinco minutos del programa [en línea] <https://www.youtube.com/watch?v=U1slsdyw5ug>. [Consulta: 7 de enero, 2016.]

[33] Pascal Beltrán del Río, «Las tres caídas de El Chapo», *Excélsior*, Bitácora del Director, año XCVIII, t. I, núm. 35 236, México, 24 de febrero, 2014, p. 2 [en línea] <http://bfc1c332b5c17ae20e62-6cbba7cfb59c65abd107ce24040b0bca.r14.cf2.rackcdn.com/flip-nacional/24-02-2014/portada.pdf>. [Consulta: 7 de enero, 2016.]

[34] *Idem.*

[35] Entrevista con excomisario de la PNC en Ciudad de Guatemala; la fuente solicitó que no se revelara su identidad. Bruce Bagley, «Cárteles de la droga: de Medellín a Sinaloa», en *Razón Pública* [en línea], 21 de febrero, 2011 <http://www.razonpublica.com/index.php/conflicto-drogas-y-paz-temas-30/1821-carteles-de-la-droga-de-medellin-a-sinaloa.html>. [Consulta: 10 de enero, 2016.]

[36] A. Hernández, *op. cit.*, pp. 27-33.

[37] *Idem.*

[38] *Ibid.*, pp. 32-33.

[39] *Idem.*

CAPÍTULO 7

Guatemala, portaaviones del narco

El ejército de Guatemala trató de blindar la frontera del país con El Salvador en la década de 1980. Quería torpedear cualquier ayuda que la insurgencia guatemalteca recibiera del frente Farabundo Martí para la Liberación Nacional (FMLN) de El Salvador. Pero el incremento de la presencia militar en la zona y en el nororiente del país tuvo un efecto indeseado: demasiados oficiales sin supervisión adecuada y militares corruptos en la planilla de grupos criminales, desde contrabando hasta narcotráfico, además de algunos policías y funcionarios de aduanas. No ayudó que, durante las dictaduras militares de entonces, los militares controlaban todo.

En esa época, se estrelló una avioneta cargada con cocaína y dinero en Jutiapa, un estado colindante con El Salvador. Algunos militares y policías se quedaron con el dinero y vendieron la droga. Fue una fórmula exprés de hacer fortuna y convertirse en grandes terratenientes en la zona, empresarios o socios del narco, recuerda el retirado coronel Mérida, quien fue tercer comandante de pelotón en el destacamento de Santa Ana Berlín, Quetzaltenango, entre 1990 y 1991.

Para principios de los noventa, ya bajo gobiernos civiles, la dirigencia de la Unidad Revolucionaria Nacional Guatemalteca (URNG) y personajes importantes de la guerrilla se refugiaron en México. Entonces, la frontera de Guatemala con ese país acabó bajo la lupa militar. Un exoficial de Inteligencia asegura que en ocasiones se reunía cerca de Tapachula, en territorio mexicano, con informantes o infiltrados en la guerrilla. Pero escuchar que narcotraficantes mexicanos pululaban por Guatemala era una rareza, según un exjefe de la Dirección de Inteligencia (D-2), hasta que apareció El Chapo Guzmán.

En 1989, lo que sí estaba en el radar de los militares guatemaltecos era el vuelo irregular de avionetas en el país, especialmente en la frontera con Chiapas, México. «Había reportes de que sobrevolaban avionetas al sur de Coatepeque; en toda esa franja sur, por Caballo Blanco», una aldea en Retalhuleu, «y al norte de Quiché», dice Mérida.[1] Retalhuleu está sobre la costa del Pacífico y colinda con San Marcos y Quetzaltenango. «Creíamos que la guerrilla recibía abastecimiento de Nicaragua, Cuba y las FARC», las Fuerzas Armadas Revolucionarias de Colombia, «pero después lo descartamos porque la guerrilla no tenía armamento nuevo, ni alimentación empacada; cuando había emboscadas, encontrábamos bolsas de plástico con Incaparina y maíz molido», agrega. Esos hallazgos y otras pistas apuntaban hacia algo más.

Algo blanco caía del cielo

Mérida recuerda que, a finales de la década de los ochenta y principios de los noventa, algunos oficiales militares en zonas remotas mostraban señales de enriquecimiento repentino.[2] Por ejemplo, de pronto aparecían con vehículos que nunca habrían podido pagar con su modesto sueldo. Entonces, la D-2, la Policía Militar Ambulante y la Guardia de Hacienda descubrieron que desde las avionetas que sobrevolaban el suroccidente del país dejaban caer ladrillos de cocaína en las fincas que los militares vigilaban. Aquella, era una cordial invitación al negocio. Y algunos oficiales sucumbieron ante la persuasión.

«Varios oficiales comenzaron a involucrarse en actividades ilegales por su cuenta, no a título institucional», dice Mérida. «Algunos fueron capturados», pero otros no, «porque supieron hacer las cosas».[3] En esa época había un nutrido patrullaje militar en las fincas de las zonas donde operaba la guerrilla. Los terratenientes pedían el patrullaje en sus propiedades para protegerse y evitar desde un secuestro hasta el cobro del impuesto de guerra: una extorsión. Proveían a cambio un sitio con techo y alimentos para las patrullas.

Héctor Rosada dice que cuando los finqueros encontraban los paquetes, los recogían y los lanzaban afuera de su propiedad. En una reunión a principios de 1990, algunos oficiales militares le mostraron al politólogo varias fotografías de paquetes desperdigados a un costado de una carretera. Entre esos oficiales estaba Otto Pérez Molina. «Si los militares le estaban preguntando a un

civil —yo— qué eran esos paquetes, es porque no tenían idea de qué estaba pasando», advirtió Rosada en
ese momento.[4] Pero claro que lo sabían. Ahora Rosada
sospecha que le preguntaban sólo para saber qué sabía
él. Después de todo, en esa época, Pérez Molina era el
director de la D-2, y ya le seguían la pista a El Chapo.

Cuando a los colombianos no les funcionó el coque-
teo con los finqueros, vía el bombardeo de coca, opta-
ron por un gesto más audaz. Los abordaron de modo
directo. Pero no a cualquiera, sino a los que tenían fincas
agrícolas con pistas de aterrizaje y habían tenido pérdidas recientes en sus cosechas. Les ofrecían hasta cuatro
veces más de los ingresos anuales que de manera regular
tenían por la venta de la cosecha. Para varios, no hubo
mucho que pensar; podían recibir hasta 50 000 dólares
por año por liberar la pista en determinados días y horas.
En un mal año, el traficante les ofrecía 35 000 dólares
en efectivo y 15 000 en «producto» (cocaína). El ejército
estimó que los narcotraficantes alquilaban al menos unas
100 pistas de aterrizaje en los años ochenta, según Rosada.[5] Esta era una época en que El Chapo ya tenía contactos en Centroamérica, particularmente en Guatemala.

No fue un hecho arbitrario que en 1993 la gente
de El Chapo se apareciera en un bar en Coatepeque,
frecuentado también por finqueros y militares en la
zona. Este tipo de tratos ya lo habían usado con éxito
años atrás los colombianos en Guatemala, cerca de México y Honduras.

En el municipio de Zacapa (estado de Zacapa, colindante con Honduras), el alcalde Arnoldo Vargas recibía

cocaína colombiana del cártel de Medellín por vía aérea en la base militar y algunas fincas privadas.[6] En 1989 usaba las pistas en las fincas de la familia Lorenzana,[7] a cambio de una generosa comisión. Para entonces, los Lorenzana no estaban en el radar militar como lo estaba el alcalde.

Vargas tenía un vínculo primario con el ejército porque integró una milicia que apoyó a la Zona Militar de Zacapa durante la guerra contrainsurgente en los años ochenta, según Mérida. Ese vínculo lo catapultó a la alcaldía y le dio control sobre Esquipulas, en el estado de Chiquimula (que colinda con Honduras y El Salvador). Sus alcances eran geoestratégicos, para los proveedores colombianos y los compradores mexicanos.

«Para muchos oficiales militares de servicio en Zacapa en ese tiempo, Vargas era un héroe», agrega el coronel retirado. Una de sus fórmulas incluía llegar al destacamento en Esquipulas para invitar a los oficiales a almorzar; lo usual es que botellas de *whisky* acompañaran la comida. Luego insistía en darles dinero para sus gastos. «Así compró a mucha gente», dice Mérida.[8] La táctica era similar a la que emplearon los socios de El Chapo con los oficiales del destacamento Santa Ana Berlín, cuando se reunieron en el bar La Embajada y el restaurante La Carreta en Coatepeque.

Las dádivas de Vargas no lo salvaron de la captura en 1990, en un operativo que la Agencia Federal Antidrogas (DEA, por sus siglas en inglés) coordinó con autoridades locales.[9] Pero su captura, al parecer, no asustó a nadie. Una vez encerrado Vargas, los Lorenzana se quedaron con el negocio. Prescindieron de la zona militar porque recibían las avionetas cargadas de coca en la privacidad de sus fincas, pero pagaban por la protección policial y militar a los cargamentos.[10] Así, traficaron sólo como transportistas y bodegueros, y a veces como compradores directos. Luego ellos vendían la coca a los traficantes mexicanos.

La D-2 orientó la cacería de los narcotraficantes «hacia los lugares de aterrizaje», dice Mérida.[11] Los militares que buscaban a los narcos para capturarlos, y no para hacer negocio con ellos, descubrieron que «mientras el ejército peleaba en tierra con la guerrilla, había aterrizajes del narcotráfico que pasaban sin mucho control», cerca de la frontera con México: «al sur de Tecún Umán, y cerca del Puerto de Ocós, en San Marcos, y en el vértice de Gracias a Dios», en Huehuetenango. Es decir, a lo largo de la frontera suroriente de Chiapas.

Después, «supimos en 1991 que los colombianos buscaban fincas planas en Zacapa y Petén, para aterrizaje», dice Mérida. Este coronel retirado recuerda que la gran conclusión de la D-2 fue que «Guatemala era usada como un portaaviones de aviones con cocaína que era llevada hacia México».

Algunas rutas de trasiego implicaban descargar las avionetas de cocaína en Guatemala y enviar la droga por tierra hacia México. Algunos vuelos hacían escala en Guatemala, para abastecerse de combustible, y seguían hacia México. En un caso, las autoridades encontraron una avioneta y diesel en toneles de 54 galones. Guatemala era una escala obligada.

Escena I: sucursal colombiana

«Los colombianos se decidieron por Guatemala porque estratégicamente tiene 900 y pico de kilómetros lineales de frontera, y porque había un enfrentamiento armado interno que nos tenía más pegados a eso que a atender otra cosa», explica Mérida en referencia a los militares. En Honduras no había conflicto, y estaba la base estadounidense Palmerola desde donde se lanzó la ofensiva de los Contras hacia Nicaragua en los ochenta. Y en El Salvador la guerra contrainsurgente estaba a punto de acabar. En Guatemala, el conflicto armado era una perfecta cortina de humo.

El cártel de Cali optó por otorgar franquicias a grupos locales, lo que al parecer le resultaba más rentable que instalar una base fuerte en el país, según Mérida. Uno de estos grupos, los Lorenzana, estaba en Zacapa, mientras en Guatemala, en 1992, se extraditó a Vargas a Estados Unidos.[12] El Chapo y los Arellano Félix protagonizaban épicas balaceras en México, y la policía y los militares guatemaltecos ya les seguían la pista a seis colombianos instalados en Guatemala, todos delegados del cártel de Cali. La D-2 vigilaba a uno en particular desde 1991: Harold García Angulo.

Los militares guatemaltecos no podían aburrirse. Entre 1992 y 1993 coordinaban con la DEA la cacería de El Chapo, a la vez que vigilaban a los colombianos. Capturaron al mexicano y a los principales miembros del cártel de Cali en Guatemala en espacio de cinco meses. Primero, a El Chapo, el 8 de junio de 1993; después, a los colombianos, el 20 de octubre del mismo año. A estos últimos les incautaron armas de fuego; detallados mapas de Centroamérica, México, Estados Unidos y Colombia, y teléfonos celulares, radiotransmisores y un GPS —una gran novedad en manos de narcos en 1993—. Las autoridades bautizaron el operativo de captura como Alfa y Omega.[13] Lo coordinaron la DEA, el Departamento de Operaciones Antinarcóticas de la Policía (DOAN), la Guardia de Hacienda y la unidad antinarcótica del Estado Mayor de la Defensa, es decir: el Negociado de Contrainteligencia que funcionaba bajo la sombrilla de la D-2. Este operativo, igual que la captura de El Chapo meses antes, continuó pese al Serranazo y al sismo en la política de Guatemala a mediados de ese año. Y aquí emergía un patrón: Guatemala iba detrás de los narcos a pedido de Estados Unidos, pero las capturas no detuvieron ni el suministro de cocaína del cártel de Cali ni su compra por parte del cártel de Sinaloa.

Hacia mediados de los años noventa, los Lorenzana traficaban cocaína del cártel de Cali. El cártel de Medellín (antes asociado con Vargas) había caído a raíz de la muerte de Escobar en diciembre de 1993. La sociedad Cali-Lorenzana ocurrió pese a la extradición a mediados de esa década, de Colombia a Estados Unidos, de los hermanos Rodríguez Orejuela: los máximos líderes del cártel. La acusación contra los Lorenzana en los Estados Unidos se sustenta en actividades de 1996 en adelante, aunque la relación con el cártel de Sinaloa se documenta hasta 2003; la cabildeó el guatemalteco Otto Herrera, quien servía de bisagra entre el remanente del cártel de Cali y El Chapo Guzmán.[14] Michael Vigil asegura que El Chapo y Herrera se conocieron cerca de 1990.

El Chapo y los colombianos no fueron los únicos trofeos de las operaciones antinarcóticas en Guatemala en 1993. Ese año, según Mérida, autoridades guatemaltecas, con ayuda de la embajada de Estados Unidos, capturaron un barco en Puerto Barrios, Izabal (costa del Atlántico que colinda con Honduras), que contenía varias toneladas de cocaína ocultas en la carga. Su destino original era un puerto en la costa del Atlántico en México, pero una tormenta obligó a la tripulación a una parada imprevista en Guatemala. Un dato inusual: capturaron a dos estadounideses que viajaban a bordo del barco. Aerca de los tripulantes, «nos contaron después, porque eso no lo trabajamos nosotros, sino la embajada norteamericana, que llevaban como 10 000 000 de dólares para comprar a las autoridades de los puertos», relata Mérida.

EL CASO DEL INTRÉPIDO TENIENTE CORONEL OCHOA

En septiembre de 1990, el teniente coronel Carlos René Ochoa Ruiz era el tercer comandante de la Zona Militar de San Marcos, estado colindante con Chiapas que El Chapo conocía bien. Una vez en el puesto, pronto mostró dotes versátiles cuando, además de cumplir con sus tareas de comandante, también viajaba hasta Retalhuleu en su *jeep* particular a recoger ladrillos de cocaína. Llegaba a una pista privada, donde diligentes sujetos descargaban la droga de un avión procedente de Colombia; su *multitasking* incluía recoger droga en Escuintla, sobre la costa del Pacífico, y entregaba la cocaína a un contacto en San Marcos.

El teniente coronel Ochoa se creía listo. No imaginó que alguien seguía sus pasos desde una oficina en la embajada de Estados Unidos. Esta oficina informó al Ministerio de la Defensa acerca de las travesuras de Ochoa. Las conocía de primera mano, porque el piloto colombiano del cártel de Cali que le entregaba la coca al teniente coronel era un informante de la DEA. Para entonces, Guatemala parecía el *playground du jour* de los infiltrados en el narco. Dos años después, dos infiltrados en la célula del cártel de Sinaloa en Guatemala hicieron caer a El Chapo.

Mientras tanto, Estados Unidos quería a Ochoa no sólo capturado: pedía su extradición. Pero el gobierno no hizo ni una cosa ni la otra. En cambio, el Ministerio de la Defensa sacó al oficial de la zona militar de San Marcos, cerca de diciembre de 1991, y lo trasladó a otra juridicción. La situación debía ser un poco engorrosa: Ochoa era compañero de promoción de Pérez Molina, director de la D-2. El teniente coronel no pertenecía al círculo cercano del director de Inteligencia Militar, pero ambos se habían graduado en 1973 de la Escuela Politécnica.

Ochoa casi coincidió en la Zona Militar de San Marcos con el teniente coronel Búcaro Rosales, quien llegó al lugar en enero de 1992 como comandante del primer batallón.[15] Búcaro Rosales era el sujeto a quien El Chapo dijo que pidió ayuda en mayo de 1993 para ocultarse en Guatemala y a quien, luego de haber sido capturado en México, acusó de robarle 1.5 millones de dólares.

No hay datos de que la cocaína que el teniente coronel Ochoa transportaba fuera para El Chapo, pero el oficial era *courier* de droga en una zona de influencia del cártel de Sinaloa. Se presume que los grupos locales en el noreste de Guatemala entregaban la cocaína al cártel del Golfo, en México, y que los grupos del sureste de Guatemala la llevaban al cártel de Sinaloa. Para ese entonces, si Ochoa no conocía a El Chapo en persona, al menos debía saber quién era. Y la DEA y la D-2 debían tener las manos llenas entre perseguir a los miembros del cártel de Cali, a El Chapo y vigilar al teniente coronel Ochoa.

La embajada de Estados Unidos tenía dos años de esperar la captura de Ochoa, cuando el Ministerio de la Defensa le dio de baja en agosto de 1993 «por mala conducta». Tal era el razonamiento de cuanto el teniente coronel hacía en sus paseos entre Retalhuleu y San Marcos. Finalmente, Epaminondas González Dubón, magistrado de la Corte de Constitucionalidad, aprobó la extradición de Ochoa en marzo de 1994. Sin embargo, el magistrado fue asesinado días después, y la corte luego revirtió la decisión y la extradición nunca ocurrió.[16]

Tres años después de ser dado de baja, Ochoa cayó capturado con 27 paquetes de cocaína en el estacionamiento de un centro comercial, en la capital guatemalteca; era el 8 de mayo de 1997.[17] Acabó en la cárcel. El juez Marco Tulio Molina Lara lo condenó a 14 años en prisión en julio de 1999.[18]

Escena II: entran los mexicanos

El descalabro de la sucursal del cártel de Cali en Guatemala disparó una transición clave: los compradores mexicanos comenzaron a dictar las reglas del negocio, a diferencia de los proveedores colombianos. La caída de los grandes cárteles en Colombia (Cali y Medellín) también inclinó la balanza de poder hacia los traficantes mexicanos en Centroamérica. Esta transición se cristalizó con el cambio de milenio, mientras El Chapo estaba en la cárcel. Pero algo más precipitó el cambio.

El gran problema en Guatemala «fue cuando se dieron los tumbes (robos) de droga. Los que debían recibir y entregarla, comenzaron a quedársela para negociar directamente con los cárteles mexicanos», afirma Mérida. «Entonces no sé si el castigo les vino del cártel de Cali o de los mexicanos». Los Lorenzana sí comenzaron a comprar la droga y ellos negociaron con los traficantes mexicanos, pero otros grupos, y hasta algunas autoridades (militares o policiacas) tomaron por asalto los cargamentos de droga, o los paquetes de dinero enviado de México hacia Sudamérica.

Algunos transportistas guatemaltecos se habían cansado de ser un simple eslabón y querían ser protagonistas. En esta coyuntura, la D-2 capturó a El Chapo en Guatemala. Por eso era curioso que él alertara a las autoridades guatemaltecas de la presencia de narcotraficantes mexicanos en Guatemala, a pesar de que no era el único que hacía negocios en este país. Un excomisario de la Policía Nacional Civil en Guatemala, quien no quiso ser nombrado, refiere que la atención policial se enfocó en los narcotraficantes mexicanos hasta después del año 2000. «Nosotros de quienes estábamos pendientes era de los colombianos», afirmó.

En México, varios cárteles tenían una conexión con los productores colombianos, y esa conexión pasaba por Centroamérica. Era el caso de Carrillo Fuentes, El Señor de los Cielos, del cártel de Juárez; Osiel Cárdenas, del cártel del Golfo, y Miguel Ángel *El Padrino* Félix Gallardo, en Sinaloa y Jalisco.

Honduras, El Salvador y Guatemala eran puntos de entrega aérea, marítima y terrestre de droga a sucursales locales, que a su vez la transportaban y entregaban a los cárteles en México. Según Vigil, El Chapo tenía contactos en Centroamérica desde los años ochenta, cuando estaba bajo el ala de El Padrino, quien también tenía entre sus proveedores al traficante hondureño Matta Ballesteros (socio del cártel de Medellín),[19] entre otros. Además, alrededor de 1996, Cárdenas ya tenía contactos en Guatemala.[20]

Centroamérica se volvió importante cuando la administración de George Bush (padre) declaró la guerra contra el narcotráfico que iba vía el Caribe y el océano Atlántico hacia Estados Unidos. Esa ofensiva la despertaron los envíos marítimos de cocaína del cártel de Medellín, por el Cayo Norman en las Bahamas hacia Florida, aunque hubo otros detonantes.

Fue clave la alianza de Pablo Escobar con el general Manuel Noriega en Panamá, donde Escobar se refugió por una temporada en 1984. Mientras crecía la presión de Estados Unidos sobre Panamá y Noriega (que desencadenó la invasión estadounidense en 1989), Escobar pidió ayuda a los sandinistas en Nicaragua (en el gobierno hasta 1990). Para 1987, Escobar decía que los sandinistas estaban desesperados por conseguir dinero y le pedían usar Nicaragua como punto de llegada para los aviones cargados de cocaína. Nicaragua fue su plan B para traficar después de Panamá.[21] Estos hechos popularizaron la ruta centroamericana para los colombianos, antes de que los desplazaran los traficantes mexicanos.

ESTADOS UNIDOS: *BIG BROTHER* ANTINARCO

En los años noventa, el trabajo de la policía en Guatemala para controlar el narcotráfico dependía mucho de la D-2. En esa época, Estados Unidos utilizó sus intereses en materia de seguridad, como el narcotráfico y la inmigración indocumentada, para justificar su relación con las estructuras militares en Centroamérica. El Comando Sur estadounidense militar creó alianzas en la región y se sustentó en los andamiajes militares contrainsurgentes de Guatemala y El Salvador; de ahí que la D-2 se involucrara en la búsqueda de El Chapo.

El Comando Sur también invervino en operaciones de narcotráfico en México, años después de la captura de El Chapo en 1993, con el vuelo de aviones estadounidenses en el espacio aéreo mexicano. Perseguían aeronaves del narcotráfico desplazándose desde Colombia hasta México, según Vigil, exjefe de Operaciones Internacionales de la DEA;[22] es decir, lo de Guatemala no era un caso aislado.

En México, la presencia de la DEA se evidenció con el secuestro y asesinato de Kiki Camarena en 1985. Este hecho también sirvió como palanca de presión de Estados Unidos para que México capturara a ciertos personajes. Y esa presión además se valió de la intención del gobierno mexicano de consolidar y firmar el Tratado de Libre Comercio de Norteamérica (TLC, o NAFTA, por sus siglas en inglés). Así, en 1989 México capturó a El Padrino Félix Gallardo. Según el periodista Alfredo Corchado, el presidente Carlos Salinas «necesitaba tener a los estadounidenses felices para hacer del NAFTA una realidad».[23]

Hernández dice que el policía federal Guillermo González Calderoni protegía a El Padrino. La periodista lo describe como «uno de los policías más corruptos en la historia de México»[24] porque, entre otras cosas, custodiaba (por orden federal) y protegía (a cambio de sobornos) a Pablo Acosta Villareal, uno de los jefes y socios de Amado Carrillo, Caro Quintero y El Mayo Zambada. Pero traicionó a El Padrino cuando lo capturó. Información extraoficial indica que El Chapo facilitó la captura de su jefe, pero El Padrino siempre culpó sólo a González Calderoni.[25]

Vigil dice que González Calderoni debía fingir lealtad a Acosta y El Padrino para poder capturarlos. También asegura que este policía federal constituyó un instrumento para la persecusión de aeronaves del narcotráfico en México. «Hay muchas acusaciones contra González Calderoni, pero ninguna fue comprobada», dice este exagente de la DEA.

> En la DEA se aprende que a veces tenemos que bailar con el diablo para cumplir las metas de los operativos. González era mi contraparte en el gobierno mexicano y trabajamos muy cerca en un programa de intercepción de vuelos llamado Halcón. Este programa permitió la incautación de al menos 140 toneladas métricas de cocaína durante cuatro años. Hasta donde sé, él nunca comprometió ninguna de estas operaciones.

La estrategia del Comando Sur de Estados Unidos en 1992 estaba diseñada «para fortalecer las instituciones democráticas, eliminar amenazas a la seguridad regional, y realzar el papel del ejército en las democracias de América Central y del Sur»,[26] pero el resultado fue la militarización de la seguridad interna, que era responsabilidad de las autoridades civiles. Además, algunos de los oficiales militares en operativos antinarcóticos no sólo navegaban en zonas grises, nadaban en aguas turbias, donde no estaba claro qué hacían o para quién lo hacían. Un ejemplo es el teniente coronel guatemalteco Búcaro Rosales, supuestamente buscado por El Chapo para que lo protegiera en 1993, aunque luego lo acusara de haberle robado, y quien resultara condecorado por Estados Unidos 11 años después.

En 1996, el director de la D-2, el capitán de navío Julio Yon Rivera reveló que entre los años 1960 y 1990 la Agencia Central de Inteligencia (CIA, por sus siglas en inglés) apoyó las tareas de Inteligencia Militar en Guatemala,[27] y que después lo hizo la DEA. Esto explicaría por qué la DEA habría tomado el control de la operación para capturar al alcalde Arnoldo Vargas, a El Chapo y después a los colombianos del cártel de Cali.

Pese a las acciones de Estados Unidos, los tentáculos de la corrupción en México y Guatemala le allanaron el camino al narcotráfico. Fue así que El Chapo, pese a estar encarcelado, siguió construyendo su ascenso en el cártel de Sinaloa.

Notas

[1] Mario Mérida, entrevista personal, Guatemala, 19 de agosto de 2015.

[2] Julie López, «Guatemala's Crossroads: The Democratization of Violence and Second Chances», *Organized Crime in Central America: The Northern Triangle*, Washington, D. C. Woodrow Wilson Center Reports on the Americas, núm. 29, 14 de septiembre, 2011, p. 154. La información del caso de los vehículos no se incluyó en esta publicación.

[3] *Ibid.*, p. 154.

[4] *Ibid.*, p. 149.

[5] *Ibid.*, p. 150.

[6] Algunos documentos indican que Vargas traficaba con el cártel de Medellín, y no con el de Cali, pero no se descarta que traficara con ambos proveedores de cocaína.

[7] J. López, *op. cit.*, p. 158. Véase también Julie López, «Justicia sin colmillo contra el narcotráfico», en *El Diario La Prensa*, Nueva York, 15 de octubre, 2009, pp. 2-4.

[8] J. López, «Guatemala's Crossroads», *op. cit.*, p. 148.

[9] José Elías, «Entregado a EE. UU. un exalcalde guatemalteco acusado de "narco"», en *El País* [en línea], Madrid, 21 de mayo, 1992 <http://elpais.com/diario/1992/05/21/internacional/706399207_850215.html>. [Consulta: 7 de enero, 2016.]

[10] Documento judicial núm. 538, en el caso contra Waldemar Lorenzana Lima, en corte distrital de Columbia: U. S. District Court for the District of Columbia, Criminal [Case] No. 03-CR-331 (CKK), «Government's Memorandum in Aid of Sentencing», 17 de febrero, 2015, 38 ff.; véase información relativa a las fincas de Lorenzana y el aterrizaje de avionetas con cocaína en pp. 6, 8, 9-10 de dicho documento.

[11] M. Mérida, *op. cit.*

[12] Una corte de Nueva York condenó a Arnoldo Vargas a 30 años de cárcel.

[13] Iduvina Hernández y Evelyn Blanck, «El principio del fin del cártel de Cali en Guatemala», en *Revista Crónica*, Guatemala, 26 de noviembre, 1993, pp. 16, 19-20.

[14] Corte Suprema de Justicia de la República de Colombia, Proceso de Extradición núm. 35418, Sala de Casación Penal, 8 de junio de 2011, pp. 2-4. Julie López, «Nueve años de cacería para ocho narcos guatemaltecos» [en línea], en *Plaza Pública*, Guatemala, 17 de mayo, 2012 <http://www.plazapublica.com.gt/content/nueve-anos-de-caceria-para-ocho-narcos-guatemaltecos-i>. [Consulta: 8 de enero, 2016.]

[15] Archivos NSA, p. 64, vol. I, sección Unidades Militares [en línea bajo «List of Military Units»], <http://nsarchive.gwu.edu/NSAEBB/NSAEBB32/vol1.html>. [Consulta: 10 de enero, 2016.] Los datos de Búcaro Rosales fueron suministrados por la oficina de información pública del Ministerio de la Defensa.

[16] Frank Smyth, «El narco-Estado intocable: Militares guatemaltecos desafían a la DEA» [en línea], *The Texas Observer*, Estados Unidos, 18 de noviembre, 2005 <http://www.franksmyth.com/the-texas-observer/el-narco-estado-intoca

ble-militares-guatemaltecos-desafian-a-la-dea/>. [Consulta: 15 de enero, 2016.] Véase también Phillip C. Landmeie, «Línea del tiempo de la historia de Guatemala 1990-1999» [en línea], Mayaparaíso, <http://www.mayaparaiso.com/chronology/chronology_1990CE_1999CE.php>. [Consulta: 15 de enero, 2016.]

[17] Silvino Velásquez, «La historia de un capo» [en línea], en *Revista Crónica*, Guatemala, 23 de mayo, 1997, pp. 21-22 y 24, <http://www.cronica.ufm.edu/index.php/DOC470.pdf?gsearch>. [Consulta: 15 de enero de 2016.]

[18] En el Recurso de Casación se narran los hechos de captura y detalles del caso; Corte Suprema de Justicia, ramo Penal, exp. 31 y 32-2000 [en línea], Guatemala <http://gt.vlex.com/vid/-457318386>. [Consulta: 15 de enero, 2016.]

[19] Juan Ramón Matta Ballesteros no radicó permanentemente en Honduras. En 1985 hasta vivió en España. Véase «Matta Ballesteros residió hasta 1985 en Madrid, donde organizó numerosos envíos de cocaína a EE.UU.» [en línea], *El País*, Madrid, 4 de diciembre, 1990 <http://elpais.com/diario/1990/12/04/espana/660265225_850215.html>. [Consulta: 15 de enero, 2016.]

[20] Ricardo Ravelo, *Osiel, vida y tragedia de un capo*, México, Grijalbo, 2009, pp. 126 y 127.

[21] Virginia Vallejo, *Amando a Pablo, Odiando a Escobar*, México, Random House Mondadori, 1987, pp. 131, 143, 147, 169, 188.

[22] Michael S. Vigil, *Deal*, Bloomington, Indiana, iUniverse, 2014, pp. 243-245. En este libro, Vigil narra que consiguió en préstamo 28 helicópteros Huey del Departamento de Defensa para operar en México, y que sus principales contactos eran la Policía Judicial Federal y el policía federal Guillermo González Calderoni.

[23] Alfredo Corchado, *Midnight in Mexico*, Nueva York, Penguin Books, 2013, p. 45.

[24] Hernández, p. 35.

[25] Malcolm Beith, *The Last Narco*, Nueva York, Grove Press, 2010, p. 48.

[26] Thomas Davies, y Brian Loveman, *The Politics of Antipolitics*, Lanham, Maryland, Scholarly Resources, 1997, pp. 147-149.

[27] Jennifer Schirmer, *The Guatemalan Military Project, a Violence called Democracy*, Filadelfia, University of Pennsylvania Press, 1998, p. 171.

CAPÍTULO 8

Brazos largos tras las rejas

Los años noventa fueron pésimos para los narcos que hacían titulares de prensa, pues cayeron como fichas de dominó: ¡plac!, ¡plac!, ¡plac! En diciembre de 1990, capturaron a Arnoldo Vargas en Guatemala. En junio y octubre de 1993, capturan a El Chapo Guzmán y también a la célula del cártel de Cali en Guatemala. En diciembre, murió acribillado sobre un tejado de Medellín, Colombia, Pablo Escobar y con él se desplomó el cártel de Medellín. El mismo mes capturaron en Tijuana, Baja California, México, a Francisco Rafael Arellano Félix, el mayor de los hermanos que lideraban el cártel de Tijuana: un golpe mayor.[1] En 1995, en Colombia, capturaron con fines de extradición a los hermanos Miguel y Gilberto Rodríguez Orejuela, líderes del cártel de Cali. Mucho cambió. Pero no en el cártel de Sinaloa.

El cártel de Sinaloa tenía, y mantiene, un mando horizontal, según Michael Vigil. Comprende una serie de estructuras ligeramente hilvanadas entre sí, pero con objetivos comunes. Por eso, no se desbarató con la captura de El Chapo en 1993. Además, desde la cárcel, él todavía tenía voz en las decisiones clave.

El abogado Juan Pablo Badillo Soto conoció a El Chapo recién llegado a la cárcel de Almoloya de Juárez (Penal del Altiplano o Centro Federal de Readaptación Social, CEFERESO, número 1), en el Estado de México, en 1993. El abogado tenía 51 años de edad, 15 más que su cliente, pero simpatizaron. Eran casi paisanos. Badillo Soto creció en Durango (estado que forma el triángulo dorado con Sinaloa y Chihuahua), se especializó en ley criminal en la Universidad de Juárez y tenía 23 años de recorrer los pasillos de las cortes. Visitaba a El Chapo dos o tres veces a la semana; se conocieron bien.[2]

Badillo Soto nunca salió del equipo de abogados de El Chapo, donde es el más veterano de sus defensores, aunque un juez martilló a su cliente con una sentencia de 20 años de prisión por cohecho y asociación delictuosa. Eso sí, lo absolvió por el caso de la muerte del cardenal Posadas que había desatado su cacería hasta Guatemala.

Para 1995, varias fiscalías en Estados Unidos le endilgaban delitos vinculados al narcotráfico. Encabezaban la lista, «conspiración para importar cocaína» y «lavado de dinero».[3] Le reservaron una silla en varias cortes federales, pero El Chapo tenía otros planes.

Tras las rejas, tuvo varias revelaciones. Hernández escribió que «La protección a El Chapo por parte de las autoridades de la PGR duró hasta que Carrillo Fuentes lo quiso. Cuando Joaquín Guzmán Loera llegó a la cárcel de máxima seguridad de Almoloya de Juárez [...] le cayó el veinte de que esa protección se había terminado».[4] Pero no se arrugó. Al contrario: El Chapo comenzó a maquinar su traslado a otro penal cuando algo cayó del cielo.

El 23 de junio de 1995 El Güero Palma se estrelló en su Learjet en un vuelo de Sonora a Jalisco. Y así, magullado por el percance, las autoridades lo capturaron y llevaron al penal de Puente Grande (o CEFERESO de Occidente), a 18 kilómetros de Guadalajara. Vigil explica que «este hecho le permitió a El Chapo asumir el control total del cártel de Sinaloa». En la calle, Palma le estorbaba. Le hacía ruido, sombra. Palma era su compadre, familiar de su primera mujer, Alejandrina. Pero Palma lo traicionó. Obedeció a El Señor de los Cielos, y le dio la espalda a El Chapo cuando huyó de la balacera en Guadalajara en mayo de 1993, y se marchó a Guatemala. El Chapo no lo olvidó.

Cumplió poco más de dos años de encierro en el centro penal de Almoloya de Juárez. Pero el 22 de noviembre de 1995 (cinco meses después del percance de Palma), El Chapo consiguió su traslado a Puente Grande. Regresó a sus dominios, cerca de Guadalajara, aun si era tras las rejas. Se encontró con Palma en el mismo penal. Para entonces, ambos tenían en común al menos 10 procesos «por homicidio, delitos contra la salud, delincuencia organizada, acopio de armas y tráfico de drogas».[5] El Chapo hilvanó sus planes en silencio.

¿Pidió su traslado a Puente Grande para encontrarse con su exsocio o para vigilarlo? Tal vez las dos cosas. Pero años después, su fuga mostró que El Güero Palma no era parte de sus planes.[6] ¿Le cobró así la traición?

Quizás. Algunos funcionarios públicos no entienden por qué no se fugaron también Palma y Arturo Martínez Herrera, alias El Texas,[7] otro socio de El Chapo. Tal vez era una cuestión de seguridad. La vulnerabilidad estaba en los números; una fuga de tres era más obvia que la de uno. La fuga en solitario implicaba pensar sólo para uno: El Chapo. No hay indicios de que ofreciera a Palma y Martínez ayudarles a salir de la cárcel, como lo hizo a una de sus amantes en el penal, Zulema Hernández (una expolicía de Sinaloa que fue condenada por delitos relacionados con las drogas).[8]

SOCIOS EN CIERNES

El Chapo maquinaba sus planes y, mientras tanto, en Zacapa, Guatemala, frontera con Honduras, la familia Lorenzana emergía como uno de los más efectivos grupos traficantes de cocaína en el país. Eran efectivos porque eran invisibles en titulares de prensa. Y quienes los veían pronto aprendían a ver en otra dirección, como un tic nervioso, un reflejo inducido para salvar el pellejo, o a cambio de gordos fajos de dólares.

Sólo cayó el alcalde Vargas y lo extraditaron en 1992, y los Lorenzana comenzaron a moverse calladitos. Se quedaron con el negocio. Recibían las avionetas cargadas de coca del cártel de Medellín (luego sería del cártel de Cali), o los cargamentos por tierra enviados desde El Salvador y en la costa salvadoreña del Pacífico, y enviaban los ladrillos de coca hacia México. Para 1996, untaban suficientes manos de policías y militares con miles de dólares para traficar sin sorpresas. El Chapo lo desconocía aún, pero ellos serían un eslabón importante del puente de coca entre el cártel de Cali y el cártel de Sinaloa en la década siguiente.

BUSINESS AS USUAL

«El Chapo Guzmán siguió manejando las operaciones del cártel de Sinaloa mientras estuvo en Puente Grande», revela Vigil.[9] El exagente especial de la Agencia Federal Antidrogas (DEA, por sus siglas en inglés) revela que, cuando el cártel de Cali enfrentaba los problemas de la captura de los Rodríguez Orejuela en 1995 y su extradición (aunque no los extraditaron hasta 2003 y 2004), El Chapo comenzó a comprarle cocaína a un nuevo proveedor: el cártel del Norte del Valle del Cauca. Este cártel fue inmortalizado en el libro *El cártel de los sapos* de Andrés López López, y en la teleserie del mismo nombre basada en el libro. Pero la cocaína del nuevo cártel no fue lo único que El Chapo compró.

«Rápidamente fue capaz de sobornar oficiales de la prisión y ellos no tardaron en referirse a él como "el jefe"», relata Vigil. «Él tenía acceso ilimitado a abogados, familia, y miembros del cártel de Sinaloa, quienes trasladaban sus órdenes e instrucciones a individuos clave como El Mayo Zambada». Con El Mayo se entendía. Su jefatura discreta, sin los riesgos de la visibilidad, creó un equilibrio que les funcionó a los dos.

El Chapo también se apoyaba en su hermano Arturo, sus ojos y oídos en la calle, para el control operacional del cártel en 1995. Le enviaba instrucciones con sus abogados. Las órdenes incluían la construcción de túneles bajo la frontera México-Estados Unidos para el contrabando de droga. Ese año, las autoridades estadounidenses descubrieron la salida de uno de los túneles en una iglesia metodista abandonada, a una distancia peatonal de una oficina de Aduanas de Estados Unidos en Nogales, Arizona. El túnel conectaba con Nogales, Sonora, en México. En 1997, la DEA reconoció que El Chapo, aun preso, era una pieza poderosa en el cártel, y que ese poder se extendía más allá de México, en especial a Centroamérica y Estados Unidos.[10] El Chapo tenía brazos largos, *muy* largos.

El Chapo también tenía un séquito de esbirros en el penal que le asistían en diferentes asuntos. Por ejemplo, llevaban registros computarizados de los negocios del jefe en la calle. El Chapo usó la compartimentalización con astucia, para ocultar la identidad de sus socios más cercanos, de su círculo de seguridad, y sus operaciones de trasiego. Según el periodista Malcolm Beith, autor del libro *The Last Narco,* muchos de quienes trabajaban para El Chapo en la calle nunca lo vieron en persona.

En la cárcel, tenía ojos y oídos en todas partes; era omnipresente. Eso porque la selección del personal a su servicio fue democrática: desde conserjes hasta personal de cocina podían ganar entre 100 dólares y 5 000 por colaborar. Algunos reos se convirtieron en sus secretarios. Al principio, las demandas de El Chapo eran sencillas: una comida especial, o tiempo extra para una visita íntima. Compartió los beneficios con El Güero y El Texas: desde *whisky* y cubalibre hasta prostitutas, películas, botanas, cocaína y mariguana. El viagra se lo guardaba para él solo. Gozaron también de al menos una banda de música norteña y de mariachis en vivo, que El Chapo no escuchaba después de su paso por El Salvador, previo a la captura en Guatemala. Para una Nochebuena hubo hasta cena con sopa de langosta y *filet mignon*. El Chapo también jugaba al ajedrez con un exmiembro de la guardia presidencial preso por corrupción y era un ávido jugador de basquetbol y voleibol. Sería un cuarentón, pero estaba en buena forma. Un reporte extraoficial indica que también le permitían salir los fines de semana.[11]

Pero no todos hicieron equipo con El Chapo por voluntad propia. Amenazó a los renuentes de modo directo o por medio de sus secretarios. «Oye, nos dicen que estás molesto y que no quieres nuestra amistad», comenzaba la advertencia. «No te preocupes, aquí tenemos los detalles de tu casa y familia. No hay problema».[12] Luego le mostraban al indefenso custodio una *laptop* con las fotos, para amedrantarlo a colaborar con la causa. Esto era parte de cuanto hacía en la calle el ejército de cómplices del El Chapo: fotografiar las casas, madres, esposas, hermanos, hijos de los guardias del penal.

También había golpes a cargo de los «bateadores», un grupo de sujetos que gustaban de empuñar bates y dar batazos al aire, como preparándose para pegar tremendo jonrón. Varios guardias pidieron su traslado, o reportaron los abusos; todo cayó en oídos sordos. El

Chapo hizo lo posible por procurarse una estadía cómoda tras las rejas, pero convirtió la vida de los demás en un infiernito.[13]

En la calle, el mundo seguía cambiando. En 1996, las autoridades mexicanas capturaron a Juan García Ábrego, líder del cártel del Golfo. Cerca de 1997, su sucesor, Osiel Cárdenas Guillén, reclutó un escuadrón feroz al que llamó los Zetas, cuyos miembros originales eran desertores de los Grupos Aeromóviles de Fuerzas Especiales (GAFES).[14] Al mando de Cárdenas, los Zetas llegaron hasta la frontera noreste de Chiapas con Petén, en Guatemala, para gestionar y custodiar la recepción de cocaína enviada desde Colombia.[15]

Pero otras cosas ocurrían en Guatemala también. En 1997, la policía capturó al exteniente coronel Ochoa Ruiz, que el ejército de Guatemala dio de baja cuatro años antes por su «mal comportamiento». No fue el único exmilitar metido en este combo. Eso bastó para que la prensa guatemalteca acuñara el término «narcomilitares».

Para entonces, los decomisos de droga estaban focalizados: la mayoría de cargamentos grandes (de 500 kilos para arriba) caían en Izabal, que colinda con Honduras sobre la costa del Atlántico, la zona de influencia del cártel del Golfo. Aun así, de los grandes socios del cártel en esa zona, la familia Mendoza, no se oía ni pío.[16] La droga aparecía en fincas remotas. A finales de 1997, un enfrentamiento con policías del Departamento de Operaciones Antinarcóticas (DOAN) resultó en tres mexicanos muertos. La policía fotografió los cadáveres todavía con los fusiles de asalto al lado o en la mano.

También incautó cerca de 950 kilos de cocaína en la finca donde ocurrió la balacera.

La droga también emergía en barcos de carga procedentes de Colombia vía Panamá. Este dato era de cajón. No quería decir que por allí se traficaba más, sino que quienes daban los chivatazos conocían mejor esa ruta. El entonces DOAN, de la Policía Nacional Civil (PNC), presentaba los hallazgos como el resultado de sus investigaciones. Era *vox populi* que el gran hallazgo salía de un chisme de soplón, un informante de la DEA. ¿De qué otra forma iban a saber qué contenedor revisar entre los miles transportados en los barcos que anclaban en el Puerto Santo Tomás de Castilla donde, por cierto, ni había sistema de rayos X?

La coca, en diferentes presentaciones: en ladrillo, despozolada, en perfectas tortas redondas o hasta teñida de negro, aparecía adentro de calentadores industriales soldados en fábrica, reproductores VHS, pantallas de televisión, tubos de carreolas de bebé, ollas de cocina con doble fondo y, una vez, hasta dentro de los neumáticos de un tráiler.[17]

Pero de las avionetas que aterrizaban en Petén y Zacapa, nada. Allí parecía ir el grueso de la carga. Las pocas avionetas halladas hacia finales de la década de los noventa, aparecían incineradas en zonas remotas. La policía sólo encontraba un esqueleto quemado, ninguna evidencia útil. Hubo una excepción: una avioneta averiada que apareció varada en la playa del Pacífico en Jutiapa, frontera con El Salvador. Nadie capturado, nada incautado. La sospecha lógica: narcotráfico. Esta era la zona de influencia del cártel de Sinaloa. Detalles así quizá no llegaban a oídos de El Chapo. En esa época, lo ocupaban otros menesteres.

UNA PUERTA SE CIERRA, UNA VENTANA SE ABRE

Mucho más ocurrió en 1997. El Señor de los Cielos murió sobre una mesa de operaciones, mientras le practicaban una cirugía plástica. Hacía años que su vínculo con El Chapo estaba roto. No hay indicios de que hubiera contacto entre ambos después de que le ordenó a El Chapo largarse a Nayarit en mayo de 1993. Si a Carrillo Fuentes le irritaba que El Chapo fuera innecesariamente llamativo para la organización, debió enfurecerle que lo desobedeciera y se marchara a Guatemala. No está claro si le ordenó ir a Nayarit justo antes del escándalo por la muerte del cardenal Posadas, o recién ocurrido, para que se refugiara allí mientras se enfriaba la situación. El Chapo ni había cruzado la frontera con Guatemala cuando Carrillo Fuentes levantó las manos y se desentendió.

El Chapo no se detuvo a lamentar el abandono de El Señor de los Cielos, ni su muerte. «Recibía fuertes cantidades de dinero de los hermanos Beltrán Leyva, mientras él estuvo en Puente Grande», revela Vigil. Ese vínculo era conocido. Los hermanos se independizaron por poco tiempo después de la muerte de Carrillo Fuentes, pero luego se aliaron a El Chapo.[18] El exagente especial de la DEA dice que manejaban una gran parte del transporte de cocaína desde Sudamérica hacia México (el viejo empleo de El Chapo), y la producción y distribución al mayoreo de mariguana y heroína en México para el cártel.

Los Beltrán Leyva también le ofrecían el servicio de cobro de deudas a los socios colombianos del cártel de Sinaloa, mientras El Chapo estuvo preso. Arturo Beltrán Leyva también tenía el encargo de atender a Vicente Castaño Gil, líder de las contrainsurgentes Autodefensas Unidas de Colombia (AUC). Desde 2001, en la administración de Fox, se dedicó a cobrar en México una deuda de 7 000 000 de dólares en nombre de Castaño.[19] En 2003, las AUC se desmovilizaron. Algunos miembros fueron capturados y extraditados a Estados Unidos por narcotráfico. Otros, como Castaño Gil, formaron el grupo Águilas Negras, que mantuvo el vínculo con el narcotráfico hasta que se unió a otra organización similar, a finales de la década. El paradero de Castaño Gil se desconoce.

JEFE QUE NO ABUSA DE SU AUTORIDAD...

En Puente Grande, el estatus del Chapo era obvio. Así lo advirtió José Antonio Ortega, el abogado del arzobispado de Guadalajara, cuando lo entrevistó en la cárcel en 2000. Sentado frente a El Chapo, y acompañado de un fiscal federal, observó a un Chapo no esposado, apacible, de buenos ánimos, a quien los guardias trataban como a un jefe, mientras colocaban café y una selección de pastelillos sobre la mesa. «Así ves el poder del Chapo en la cárcel», dijo el abogado. Ortega debió esperarle más de ocho horas, para de entrada escuchar una cándida explicación: se había demorado porque tuvo una visita íntima, luego se dio un baño turco, hizo la siesta, y hasta entonces estuvo listo para atender al abogado. El Chapo habló con el terso acento de la sierra y llamó al abogado Licenciado y «siñor», pero se mantuvo alerta y controló la entrevista. Desinfló cualquier emboscada verbal que Ortega le tendió.[20]

El Chapo fue más cortés con otros visitantes. Entre 1995 y 2001, cuando no se entretuvo con visitas íntimas, o amenazando guardias o internos, jugó al ajedrez. *Nexos* publicó que «las autoridades del penal lo consideraban un hábil ajedrecista».[21] Compartía la mesa con los sujetos que le salvaron la vida: los mismos que lo sacaron sin un rasguño de la refriega en el aeropuerto de Guadalajara, en mayo de 1993, en el hecho en que murió acribillado el cardenal Posadas. Tres de ellos acompañaron a El Chapo en El Salvador, cuando celebraron haber sobrevivido a la balacera, y también figuraban entre los cinco capturados junto al capo en Guatemala: Martín Moreno Valdez, Baldemar Escobar Barrasa (o Barraza), y Antonio Mendoza Cruz. Las autoridades los identificaban como sus lugartenientes. Al menos dos de ellos jugaban ajedrez con El Chapo en calidad de visitantes, no de internos. Otro acompañante de El Chapo en su vuelta a El Salvador y Guatemala, Manuel *El Meño* Castro Meza, sí estuvo en Puente Grande como interno. Salió en 1996, pero se desconoce si volvió al penal para compartir juegos de mesa con El Chapo.

En diciembre de 1997 Escobar Barrasa fue absuelto, según *La Jornada*.[22] Es incierto el paradero actual de Moreno Valdez. Mendoza Cruz, también conocido como El Primo Tony, permaneció detenido en el Reclusorio Preventivo de Guadalajara tres años después de su captura en Guatemala. Fue absuelto en 1996 de homicidio y contrabando, pero lo recapturaron en México en marzo de 1999 por posesión ilegal de armas de fuego y por disparar al aire con un fusil de asalto en la vía pública. Trató de huir en un vehículo blindado y sobornar a la policía con 67 000 dólares. Después de dos meses en la cárcel, un juez decidió que su detención fue ilegal y lo excarcelaron. Mendoza Cruz se reincorporó al cártel de Sinaloa en 2001, poco después de la fuga de El Chapo en enero de ese año.

Mientras tanto, en Guatemala...

La PNC no tiene memoria de las andanzas de los narcotraficantes en Guatemala en 1993. Asegura que carece de registros estadísticos de decomisos de cocaína, dólares estadounidenses, pesos mexicanos, o capturas de colombianos o mexicanos en conexión con el narcotráfico. Dice que ni tiene un registro de las capturas de los guatemaltecos.[23] Puede ser porque la Dirección de Inteligencia (D-2) controlaba las operaciones antinarcóticas ese año. Dos años después, estas operaciones parecían no haber tenido mayor efecto.

Hubo un gran incremento en la incautación anual de cocaína; subió 1 000 por ciento: de 956 kilos en 1995,[24] hasta casi las 10 toneladas (9 959 kilos) en 1999.[25] Pero en términos reales, aquello era como quitarle un pelo a un gato. En ese entonces, Estados Unidos estimó que por Guatemala pasaban entre 200 y 300 toneladas de cocaína al año. Lo incautado en 1999 apenas era 4 por ciento de ese estimado.[26] Una nada. Para mayor inri, en 2001 estalló un escándalo en las bodegas del DOAN: algunos policías habían robado cerca de 25 por ciento de la cocaína almacenada.[27] Ese año se conoció también que, en julio de 2000, 21 policías habían participado en el robo de al menos 5 000 000 de dólares ocultos en un contenedor transportado desde México hacia Honduras vía Guatemala. Aparentemente, el chofer del tráiler que llevaba el contenedor (el cual tenía el dinero oculto en toneles de plástico) desconocía qué transportaba cuando hombres armados y vestidos de particular lo detuvieron en la carretera, lo bajaron de la cabina, lo abandonaron amarrado en medio de unos matorrales, y se llevaron el tráiler. El chofer logró desatarse, y reportar el robo a una comisaría de la PNC. El dato curioso: los policías habían comenzado a buscar el tráiler dos horas *antes* de que el chofer reportara el robo.[28]

El caso del tráiler lo investigó la Oficina de Responsabilidad Profesional de la PNC, pero ningún policía señalado hizo un día de cárcel por este caso. Uno de ellos hasta llegó a ser director de este cuerpo policiaco. El Ministerio de Gobernación, del cual depende la PNC, desmintió el hecho por completo. Por eso no hay datos del origen o el destino del dinero, sólo la sospecha de que eran narcodólares. El caso era otra raya para el tigre. En 2000, el decomiso anual de cocaína se desplomó a 1 584 kilos: 0.6 por ciento del estimado trasiego anual.

En 2001, Guatemala incautó 4 103 kilos con 37 gramos, una mejora leve, porque la incautación cayó de nuevo en 2002. Para enero de 2003, los estadounidenses golpearon la mesa: descertificaron al país y lo ubicaron en la lista negra de aquellos que hacían esfuerzos nulos en la lucha contra el narcotráfico. Pero para los narcos, era el paraíso. Para El Chapo, la mesa estaba servida.

CUANDO EL RÍO SUENA...

En enero de 2000, un año antes de la fuga de El Chapo, la Comisión Estatal de Derechos Humanos (CEDH) y la Comisión Nacional de Derechos Humanos (CNDH) sabían que en Puente Grande ocurrían desmanes: corrupción e indisciplina. Los problemas comenzaron con la llegada desde Sinaloa, entre otros estados, de varios comandantes de los custodios que pretendían obligarles a ser dóciles ante El Chapo y sus amigos. La fuga de El Chapo los hizo reaccionar, según *Proceso*. El mismo subsecretario de Seguridad Pública, Jorge Tello Peón, dijo: «no se escapó, lo sacaron» (Tello Peón trabajaba para el general Carrillo Olea en el momento en que este recibió a El Chapo en la frontera México-Guatemala el 9 de junio de 1993). Otra versión indica que durante las rutinarias salidas de El Chapo de la cárcel decidió no volver.[29]

El exfiscal federal contra el crimen organizado, Samuel González Ruiz, dijo que el plan de El Chapo se gestó durante cuatro años, que este envió a un cuñado a negociar con el gobierno de México y con la DEA para intentar hacer un trato. «Hubo negociaciones serias, presiones serias», dijo. Les ofreció entregarles a los Arellano Félix y Estados Unidos aceptó, según este exfuncionario. Los funcionarios estadounidenses lo desmienten.[30]

El Chapo dejó caer pistas de sus planes cual migajas de pan, a lo Hansel y Gretel. Pero eso sólo lo supieron personas de su confianza. Una de ellas era Zulema, quien después las reveló en una entrevista con el periodista Julio Scherer, fundador de *Proceso*.[31] Una gran pista estaba en una carta de amor que el narcotraficante le envió, escrita por otro reo. El Chapo le ofrecía sacarla de la cárcel antes que él saliera. «Aunque me quede unos días más» en la cárcel, le explicaba, ella recuperaría su libertad. Zulema pensó lo obvio: «El Chapo se va a escapar». En otra ocasión, le dijo esto: «Cuando yo me vaya vas a estar mejor; te voy a apoyar en todo. Ya le di instrucciones al abogado».[32]

Las cartas a Zulema, en las que le explicaba que hacía gestiones para verla, que le prometían el permiso, y le fallaban a última hora, harían creer que no tenía autoridad total en la cárcel. Sin embargo, el intenso *multitasking* de El Chapo le impedía dedicarle las 24 horas del día a Zulema, y quizá él necesitaba solapar sus ausencias de alguna forma.

No sólo tenía otras actividades como los juegos de mesa, los deportes y, sobre todo, manejar el negocio. El Chapo atendía a un verdadero harén. Estaban su esposa, exesposas, las novias, las amantes y las prostitutas, que no le bastaban. Si le gustaba una mujer, se encaprichaba. No admitía un no, afuera o en la cárcel. Afuera, antes de caer preso, a su segunda esposa la raptó y retuvo durante meses hasta que ella se casó con él. Adentro, en Puente Grande, las reclusas no tenían ni a donde correr. «Trató de conquistar a una prisionera de una agrupación guerrillera», dijo Hernández de El Chapo. «Primero llegó por la buena, que a conquistarla, a cortejarla. La chava esta dijo "no, no quiero nada", y es violada tumultuariamente de una manera terrible por El Chapo Guzmán y sus compañeros de celda».[33] Ninguno fue juzgado por estos hechos.

Y aun así, pasó casi seis años en Puente Grande sin fugarse, ni intentarlo siquiera. Zulema le explicó a Scherer que El Chapo demoró en escapar porque sus enemigos lo esperaban en la calle. «Sabía que si escapaba estaba expuesto a que lo mataran», dijo Zulema. «Él sabe que en este negocio se está expuesto a perder a toda la familia. Y sabe a lo que se iba a enfrentar. No es tan fácil decir, "yo me voy a fregar" y ya. Porque es toda la vida huyendo, es toda la vida escondiéndote, es toda la vida despierto».[34]

Días antes de la fuga, Jorge Tello Peón estaba preocupado por la situación de El Chapo. En esos días, la Corte Suprema anunció que los criminales juzgados en México podían ser extraditados de manera más fácil a Estados Unidos. Pero además, el 15 de enero, recibió una llamada de la CNDH con datos alarmantes: «las condiciones en Puente Grande se deterioraban con cada día transcurrido. Debía transferir a El Chapo de inmediato a otro sector de la prisión, un paso previo a transferirlo a otra prisión». Nunca ocurrió.[35]

Puente Grande era una prisión con 508 internos. Era una de las tres de máxima seguridad en el país. Tenía 128 cámaras de circuito cerrado operadas desde afuera de la cárcel. Nadie adentro tenía control sobre ellas. Las puertas estaban controladas electrónicamente y se abrían una a la vez. Hasta que alguien cortó los circuitos. Era el 19 de enero de 2001.

El custodio Jaime Sánchez Flores hizo su ronda y observó a El Chapo en su celda a las 9:15 p.m. Cuando hizo su siguiente ronda a las 10:35 p.m., El Chapo no estaba. Lo reportó en seguida, pero la noticia demoró en llegar.

Mientras tanto, según la versión oficial, el guardia Francisco Camberos Rivera, El Chito, lo sacó de la cárcel en un carrito de lavandería, oculto bajo un promontorio de trapos, como en una película. Ambos se alejaron del penal en un Chevrolet Monte Carlo. En las afueras de Guadalajara, El Chito se bajó a comprar algo de beber; en el momento en que regresó, encontró el vehículo vacío.

El jefe de la prisión, Leonardo Beltrán Santana, recibió el aviso por teléfono: «El Chapo no estaba en su celda». Eran las 11:35 p.m. Le avisaron a Tello Peón hasta cinco horas después. El escándalo reventó hasta la mañana siguiente. El recién electo presidente Vicente Fox y el sistema carcelario fueron el hazmerreír (como le tocaría a Peña Nieto con la fuga de El Chapo de julio de 2015).[36]

Hay al menos dos versiones de la fuga de «Puerta Grande», como en broma se le llamó a Puente Grande después de que El Chapo se hizo humo. Una revela que su escapatoria fue fortuita, que vio el cielo abierto en el carrito de lavandería que empujaba un custodio cerca de su celda; puro y llano *momentum.* Pero esto era poco probable, dado el plan para cortar los circuitos de las puertas, la prevista destreza para burlar las cámaras —lo que requería horas de estudio— o el dinero que cambió de manos para apagarlas —eso requería osadía y muchos dólares—, y los mensajes no tan subliminales de El Chapo a Zulema. En esta otra versión, el plan de El Chapo no dejó nada al azar.

Vigil sospecha que lo del tal carrito de lavandería fue una farsa y que salió caminando por la puerta principal. De hecho, la periodista Anabel Hernández afirma que El Chapo lo hizo disfrazado de policía. Mientras tanto, Univisión, que cita fuentes cercanas al narcotraficante, sostiene que El Chapo salió disfrazado de mujer, «con peluca, falda y tacones» y «con la complicidad de varios funcionarios; las cámaras fueron apagadas».[37]

Si en algo se parece su fuga de 2001 a su captura de 1993 en Guatemala es que sólo hay un hecho inamovible: en un caso, lo capturaron; en otro, se fugó. Y ya. Se fue debiéndole 12 años de cárcel a la justicia mexicana. El cómo todavía es nebuloso. También cumplió lo que le dijo a Carrillo Olea el día que este lo recibió de manos de los militares guatemaltecos: «no estaba derrotado».

Notas

[1] Francisco Rafael Arellano Félix fue detenido en diciembre de 1993 en Tijuana. Cumplió condenas de prisión en México y Estados Unidos. Lo excarcelaron en 2008. Fue asesinado en Los Cabos, Baja California, en octubre de 2013. Véase «El ocaso del cártel de los Arellano Félix, en 6 caídas», en *ADN Político* [en línea], 25 de junio, 2014 <http://www.adnpolitico.com/gobierno/2014/06/25/el-ocaso-del-cartel-de-los-arellano-felix-en-6-caidas>. [Consulta: 21 de enero, 2016.]

[2] Carola Solé, «Los misteriosos e histriónicos abogados de "El Chapo" Guzmán», AFP [en línea], 21 de enero, 2016 <https://es-us.noticias.yahoo.com/misteriosos-histri%C3%B3nicos-abogados-chapo-guzm%C3%A1n-202039946.html>. [Consulta: 22 de enero, 2016.] Joshua Partlow, «I had lunch with the lawyer for Mexico's most-wanted man. He doesn't know where Chapo is, either», en *Washington Post* [en línea], 12 de septiembre, 2015 <https://www.washingtonpost.com/news/worldviews/wp/2015/09/12/i-had-lunch-with-the-lawyer-for-mexicos-most-wanted-man-he-doesnt-know-where-chapo-is-either/>. [Consulta: 23 de enero, 2016.] La nota de *The Washington Post* indica que Badillo Soto conoció a El Chapo en 1993, en la prisión de Puente Grande. En realidad, El Chapo estaba ese año en la prisión de Almoloya de Juárez. En el texto de este libro se ha colocado el dato correcto.

[3] Redacción, «¿De qué acusan a El Chapo?», en Aristegui Noticias [en línea], 24 de febrero, 2014 <http://aristeguinoticias.com/2402/mexico/de-que-acusan-a-el-chapo/>. [Consulta: 21 de enero, 2016.] Este artículo cita fuentes de *Excélsior*, *Milenio*, *El Economista* y *Notimex*.

[4] Hernández, pp. 59.

[5] Redacción, «El día en que el "Chapo" Guzmán se fugó de Puente Grande», en *Excélsior* [en línea], 22 de febrero, 2014 <http://www.excelsior.com.mx/nacional/2014/02/22/945151>. [Consulta: 22 de enero, 2016.]

[6] El Güero Palma fue extraditado en una fecha memorable: el 19 de enero de 2007, cuando se marcó el sexto aniversario de la fuga de El Chapo de Puente Grande.

[7] Rafael Rodríguez Castañeda (coord.) con el equipo de reporteros de la revista *Proceso*, *El imperio del Chapo*, México, Planeta/Temas de hoy, 2012, p. 97.

[8] Malcolm Beith, *The Last Narco*, Nueva York, Grove Press, 2010, p. 10.

[9] Michael Vigil, entrevista vía correo electrónico, 19 de diciembre, 2015.

[10] M. Beith, *op. cit.*, pp. 13-14 y segunda página en la sección de fotografías, s. f., entre pp. 132-133.

[11] M. Beith, *op. cit.*, pp. 5-7, 10, 64.

[12] *Ibid.*, p. 8.

[13] *Idem*.

[14] M. Beith, *op. cit.*, pp. 110-112.

[15] Ricardo Ravelo, *Osiel, vida y tragedia de un capo*, México, Grijalbo, 2009, pp. 150, 173-175.

[16] Hasta enero de 2016, sólo hay un Mendoza en la cárcel, pero por extorsión y asesinato. La policía lo capturó en 2014. Los demás se presentan como empresarios; uno incluso es dirigente de futbol. En Estados Unidos se les identifica como narcotraficantes, pero todavía no ha pedido la captura de ninguno de ellos con fines de extradición.

[17] Algunos de estos casos fueron cubiertos por la autora durante su labor como periodista para el diario guatemalteco *Siglo Veintiuno,* entre junio de 1996 y julio de 1999.

[18] R. Rodríguez Castañeda, *op. cit.,* p. 216.

[19] *Ibid.,* pp. 171-173.

[20] M. Beith, pp. 62-63. Gerardo Reyes, «El Chapo Guzmán: El eterno fugitivo. Parte 1» [en línea], Univisión Investiga, 3 de noviembre, 2013 (min. 04:20) <https://www.youtube.com/watch?v=BdW-dyK5PK4>. [Consulta: 25 de enero, 2016.]

[21] Héctor de Mauleón, «Atentamente, El Chapo», en *Nexos* [en línea], 1 de agosto, 2010 <http://www.nexos.com.mx/?p=13846>. [Consulta: 25 de enero, 2016.]

[22] Cayetano Frías Frías, «Cumplió El Güero Palma su sentencia relativa a portación de arma de fuego», en La Jornada [en línea], 27 de diciembre, 1997 <http://www.jornada.unam.mx/1997/12/27/palma.html>. [Consulta: 17 de diciembre, 2015.]

[23] En una respuesta a una solicitud de información pública al Ministerio de Gobernación, en 2015, formulada por la autora, esta entidad dijo que carece de datos de decomisos de cocaína en 1993. La respuesta fue enviada a la autora en oficio Providencia No. 911-2015. Ref. SBMJ. Escalante, fechado el 23 de diciembre de 2015.

[24] Organización de las Naciones Unidas, «Global Illicit Drug Trends 2001», United Nations Office for Drug Control and Crime Prevention, Nueva York, 2001, p. 132 <https://www.unodc.org/pdf/report_2001-06-26_1/report_2001-06-26_1.pdf>.

[25] Policía Nacional Civil, estadísticas oficiales, Guatemala.

[26] Departamento de Estado de Estados Unidos, «International Narcotics Control Strategy Report, 1998», Bureau for International Narcotics and Law Enforcement Affairs, Washington, D. C., febrero, 1999 <http://1997-2001.state.gov/www/global/narcotics_law/1998_narc_report/major/Guatemala.html>. [Consulta: 25 de enero, 2016.] Este porcentaje se obtuvo considerando un promedio de 250 toneladas trasegadas por Guatemala anualmente y las 10 toneladas confiscadas en 1999.

[27] El total robado se reveló hasta 2002: 1 604 kilos de cocaína, pero el hallazgo del robo ocurrió al menos un año antes. El robo en sí ocurrió durante varios meses. Véase «Robo de cocaína de bodega policial de Guatemala asciende a 1 604 kilos», en La Nación [en línea], 4 de junio, 2002 <http://www.nacion.com/ln_ee/2002/junio/04/ultima4.html>. [Consulta: 25 de enero, 2016.]

[28] Oficina de Responsabilidad Profesional de la Policía Nacional Civil de Guatemala, Oficio No. 4860-2000, 30 de diciembre, 2000. Este informe fue divulgado en abril de 2001 en publicaciones de prensa.

[29] R. Rodríguez Castañeda, *op. cit.,* pp. 97, 99-100.

[30] M. Beith, *op. cit.,* p. 16.

[31] La entrevista con Zulema Hernández aparece completa en Julio Scherer García, «Zulema», *Máxima seguridad. Almoloya y Puente Grande*, México, Nuevo Siglo/Aguilar, 2001.

[32] G. Reyes, *op. cit.* R. Rodríguez Castañeda, *op. cit.,* p. 123.

[33] Gerardo Reyes, «Las mujeres del El Chapo Guzmán», Univisión Noticias [en línea], 12 de julio, 2015 <http://www.univision.com/noticias/las-mujeres-de-el-chapo-guzman>. [Consulta: 22 de enero, 2016.]

[34] Rodríguez Castañeda, *op. cit.,* p. 124.

[35] M. Beith, *op. cit.,* p. 18.

[36] *Ibid.,* pp. 1-5.

[37] G. Reyes, «El Chapo Guzmán», *op. cit.* (min. 06:30).

CAPÍTULO 9

Trece años viendo sobre su hombro: escena I

Zulema Hernández sabía lo que decía cuando le explicó al periodista Julio Scherer por qué El Chapo no huyó antes de 2001: «porque es toda la vida huyendo, es toda la vida escondiéndote, es toda la vida despierto».[1] El Chapo no estaría derrotado, pero sus primeros meses como prófugo no fueron plácidos.

La revista *Nexos* publicó que,

en los meses que siguieron a su fuga del penal de Puente Grande, Joaquin *El Chapo* Guzmán saltaba desesperado de una ciudad a otra. Un grupo especial de la Policía Judicial Federal, a cargo del entonces director Genaro García Luna, y al menos 500 agentes de diversas corporaciones, le mordían los talones. Las autoridades sostenían que El Chapo realizaba la huida prácticamente sin recursos materiales: disponía sólo de cuatro vehículos, cuatro pistolas, algunos rifles AK-47, y un trío de escoltas.

Un fiscal que dirigía las investigaciones aseguraba que lo tenían «bastante reducido».[2] No tenía idea de que permanecería prófugo 13 años más.

El Chapo debió aprender una lección o dos de su fuga anterior de Guadalajara a Guatemala en 1993: cero uso de tarjetas de crédito y débito, y cero uso de teléfonos conocidos. Tampoco era buena idea cruzar una frontera internacional a la vez que su fuga era noticia fresca. Pero resultaba clave tener cerca a alguien en quien confiar: ese alguien fue su esposa Griselda López Pérez (con quien se casó antes de que lo capturaran en 1993). La Procuraduría General de la República (PGR) reveló que «por lo menos durante el primer año en que el capo del cártel de Sinaloa vivió a salto de mata, López Pérez estuvo a su lado». En noviembre de 2001, un exlugarteniente de El Chapo declaró que ella lo acompañó nueve meses en Puebla;[3] no obstante, las autoridades no la capturaron hasta nueve años después por lavado de dinero para el cártel de Sinaloa. Cuando se enteró la prensa, ya la habían soltado.

Una vez en libertad, El Chapo cobró viejas deudas: necesitaba dinero para moverse. También se cobijó con los Beltrán Leyva. El Mayo Zambada le devolvió la estafeta sin chistar, según Michael Vigil. El Chapo de inmediato volvió a su tierra, la región montañosa de Sinaloa, donde se sentía seguro. «Es muy difícil montar una operación efectiva en esa zona tan remota y escarpada, donde también lo protege la gente», afirma el exagente de la Agencia Federal Antidrogas (DEA, por sus siglas en inglés).

Retorno a Guatemala

Pese a que El Chapo parecía afanado en cobrar viejas deudas y en ocultarse, el expresidente de Guatemala, Otto Pérez Molina, no descarta que el ataque armado que su hija Lissette Pérez sufrió el 21 de febrero de 2001 fuera una represalia por la captura de El Chapo en 1993.[4] El atentado ocurrió en la capital de Guatemala un mes después de que El Chapo se fugara de la cárcel en México.

Era el segundo año de Alfonso Portillo en el gobierno (2000-2004) en Guatemala. Un exoficial militar que permanecía en el círculo de Pérez Molina en esa época sospecha que el atentado no había constituido una venganza del narcotraficante, sino una advertencia de los enemigos del recién retirado general: le querían informar que no resultaba bien recibida la fundación de su partido político, el Partido Patriota (fundado el 13 de marzo de 2001, tres semanas después del atentado).

En 1999, el todavía candidato presidencial Portillo supuestamente le ofreció a Pérez Molina convertirlo en su ministro de la Defensa; pero llegada la toma de posesión en 2000, aquel incumplió. Entonces Pérez Molina entendió que sólo podría volver al gobierno con su propio partido político (llegó a la Presidencia en 2012).

El exoficial cercano al general sabía que la idea había causado escozor. Por eso advirtió que el ataque contra la hija de Pérez Molina era un «susto» solapado de intento de robarle su vehículo. Ella no tenía escoltas, y El Chapo no parecía dado a enviar advertencias. En un ataque vengativo con su firma, los sicarios no habrían fallado.

A pesar de que la hija del exgeneral resultó con una herida de bala, ella misma condujo su vehículo hasta un hospital. Casi simultáneamente, la esposa del exgeneral, Rosa Leal, escapó de una colisión en otro vehículo y otra zona de la capital. La coincidencia entre ambos incidentes inclinan al exoficial a sospechar que todo era una advertencia por la creación del partido político.

Vigil asegura que El Chapo no regresó a Guatemala una vez que escapó de la prisión de Puente Grande en 2001. Pero un expolicía guatemalteco que investigaba casos de narcotráfico en esa época asegura que El Chapo llegó a Petén ese año, al norte de Guatemala (frontera con Chiapas, Tabasco y Quintana Roo). No es descartable que lo hiciera después de salir de Puebla. El exdetective dice que lo protegía un grupo de militares. No era extraño que El Chapo se ocultara en Guatemala de nuevo. La administración de Portillo no fue precisamente el bastión contra el narcotráfico que Estados Unidos esperaba.

MULTITASKING DE EL CHAPO

Mientras El Chapo huía de nuevo, los Arellano Félix escogieron otro blanco. El 10 de febrero de 2002, Ramón Arellano Félix —el más cabreado de los hermanos— decidió que era hora de que muriera El Mayo Zambada en su territorio y se fue a Mazatlán a matarlo. Supuestamente varios policías en la planilla de pago de El Mayo sorprendieron al intruso en la Zona Dorada, a bordo de un vehículo. Primero le pidieron su identificación y, cuando huyó a pie, lo acribillaron; en 15 minutos murió. Estados Unidos dijo que El Mayo lo atrajo a su área y le pagó a los policías para matarlo, pero el gobierno mexicano negó el involucramiento de El Mayo. Esa muerte desplomó al cártel de Tijuana. Un mes después, sin disparos de por medio, los GAFES (por su antiguo nombre: Grupo Aeromóvil de Fuerzas Especiales) capturaron en Puebla (una de las guaridas de El Chapo) a otro hermano, Benjamín Arellano Félix.[5] *Proceso* publicó que detrás de la captura estuvo la mano de El Chapo.[6] El cártel de Tijuana no daba una.

Los Arellano Félix salieron de escena debiéndole dinero a los proveedores colombianos. Y eso lo aprovechó el cártel de Sinaloa para mejorar sus relaciones con los colombianos. El Mayo y El Chapo vieron el vacío y se metieron. Pese a algunas diferencias entre ambos, y que El Chapo era seis años menor, no rompieron filas.[7]

Para 2003 El Chapo no le respondía a nadie, ni siquiera a El Mayo, según Beith, porque contradijo sus disposiciones y atacó las plazas del cártel del Golfo y a Cárdenas Guillén. Pero antes de que hiciera mayor daño, las autoridades mexicanas capturaron a este último el 14 de marzo, una captura que le bajó perfil a la búsqueda de El Chapo cuando ya cumplía 26 meses prófugo.[8]

Después de quitarse a los Arellano Félix de encima, y saber a Cárdenas Guillén detenido, El Chapo cumplió su palabra a Zulema. La expolicía sinaloense salió de Puente Grande, aunque se integró a una pandilla pequeña de narcotraficantes y fue detenida en 2004. Otra vez, los abogados de El Chapo fueron a su auxilio.[9] El Chapo tampoco descuidó los negocios. En la cárcel comenzó a traficar con el cártel del Norte del Valle pero en los años en que extraditaron a los hermanos Rodríguez Orejuela de Colombia a Estados Unidos (a uno en 2003, y al otro, en 2004),[10] retomó sus negocios con el cártel de Cali de la mano del guatemalteco Otto Roberto Herrera García. Mientras esto ocurría, en enero de 2003, Estados Unidos descertificó a Guatemala. El país acabó en la lista negra de los países que menos colaboraban para erradicar el narcotráfico.

Un ex alto jefe de la Dirección de Inteligencia (D-2) admite que en 2003 había rumores de que El Chapo se ocultaba en Guatemala y había echado raíces. «Es información no verificada, pero aparentemente El Chapo dejó familia aquí en Guatemala», dice el exoficial.

En 2001, «vivió con una guatemalteca con quien tuvo una hija», que ahora tendría 15 años de edad, «en una colonia por allí por Tikal Futura, que le decían "Las Majaditas" o algo así. Dicen que había dos casas, que las casas estaban interconectadas por un túnel, y que estuvo instalado allí viviendo en Guatemala como dos años».

Pero El Chapo tenía otros lazos con el país. Conocía a Otto Herrera desde principios de los noventa, por contactos mutuos. Para finales de la década, Herrera era famoso por sus buzones o caletas de cocaína y armas de fuego, propias y de sus socios narcotraficantes, según Vigil, y también tejía relaciones públicas, para asegurar lealtades y comprar silencio. Cuando el huracán Mitch, ya degradado como tormenta tropical, anegó el nororiente de Guatemala en noviembre de 1998, Herrera envió insumos de todo tipo a varias de las comunidades más abandonadas. Cuando una de sus casas fue cateada al poco tiempo, un detective encontró una carta de agradecimiento firmada por un alto funcionario del Ejecutivo.[11] El detective supo luego que la carta se extravió del lote de evidencias. Y El Chapo necesitaba a alguien así: con poder, contactos y protección en Guatemala.

EL BRAZO GUATEMALTECO DE EL CHAPO: ESCENA II

En abril de 2003, la policía encontró 14.4 millones de dólares en efectivo en una casa de la zona 14 de la capital guatemalteca, un lujoso sector residencial. Ladrillos de billetes ocupaban gavetas completas de muebles metálicos para archivos de oficina; el dinero estaba oculto en una casa perteneciente al guatemalteco Jorge Mario Paredes Córdova (vinculado al narcotráfico en años posteriores). La casa estaba en alquiler a nombre de Otto Herrera. En una residencia contigua, la policía halló a dos colombianos sospechosos de custodiar el dinero: Carlos Eduardo Rodríguez Monar y José Fernando Arizabaleta Lenis. Tenían 5720 dólares encima cuyo origen no pudieron explicar, además de armas de fuego y computadoras con información de pagos y cargamentos de droga enviados desde El Salvador hacia Guatemala y México.[12]

El Ministerio Público acusó a los colombianos de lavado de dinero. Pero casi dos años después, con el delito modificado a uno con la pena de cárcel conmutable por multa, pagaron esta y salieron libres. Lo que no supo el Ministerio Público es que uno de los colombianos, Arizabaleta Lenis (alias Zimber), era sobrino de Phanor Arizabaleta Arzayús (alias El Rey Arizabaleta), el último jefe activo del cártel de Cali. Zimber era el encargado de vigilar los negocios del tío afuera de Colombia. El tío cumplía una sentencia de 15 años por secuestro en prisión domiciliar por una afección renal, pero seguía con el tráfico de cocaína.

Cuando Estados Unidos recertificó a Guatemala,[13] en septiembre de 2003 (tras haber mantenido al país en la lista negra durante nueve meses), El Chapo, Herrera y los colombianos siguieron traficando. Nada había cambiado. Herrera dirigía una megaoperación internacional de transporte para El Chapo, que implicaba trasiego por vía aérea, marítima y terrestre, con contactos en Panamá, El Salvador, Guatemala y México. Los contactos de Herrera recibían la droga de los Arizabaleta, la transportaban a través de Centroamérica y la entregaban al cártel de Sinaloa en México. La operación comenzó cuando El Chapo persuadió a Phanor Arizabaleta de utilizar los servicios de transporte que pertenecían a Herrera.

El hallazgo de documentos y el dinero en abril de 2003, en Guatemala, sí tuvo una consecuencia: la captura del exdiputado salvadoreño Eliú Martínez, el contacto que recibía la cocaína en la costa sur salvadoreña y la enviaba por tierra a los Lorenzana en Guatemala. El brazo del Departamento de Justicia estadounidense alcanzó a Martínez en Panamá en noviembre de

2003. El exparlamentario acabó extraditado a Estados Unidos.

Pero nadie extrañó a Martínez. Los Lorenzana también recibían la cocaína por vía aérea, o por vía marítima en la costa sur de Guatemala. Mientras que el canciller Edgar Gutiérrez hacía gestiones para que Guatemala regresara al regazo del país del norte, con la recertificación, los Lorenzana manejaban un narcoaeropuerto en sus fincas en Zacapa. Y ellos sólo eran un grupo de transportistas. En el primer semestre de 2003, Estados Unidos rastreó 41 vuelos irregulares en Guatemala. Las autoridades locales sólo investigaron 10 casos (algunos produjeron decomisos de cocaína). Del total estimado que se trasegó en el país en 2002, el gobierno estadounidense estimó que Guatemala sólo incautó 5.6 por ciento. El país del norte, con más territorio que cubrir en sus fronteras, incautó 12.2 por ciento.[14]

Mientras tanto, el guatemalteco Herrera le servía a El Chapo en varios frentes. Herrera, el colombiano Jorge Milton Cifuentes Villa y Otto Javier García Girón (cuya nacionalidad no aparece identificada en la porción disponible del expediente), manejaban una red de envío de giros en dólares desde México a su vecino del norte. *Proceso* publicó que Cifuentes Villa también «estableció en México al menos seis empresas para lavar dinero producto del narcotráfico» a partir de 2002. Su patrimonio incluía 40 empresas en Colombia, Panamá, Ecuador, España y Estados Unidos.[15] En esa época, las autoridades estadounidenses sospechaban que Cifuentes Villa también era financista de Vicente Castaño Gil, excomandante de las Autodefensas Unidas de Colombia (AUC) en Colombia[16]. Para entonces, en México, los Beltrán Leyva (aún aliados del cártel de Sinaloa) servían a Castaño Gil de «cobradores» de una deuda de 7 000 000 de dólares por suministro de cocaína.

El Chapo no tenía ese problema. Entre 2003 y 2006, el dinero salía de varias casas de cambio en México; llegaba a un banco en Miami, Florida, y después al Bank of America en Oklahoma City, Oklahoma, a cuentas bancarias de empresas fabricantes de aviones. En 2006, también salió dinero del banco HSBC en México e involucró a una sucursal en Estados Unidos. El dinero pagaba la compra de aeronaves que pilotos privados volaban hacia Colombia o Venezuela, donde se cargaban con cocaína, y la transportaban hacia Guatemala o México. De estas transacciones surgió parte del escándalo, en 2010, del Bank of America y el HSBC por lavar millardos de dólares del narcotráfico.

En esos menesteres, Herrera encontró un mentor en un expiloto de Pablo Escobar, Francisco Iván Cifuentes Villa o Pacho Cifuentes (hermano de Jorge Milton). Pacho Cifuentes se unió al cártel de Cali luego de la muerte de Escobar, y le enseñó a Herrera cuanto necesitaba saber acerca de los aviones; ambos eran *couriers* de droga para El Chapo y El Mayo Zambada. Herrera, quien tenía contacto frecuente con Pacho y El Mayo,[17] también organizaba la compra de las aeronaves, y con El Chapo como jefe, no tenía margen de error. Le compró al menos 13 aviones; El Chapo parecía querer seguir los pasos de El Señor de los Cielos y su flota aérea.

DIME CON QUIÉN ANDAS...

Herrera, según la policía, huyó hacia México después del hallazgo de los 14 400 000 de dólares en la casa que alquilaba en Guatemala. El 21 de abril de 2004, las autoridades mexicanas lo capturaron en el Aeropuerto Internacional de la Ciudad de México. La PGR lo vinculó al cártel de Cali. El Departamento de Justicia estadounidense anunció con gran pompa que estaba tras las rejas uno de los 41 narcotraficantes y lavadores de dinero más buscados del mundo. Lo quería extraditar para sentarlo en una corte de Estados Unidos, pero pasaron los meses y Herrera permanecía internado en el Reclusorio Preventivo Varonil Sur de la Ciudad de México.

El 13 de mayo de 2005, el gobierno mexicano debió anunciar la fuga de Herrera; algunos reportes de prensa indican que la fuga se informó dos días después de ocurrida. Al menos 13 custodios fueron detenidos. Vigil reveló que Herrera era tan importante para el cártel de Sinaloa, que los jefes de este reunieron 2 000 000 de dólares para pagar por su fuga. Su escapatoria puso fin a un año de reclusión como un preso VIP, con privilegios similares a los que tuvo El Chapo en Puente Grande.

El diario *El Universal* publicó que Herrera se escapó por la puerta principal disfrazado de policía.[18] Esta fue la misma explicación que Anabel Hernández obtuvo en su investigación sobre la fuga de El Chapo en 2001 (que desechaba la versión de su escape en un carrito de lavandería). ¿Sería casualidad? Los paralelismos con la fuga de El Chapo de Puente Grande, en 2001, no eran pocos.

¿Cuál escarmiento?

Herrera no perdió el tiempo. Una fiscalía de Florida descubrió que se reintegró al engranaje de las transferencias de México a Estados Unidos en junio de 2006, un año después de su fuga. Ese año, la red todavía utilizó el HSBC, pero en 2007 cambió de banco y de casas de cambio, y el destino final del dinero fue la cuenta de una empresa de aviones en Naples, al suroeste de Florida. Herrera empleó a su hermano Guillermo Vinicio, que también se convirtió en un hombre clave para El Chapo. Tanto así que la fiscalía de Florida inició una acusación por lavado de dinero contra los hermanos colombianos Cifuentes Villa, los Herrera y el propio Chapo Guzmán.

La acusación en Florida se sumó a una acusación contra Herrera por narcotráfico en una corte de Washington, D. C., que inició una fiscalía especial del Departamento de Justicia. En este caso (expediente 03-CR-00331-CKK) también aparecían acusados los Lorenzana y los Arizabaleta, cuyas actividades datan de finales de los noventa hasta 2002.[19] La fiscalía de la Florida acusó formalmente en un mismo caso (expediente 07-CR-20508-JAL) a El Chapo, los Herrera y los Cifuentes Villa. La acusación contra los Herrera aparece en el documento número 3 del caso, del 4 de mayo de 2010, y la acusación contra los Cifuentes Villa y El Chapo están en el documento número 48, del 8 de noviembre de 2010. El único nombre repetido en ambos documentos es el de Otto Javier García Girón, a quien la fiscalía identifica como un sujeto que hizo giros en dólares para Otto Herrera, de México a

Estados Unidos en 2003, 2006 y 2007. El proceso ya estaba en marcha cuando Herrera se instaló a vivir en Bogotá, Colombia, en algún momento entre su fuga de 2005 y principios de 2006. El 8 de junio de 2006, el Departamento de Justicia estadounidense le pidió a las autoridades colombianas su captura con fines de extradición.[20]

Y A HERRERA SE LE ACABÓ LA CUERDA

El 17 de abril de 2007, Pacho Cifuentes (el mentor de Herrera) fue asesinado en Colombia. Si esto era un mal augurio, al guatemalteco lo pasó por alto. Al cabo de dos meses, el 20 de junio, la policía colombiana lo capturó en un centro comercial en Bogotá. Según los agentes, Herrera les ofreció cerca de 1 000 000 de dólares para que lo dejaran escapar, como El Chapo lo hizo en Guatemala. Pero tampoco le funcionó. Colombia lo extraditó a Estados Unidos a principios de 2008, según reportes de prensa de ese país. El documento número 14 del expediente muestra que apareció «capturado» por el Cuerpo de Alguaciles estadounidenses en Florida el 23 de octubre de ese año. ¿Qué hicieron con él los primeros 10 meses del año? No se sabe.

La fiscalía especial de Washington, D. C., que llevaba el caso de narcotráfico, absorbió el caso por lavado de dinero en Florida. Y todo el proceso fue sellado: fue imposible saber qué declaró Herrera en Estados Unidos, pero sí fue posible saber que el Buró Federal de Prisiones de aquel país lo envió a una prisión en Carolina del

Norte. Además, lo identificó como elegible para salir en libertad definitiva, o condicional, en 2017. Un juez le había dictado una pena de prisión mínima de 10 años. ¿Quiere decir esto que habló de Paredes? ¿Habló de El Chapo y de los Arizabaleta? Quizá; colaborar le permitía evadir una larga condena de cárcel.

En enero y mayo de 2008, el brazo de la justicia estadounidense alcanzó a una socia de Paredes en Panamá y a Paredes mismo en Honduras. En 2009, la fiscalía que logró la extradición de Herrera acusó de manera formal en una corte de Washington, D. C., a los socios de El Chapo: los Lorenzana y Arizabaleta. Ese año, por primera vez la policía guatemalteca y la DEA intentaron capturar a los Lorenzana en Zacapa. El operativo fue ridículo: salieron con varios helicópteros y numerosos vehículos desde la capital. Los residentes de la aldea La Reforma, donde viven los Lorenzana, bloquearon la calle de acceso. Así pagaron sus gestos de Robin Hood (la generación de empleo, el patrocinio de fiestas, funerales, canchas deportivas, viviendas e incluso clínicas médicas). Cuando la policía logró entrar a una casa de la familia, sólo encontró al único hermano que no tenía orden de captura y un arsenal imposible de incautar: todas las armas de fuego estaban registradas.

En 2009 y 2010, la policía colombiana capturó con fines de extradición a Estados Unidos a Zimber Arizabaleta Lenis y a su tío, el Rey Arizabaleta, aunque este, en teoría, había permanecido en prisión domiciliar durante años. Los extraditaron en 2011. La corte en Washington, D. C., condenó al tío a cinco años. Al año siguiente, el tío estaba de vuelta en Colombia por su estado de salud; ya tenía 74 años, pero regresó a enfrentar la justicia en su país por varios delitos.

La sentencia contra Herrera no parecía liviana, pero lo era en contraste con la de otros narcotraficantes, a quienes los estadounidenses asignaban un estatus mucho menor. Uno de ellos era el guatemalteco Paredes Córdova: acusado en Nueva York de traficar 265 kilos de cocaína hacia esa ciudad, una jueza lo condenó a 31 años de cárcel. El exdiputado salvadoreño, que trabajaba para Herrera, también salió mal librado: un juez lo condenó a 29 años de cárcel.

MIENTRAS TANTO EN MÉXICO...

En México también hubo capturas a raíz del hallazgo de los giros electrónicos de millones de dólares hacia Estados Unidos. Pero la red era sólo una de las múltiples avenidas que El Chapo controlaba para lavar dinero; otros asuntos también requerían su atención.

El 11 de septiembre de 2004, para repeler los ataques de los Zetas, El Chapo formó un escuadrón de la muerte que llamó Los Negros. Para que lo dirigiera, los Beltrán Leyva designaron a Edgar Valdez Villareal, alias La Barbie, quien era un texano recolector de deudas, con proclividad a la ropa de marca, en particular las camisas Polo. Los Negros y los Zetas se dedicaron a intentar su mutuo exterminio.[21] Los Negros mataron además a Rodolfo Carrillo Fuentes (hermano y sucesor de El Señor de los Cielos) por decisión de El Chapo, los Beltrán Leyva y El Azul Esparragoza. A Rodolfo lo sucedió otro hermano, Vicente Carrillo Fuentes, El Viceroy. Pero el cártel de Juárez no levantó cabeza. Dominó la plaza tres años más hasta 2007, año en que comenzó la influencia del cártel de Sinaloa.[22] Cerca de 3 000 personas murieron en Ciudad Juárez entre 2003 y 2008 desde que El Chapo intentó tomar la plaza, y al menos otras 2 600 morirían en 2009. La violencia afectó a otras zonas del país también;[23] se incrementó la presencia militar.

En noviembre de 2004 aparecieron los Zetas en Acapulco. Para entonces, ya tenían socios guatemaltecos. La policía encontró fusiles de asalto, armas cortas, munición y granadas en la cajuela de un taxi colectivo. También consignó al guatemalteco Ricardo Takej Tiul, que pertenecía al cártel del Golfo y llevaba el armamento para atacar a La Barbie.[24] Al final del año, el 31 de diciembre, un hermano de El Chapo, Arturo Guzmán Loera, fue asesinado en el penal La Palma.[25] La sospecha recayó en los Zetas. No obstante, las operaciones del cártel de Sinaloa no se detuvieron.

EFECTO ELVIS

Pese a que el cártel de Sinaloa enfrentaba una guerra, El Chapo tenía un efecto «Elvis»: esa serie de absurdos rumores y teorías de conspiración en Estados Unidos que aseguran que Elvis Presley está vivo y se aparece en los sitios más insólitos, sorprendiendo incautos. Lo mismo ocurría con El Chapo: «Todos creen que lo ven», dijo Blancornelas en 2005. «En un solo día recibí pistas de personas que aseguraban haberlo visto en Nuevo Laredo, Mochicaui, Badiguarato, Mexicali, Caborca y Agua Prieta.»

Muchos veían a El Chapo, pero los que caían eran otros. Sólo semanas después del asesinato de su hermano, las autoridades capturaron a su hijo Iván Archivaldo Guzmán Salazar, alias Chapito, el 13 de febrero de 2005, en Zapopan, Jalisco, y en junio, a su hermano Miguel Ángel Guzmán Loera, alias El Mudo. Ambos fueron vinculados criminalmente a El Chapo. Chapito, procesado por lavado de dinero, salió libre porque le conmutaron la pena. Miguel fue condenado a 13 años por lavado de dinero y portación ilegal de armas de uso exclusivo militar.

En agosto de 2005, Castro Mendoza (uno de los sujetos que acompañó a El Chapo a Guatemala en 1993) formaba parte del grupo de 11 narcotraficantes que eran investigados por la Procuraduría de Sinaloa.[26] Una nota de *Agencia Reforma* lo identificó como «mensajero en los negocios de droga» de El Chapo.[27] Ya le llevaban el lazo corto.

El ya reducido cártel de Tijuana también fue golpeado. En 2006, la Guardia Costera estadounidense, alertada por la DEA, encontró a Francisco Javier Arellano Félix, alias El Tigrillo, en un yate en aguas internacionales frente a Baja California Sur (otras versiones indican que estaba en aguas mexicanas, pero igual lo detuvieron). Lo trasladó a Estados Unidos, y una corte lo condenó a cadena perpetua por crimen organizado y lavado de dinero. Pese a este tipo de capturas, El Chapo siguió desafiando a las autoridades y paseándose en público.

En 2006, «las cámaras del sistema de seguridad de la ciudad de Durango grabaron a El Chapo cuando conducía una cuatrimoto».[28] En 2007, un testigo aseguró que vio a El Chapo en un restaurante en Culiacán. Relató que el capo le estrechó la mano a todos los comensales, a la vez que expresaba un deferente «a sus órdenes». Nadie pudo salir mientras El Chapo sostuvo una reunión de dos horas en un apartado. Todos debieron entregar sus teléfonos celulares; se los devolvieron luego de que El Chapo pagara la cuenta de todas las mesas y se fuera. Los meseros y el personal del restaurante negaron estos hechos.[29]

GUERRA Y NEGOCIOS: DIVERSIFICACIÓN Y *OUTSOURCING*

El Chapo extendió sus negocios hacia las metanfetaminas. Creó sus propios contactos con China, Tailandia e India para conseguir los precursores químicos necesarios. En Guatemala, la falta de relaciones diplomáticas con China e India dificultó las investigaciones cuando las autoridades locales decomisaron cientos de toneles de precursores que se transportaban de contrabando en buques que llegaban a la costa del Pacífico. En 2009, Guatemala ratificó la prohibición de la comercialización de la pseudoefedrina, pero el contrabando continuó, igual que en Belice, El Salvador y Honduras.

En México, los contactos de El Chapo y El Mayo sobre la costa del Pacífico facilitaron el trasiego. Esta división del negocio la encargó a un antiguo cómplice, Ignacio, Nacho, Coronel Villareal, que fue tan efectivo que se ganó el mote de Rey del Cristal.[30] Fue una relación duradera. Emma Coronel Aispuro, una sobrina de Nacho Coronel, se convirtió en la cuarta esposa de El Chapo el 2 de julio de 2007 en La Angostura, un municipio de Canelas, Durango.

El Chapo conoció a Emma Coronel a finales de 2006, seis meses después de que Zulema quedó en libertad. Los abogados de El Chapo lograron sacarla después de dos años en la cárcel.[31] Para entonces, Zulema tenía un lustro de no verlo: desde que se fugó.

En esa coyuntura, el 19 de enero de 2007, tras la toma de posesión de Felipe Calderón como presidente,[32] México extraditó a 10 sujetos por diversos delitos hacia Estados Unidos. En el grupo estaban Osiel Cárdenas, jefe del cártel del Golfo, y El Güero Palma.[33] La ironía: esa fecha era el sexto aniversario de la fuga de El Chapo de Puente Grande. La puerta del penal fue una ruta de escape para El Chapo, pero para El Güero sólo se abrió para que lo llevaran a suelo estadounidense.

LA FUNCIÓN DEBE CONTINUAR: ESCENA III

La incautación de drogas en Centroamérica,[34] el asesinato de Pacho Cifuentes, y la captura de Herrera en 2007 tampoco afectaron las operaciones del cártel de Sinaloa.

En parte, porque la viuda de Cifuentes, María Patricia Rodríguez Monsalve, se encargó de algunas de las funciones del marido y de Herrera: la compra de los aviones y la administración de las pistas de aterrizaje (después de pagar, con varias propiedades en Colombia, 2 000 000 de dólares que su marido le debía a El Chapo).[35] Esta red era una de muchas. En 2003, 2006 y 2007, envió 3.3 millones de dólares a Estados Unidos. Entre 2006 y 2008, sólo el HSBC movió en total 1.1 millardos de dólares del cártel de Sinaloa al país del norte.[36] Tampoco frenó al cártel la irrupción de los Zetas en Guatemala.

En diciembre de 2007, un comando de los Zetas ingresó a Guatemala para ejecutar a un guatemalteco en el territorio de los socios de Sinaloa, en Zacapa, frontera con Honduras. El blanco había matado a dos Zetas en Honduras y había robado un cargamento de cocaína. El 25 de marzo de 2008, los Zetas ocuparon titulares de prensa por primera vez por hechos ocurridos en Guatemala: una masacre que dejó 11 muertos, incluidos al menos dos mexicanos y el blanco: Juan León, alias Juancho. En un inicio corrió el rumor de que El Chapo estaba entre los muertos. El presidente Álvaro Colom lo desmintió: «Estuve con el equipo investigador esta mañana y creemos que Guzmán está en Honduras», le dijo a *Proceso*.[37]

Colom no fue el único que dijo que El Chapo estaba en Honduras. Entre 2008 y 2011, la prensa de ese país publicó información extraoficial que lo ubicaba en territorio hondureño: lo habían visto vacacionar en un pueblo cerca de la frontera de Guatemala, un lugar de narcos donde ni la policía entra.

Resulta curioso que, si Zacapa era feudo de los Lorenzana (socios del cártel de Sinaloa), estos no se enfrentaran con los Zetas. Las autoridades sólo podían especular que los Zetas entraron con la venia de los Lorenzana, y que hicieron un pacto de no agresión. Los Lorenzana sabían escoger sus peleas. Para ellos, Juancho y sus robos de droga eran un estorbo. Y así, los Lorenzana siguieron traficando para el cártel de Sinaloa, los Zetas siguieron transitando la zona, y ambos se dejaron estar. No ocurría lo mismo en otras partes del país, donde los Zetas atacaron a socios de El Chapo y a socios del cártel del Golfo, cuando se separaron de este.

El 20 de junio de 2008, un *blog* privado producido en El Salvador publicó que «el director de la Fundación Educativa para la Prevención del Consumo de Drogas (PREVEE), Carlos Avilés» dijo que era necesario «alertar» al gobierno de El Salvador acerca de la posible presencia de El Chapo en el país desde 2007. Lo citó diciendo esto: «Recordemos cuando se habló de grandes bacanales que organizó Otto Herrera y Guzmán, donde se mencionó que hasta caballos regalaron a sus colaboradores».[38] Esto, que debió ser antes de la captura de Herrera en Colombia en junio de 2007, indicaba que ambos se reunían en Centroamérica y que El Chapo volvió a El Salvador.

Apenas ocho meses después de la matanza en Zacapa, otra masacre dejó 19 muertos en Agua Zarca, Huehuetenango, frontera con México. En Guatemala no se veía algo así desde el conflicto armado. Fue el resultado del choque de los Zetas con Los Huistas, un grupo socio del cártel de Sinaloa, en una finca donde presenciaban una carrera de caballos. Un exgobernador de Huehuetenango dijo que en realidad hubo casi 60 muertos; mexicanos, la mayoría. Los cadáveres fueron llevados a su país, mientras que a los heridos los trasladaron en helicóptero. En algunos árboles quedaron colgadas bolsas de suero, gasas y vendas. Según el exgobernador, los Huistas acorralaron a los Zetas. Luego mataron a quien no pudo dar fe de su identidad ni su filiación con los narcos sinaloenses.

A los 11 días de la matanza en Agua Zarca, el 11 diciembre de 2008, y en una reunión posterior en México, los grandes cárteles acordaron un cese al fuego hasta el 30 de enero de 2009, que excluía el saldo de cuentas pendientes. Asistieron a la segunda reunión los sobrevivientes hermanos Arellano Félix por el cártel de Tijuana; Vicente Carrillo Fuentes, por el cártel de Juárez, así como El Chapo y los Beltrán Leyva, La Familia Michoacana y los representantes del cártel del Golfo.[39]

En los dos años siguientes, las matanzas continuaron en Guatemala. Los Zetas se atribuyeron el secuestro, asesinato y desmembramiento del fiscal Allan Stowlinsky, en supuesta represalia por un decomiso de cocaína en Alta Verapaz, centro norte del país. Ese mes también asesinaron y desmembraron a 27 campesinos que trabajaban en Petén, en la finca de un sujeto que supuestamente traficaba para el cártel del Golfo.

MUERTE SOSPECHOSA DE FUNCIONARIOS

En julio de 2008, el helicóptero que transportaba al ministro de Gobernación de Guatemala, Vinicio Gómez, se estrelló cuando volaba desde Petén a la capital: se desplomó y se hizo pedazos. No explotó. No se incendió, pero todos fallecieron, desde el experimentado piloto hasta los pasajeros, entre ellos el viceministro de Gobernación, Edgar Hernández Umaña. Carlos Menocal, ministro de Gobernación (2010-2012), dice que la investigación nunca arrojó resultados concluyentes. Él sospechaba de una mochila que dejó en el helicóptero un comisario de policía que se bajó a última hora. Se excusó diciendo que debía atender unos asuntos y haría el viaje por tierra. La mochila nunca apareció, aunque Menocal reconoció que era difícil que apareciera dado el daño de la aeronave y el terreno escarpado donde ocurrió el percance. El radio donde quedaron los restos era bastante amplio y de difícil acceso.[40] Un investigador que trabajó con Gómez, en años previos a que fuera ministro, sospecha que el equipo de vuelo, en particular el indicador de combustible, fue saboteado. Gómez llevó una lucha frontal contra policías corruptos, como los vinculados al narcotráfico; cree que ellos le pasaron la factura a Gómez.

En noviembre de 2008 (apenas habían pasado cuatro meses), en otro percance aéreo en México, Distrito Federal, murió el secretario del interior Juan Camilo Mouriño, de 37 años. Entre las víctimas también estaba José Luis Santiago Vasconcelos, un fiscal contra el crimen organizado; quien dirigía el programa de extradiciones. El Chapo fue el blanco de las sospechas. «El Chapo es uno de los más listos que nos hemos encontrado», dijo el funcionario poco antes del percance. Las investigaciones no revelaron evidencias de que el accidente fuera provocado.[41]

¿Era coincidencia que los dos percances ocurrieron en un término de cuatro meses y que involucraran a las más altas autoridades en materia de seguridad de Guatemala y México? Otro misterio. En el caso de Guatemala, la lucha antinarcótica se estancó. Las capturas importantes comenzaron dos años después.

LAS *VENDETTAS*

La frecuencia con que caían los líderes del cártel de Tijuana en México hacía creer que las autoridades tenían una «ayudita». El 25 de octubre de 2008, la policía capturó en Tijuana a Eduardo Arellano Félix, alias El Doctor (porque estudió medicina, aunque no ejerció), al término de una prolongada balacera con las fuerzas de seguridad. Acabó extraditado a Estados Unidos, y la DEA anunció el cierre del capítulo de los Arellano Félix; se rumoreó que con apoyo de El Chapo.[42] Pero si los hermanos lo sospechaban, ya no podían hacer algo al respecto. Muchas cosas habían cambiado desde aquella balacera en mayo de 1993 en el aeropuerto de Guadalajara.

A El Chapo no le faltaron rivales. Con él se cumplía el viejo adagio: «no hay peor astilla que la del propio palo». Los Beltrán Leyva se volvieron sus enemigos a muerte, porque sospechaban que El Chapo dio a las autoridades información que llevó a la captura de Alfredo Beltrán Leyva, alias El Mochomo, en enero de 2008. Viajaba en un BMW con un AK-47, nueve pistolas, 900 000 dólares y 11 relojes de lujo. Supuestamente, su manía de llamar la atención ya enfurecía a El Chapo desde 2007. Esto resultaba irónico, considerando que, años atrás, El Chapo causaba el mismo efecto en El Señor de los Cielos. Y en la misma forma, El Chapo habría entregado a El Mochomo para apaciguar al gobierno, y que fingiera que perseguía al cártel de Sinaloa. Para entonces, El Mochomo ya no era imprescindible.[43]

La Barbie (distanciado de El Chapo y capturado en México en agosto de 2010) confirmó que la situación con los Beltrán Leyva se deterioró desde 2008, después de la captura del Mochomo. También acusó a El Chapo de comenzar a matar a gente de los hermanos Beltrán Leyva y atacar posiciones del cártel de Juárez y de Vicente Carrillo (hermano de El Señor de los Cielos),[44] cuando Carrillo se unió al cártel del Golfo y a los Beltrán Leyva.

Para retomar el control de Guerrero, Oaxaca, Yucatán y Quintana Roo, los Beltrán Leyva también se unieron con los Zetas (aún aliados de El Golfo) y deshicieron la Federación (un pacto anterior con el cártel de Sinaloa). La DEA confirmó la ruptura entre el cártel de Sinaloa y los Beltrán Leyva,[45] cuando estos mataron en Culiacán a un hijo de El Chapo, Edgar Guzmán López (de 22 años de edad), el 8 de mayo de 2008.

El 27 de diciembre de 2008, el cadáver de Zulema apareció en Ecatepec, Estado de México. Varias partes de su cuerpo estaban marcadas con una letra zeta. Era una aparente venganza de los Zetas contra El Chapo, quien para entonces ya tenía un año y medio de casado con Emma Coronel. Pero no se cruzó de brazos.

El 16 de diciembre de 2009, murió Marcos Arturo Beltrán Leyva, el Barbas, en un enfrentamiento con las autoridades en Cuernavaca, Morelos. Dos semanas después, la policía capturó a Carlos Beltrán Leyva. Se cree que El Chapo filtró la ubicación.[46]

La enemistad entre El Chapo y los Beltrán Leyva también tenía otra causa: la lealtad de los gemelos Pedro y Margarito Flores. Ambos lideraban una importante red de distribuidores para el cártel de Sinaloa en Chicago (y la costa oeste estadounidense), aunque también operaron en México. Tanto los Beltrán Leyva como El Chapo esperaban exclusividad, aunque al final ninguno la tuvo. Los hermanos Flores se entregaron en Estados Unidos en noviembre de 2008, y en la actualidad cumplen una condena de 14 años de cárcel.[47]

Efecto cucaracha

La DEA fortaleció su presencia en Centroamérica y Sudamérica. En Colombia, se confiscaron propiedades de narcotraficantes valoradas en 50 000 000 de dólares. Pero en Centroamérica, la prohibición de comercializar productos farmacéuticos con pseudoefedrina llevó a estos grupos a usar Argentina en 2009 como trampolín para Europa, igual que África, por sus estados fallidos y movimientos rebeldes.[48] Eran las mismas condiciones que atrajeron a los cárteles de Cali y Sinaloa a Guatemala en 1993.

En 2009, los traficantes mexicanos tenían influencia en Centroamérica por medio de grupos locales. En México, varias pandillas que trabajaban para El Chapo cometían desmanes, pero con el crecimiento de La Familia Michoacana y los Zetas, la atención sobre El Chapo parecía diluirse.[49] Sus socios no tenían la misma suerte.

En julio de 2009, uno de los sujetos que acompañaron a El Chapo en su gira por Guatemala y El Salvador, Mendoza Cruz, fue recapturado en Zapopan, Jalisco. Lo identificaron como «chofer y operador» de El Chapo. «Negociaba la compra de cargamentos de cocaína y pseudoefedrina principalmente en Quintana Roo, Jalisco y Sinaloa», según la Policía Federal Preventiva. La policía también capturó a otros siete mexicanos y un colombiano relacionados con Nacho Coronel, entonces operador del cártel de Sinaloa en Jalisco.[50]

La suerte tampoco estaba del lado de los *juniors*. El 19 de marzo de 2009, Vicente Zambada Niebla, alias El Vicentillo, el hijo de El Mayo Zambada, fue capturado en México, Distrito Federal; y extraditado y juzgado en Chicago, Illinois. El 1 de abril del mismo año también capturaron a Vicente Carrillo Leyva, hijo de El Señor de los Cielos. Pese a ser mucho más inconspicuos que sus padres, con ropa de marca, sin cadenas de oro, ni pistolas incrustadas de diamantes o apliqués de plata, los *juniors* no pasaban inadvertidos.

Al año, pese a la captura de su hijo, El Mayo Zambada hizo algo insólito: buscó al periodista mexicano Julio

Scherer, y se dejó fotografiar con él. La imagen fue la portada de la revista *Proceso* en abril de 2010. «Tenía mucho interés en conocerlo», le explicó el capo, cuando estrechó la mano de Scherer al encontrarse. Conversaron con la grabadora apagada.[51]

Scherer le preguntó por Vicentillo. El Mayo respondió: «Le digo 'mijo'; también es mi compadre», «Lo lloro». No quiso decir más, pero sí le habló de El Chapo. «El Chapo Guzmán y yo somos amigos, compadres, y nos hablamos por teléfono con frecuencia», admitió. El Mayo tenía 60 años de edad. El Chapo, 54. Le aseguró que las fiestas eran una excepción en sus vidas. «Si él se exhibiera o yo lo hiciera, ya nos habrían agarrado.» Un augurio. El Mayo tenía contadas las veces que sintió al ejército mexicano cerca: cuatro. Admitió que para El Chapo eran más. «A mí me agarran si me estoy quieto, o me descuido, como al Chapo», agregó. Otro augurio. Se confesó temeroso todo el tiempo.

Pese a las bajas recientes, ese año Estados Unidos anunció que «el cártel de Sinaloa ganó» la guerra, y que «era el cártel más grande». Pero un exagente de la DEA creía que la captura de El Chapo era cuestión de tiempo: le daba 90 días para caer,[52] aunque nadie reportaba haberlo visto en dos años. El Chapo se movía mucho, sólo con un chofer que hacía las veces de guardaespaldas, para no llamar la atención. No confiaba en nadie más que en El Mayo. En 2011, seguían cogobernando el cártel.[53]

AMAPOLA GUATEMALTECA,
MONOPOLIO DE EL CHAPO

En 2010, cuando Menocal tomó posesión como ministro de Gobernación (el quinto de la administración), descubrió que los productores de amapola en Ixchiguán y otros municipios de San Marcos eran proveedores de un solo comprador: el cártel de Sinaloa y El Chapo Guzmán. Con seguridad, esta no era la idea de los médicos que le hicieron un diagnóstico psicológico a El Chapo en 1995 en Puente Grande, y escribieron en un reporte: «ha establecido proyectos de vida en los cuales se visualiza reorganizando su persona, familia y desarrollándose laboralmente en actividades agrícolas».[54]

El *déjà vu* era inevitable. En 1993, cuando El Chapo se paseaba por San Marcos, Guatemala, ya existía un próspero negocio de amapola. La Agencia Central de Inteligencia de Estados Unidos (CIA, por sus siglas en inglés) registró que la guerrilla lo protegía.[55] El producto era para compradores mexicanos. Eso también podía explicar el interés de El Chapo en Guatemala desde entonces. Nunca lo perdió. Las estadísticas oficiales de incautación de matas de amapola demuestran que la cosecha se mantuvo y prosperó desde entonces.[56] La Policía Nacional Civil (PNC) reveló que en 1999 incautó 23 000 matas; 11 000 en 2001, durante el gobierno de Portillo. Sin embargo, un menor decomiso no implicaba una menor producción. Las incautaciones no eran periódicas.

Proceso publicó que «intermediarios llevaban la semilla de amapola a Guatemala desde Chiapas y la vendían

a campesinos de los municipios fronterizos de Teju-
tla, Ixchiguán, Tajumulco, y San Miguel Ixtahuacán»,[57]
San Marcos, según fuentes militares y de la PNC. Los productores en esos municipios vendían el opio por onza o
kilo a los intermediarios mexicanos. Ellos lo trasladaban
en mulas por caminos de terracería hasta México, para
convertirlo en heroína negra en los laboratorios; la in-
capacidad de Guatemala para vigilar la frontera oeste
permitía esto, ayudada por la ausencia de autoridades
del lado de México, según una fuente militar le dijo a
la revista.

La PNC reporta que en 2011 incautó 757 000 000 de
matas. Menocal afirma que en esa época las plantaciones producían al menos cuatro cosechas anuales, y que
se incrementaron los operativos de incautación con ayuda de Estados Unidos

En junio de 2013, cerca de Ixchiguán, se estrelló una
avioneta con cinco mexicanos (el piloto y los pasajeros)
y un venezolano a bordo. Todos fallecieron. El plan de
vuelo registrado no incluía Guatemala.[58] Las autoridades
no lo vincularon al narcotráfico, pero un experto forense
que llegó al lugar del percance reveló de manera extraoficial que en la aeronave había droga y una fuerte
cantidad de dólares.

En 2015, la incautación de matas de amapola equi-
valió sólo a una tercera parte de lo incautado en 2011:
211 000 000 de matas. Los operativos de incautación
continuaron, pero parecía haber una reducción en la
producción guatemalteca.

Un residente itinerante en Guatemala

En la primera mitad de 2011, los servicios de inteligencia guatemaltecos y de Estados Unidos ubicaron a El Chapo por lo menos cinco o seis veces en el norte y el noreste del país, muy cerca de la frontera con Honduras. «La última vez que se le vio aquí en Guatemala fue en Semana Santa (abril) en la zona de Puerto Barrios», aseguró en entrevista con *Proceso* el ministro de Gobernación, Carlos Menocal.[59]

Proceso publicó que, según el ministro, «en tres de esas ocasiones existe la certeza de la presencia de El Chapo porque en los lugares donde estuvo se encontraron documentos y dinero, y se detectaron comunicaciones». Dijo sustentarse en información de la DEA y de la Secretaría de Inteligencia Estratégica del Consejo de Seguridad Nacional de Guatemala.

Menocal dijo a la revista que las autoridades trataron de capturar a El Chapo, «pero por incompetencia del ejército guatemalteco» llegaron «tarde». *Proceso* publicó que una de las fuentes de inteligencia civil, que habló de forma anónima, dijo que «en febrero y marzo del año pasado (2010) se le ubicó en el complejo residencial Majadas, donde tenía dos o tres casas. Desde ahí operó un buen rato». La revista publicó que era un fraccionamiento lujoso con garitas y guardias de seguridad con radios de telecomunicación. Pero en realidad, no se diferencia mucho de otros en la capital, incluyendo el sector donde la policía halló los 14 000 000 de dólares en 2003.

Si era cierto lo que dijo el exoficial de Inteligencia respecto a que el narcotraficante tenía una hija con una mujer guatemalteca, era natural que aprovechara este hogar clandestino como escondite. La fuente de inteligencia civil dijo a *Proceso* que El Chapo se desplazaba entre la capital y el noroccidente del país, y que lo cuidaban «militares mexicanos, guatemaltecos y hondureños», además de contar con «protección policial en las zonas donde se mueve. En frontera con El Salvador, sureste», había «equipos de escuchas que trabajan para él». Dijo que también utilizaba los Transportes Aéreos de Guatemala, y que quien lo llevaba era Gregorio Valdez (O'Connell), representante de la empresa helicópteros Piper.[60] Valdez O'Connell fue financista de la campaña política de Colom, y luego contratista del gobierno cuando Colom llegó al poder.[61]

Un exjefe de la D-2 dice hoy que «con la precariedad económica de la gente, y el enriquecimiento ilícito que puede pasar desapercibido en algún momento, no hay razón para dudar que El Chapo entró y salió de Guatemala cuantas veces quiso».

En una entrevista en noviembre de 2015,[62] Menocal aseguró que nunca declaró que El Chapo tenía propiedades en la capital guatemalteca, pero que sí dijo que Juan Ortiz, alias Chamalé, un socio guatemalteco del cártel de Sinaloa, tenía propiedades en Las Charcas, el occidente de la capital (cerca del fraccionamiento que *Proceso* identificó). El exfuncionario reveló que Ortiz también tenía varias residencias en la zona 18 capitalina, al norte de la ciudad, donde ocultaba caletas con cocaína y dinero. Menocal no descarta que El Chapo se haya ocultado en las casas de Ortiz, pero dijo que no tuvo ningún indicio de la presencia del narcotraficante mexicano en Guatemala entre 2010 y enero de 2012.

CAPTURAS À LA CARTE

Menocal dice que cuando tomó posesión como Ministro de Gobernación, en marzo de 2010, no encontró en los archivos de la policía antinarcótica ni una sola página de investigación sobre los jefes del narcotráfico en el país. Pero conoció sus nombres porque aparecían en una lista que el entonces embajador de Estados Unidos, Stephen McFarland, le entregó a Colom después de espetarle un «¡tengo dos años de estar pidiendo esto!». McFarland se refería a los primeros dos años de la administración de Colom, durante los cuales cambió cuatro veces de ministro de Gobernación (la primera de ellas, por la muerte de Gómez). A juzgar por los archivos vacíos, estaba claro que nadie en el Ministerio de Gobernación tenía prisa por combatir el narcotráfico.

El 2 de octubre de 2010, el gobierno comenzó la cacería de los socios del cártel de Sinaloa. El primero en caer fue Mauro Salomón Ramírez, requerido por narcotráfico por una fiscalía de Tampa, Florida. La información que ofreció llevó a la captura de Chamalé Ortiz. Eran socios; luego, rivales.

El 30 de marzo de 2011 cayó Chamalé Ortiz en Quetzaltenango, el mismo estado donde el ejército infiltró la estructura de El Chapo en 1993. Allí Ortiz se creía un miniChapo. Le atribuían la pertenencia de grandes propiedades en ambos lados de la frontera Guatemala-México (ahora confiscadas), a nombre de testaferros, y al menos un corrido que un grupo norteño compuso en su honor. La fiscalía de Tampa, Florida, también lo acusaba de narcotráfico. Cuando supo que Ramírez lo había hundido, dijo que a su exsocio había que enviarlo pronto «a conocer a Dios».

Un comando élite de la PNC capturó a Ortiz, pero lo dejó bajo custodia militar un par de minutos mientras se esperaban refuerzos policiales para llevarlo a la capital. Y Ortiz no perdió el tiempo; como no estaba esposado ni le habían quitado su celular, telefoneó a quienes pensó podían sacarlo de aquel apuro: el ministro de la Defensa, Abraham Valenzuela, y Gloria Torres, la hermana de la entonces primera dama, Sandra Torres. Menocal dice que, cuando regresó con los agentes policiales, le quitó el celular a Ortiz, revisó el registro de llamadas y se fue de espaldas.

El ministro de la Defensa fue removido del cargo, pero la policía y la fiscalía no lo investigaron. Tampoco investigaron a Gloria Torres, quien más adelante enfrentó acusaciones de corrupción y lavado de dinero, por las que nunca llegó a juicio. Antes de que acabara el gobierno, ella se afilió al Partido Patriota de Pérez Molina y se perdió en el mapa. En 2014, Ortiz fue extraditado de Guatemala y condenado a 21 años de cárcel en Estados Unidos.

El 26 de abril de 2011, la policía capturó en El Progreso, Guatemala (a unas dos horas de Honduras) a Waldemar

Lorenzana Lima, de 71 años, jefe de la familia Lorenzana y socio de El Chapo. Esta vez, la policía se encargó de todo. Menocal dijo que no querían militares cerca del detenido por temor a que pudieran dejarlo escapar.[63]

Algunos militares parecían hablar con cierta admiración de sujetos como Ortiz y los Lorenzana. «Estos cabrones tienen más huevos que uno», dijo un oficial que había sorprendido algunos en un retén: cuando los narcos llegan a un puesto de registro, «te preguntan el nombre, casi te ordenan "Pasáme el teléfono", y luego preguntan "¿quién está al mando?" y uno sólo se queda (pensando) "¡puta!". No sabe uno si matar(los) o qué».

El expediente de los Lorenzana en Estados Unidos revela que la familia tenía una fuerte influencia en la policía y algunos grupos de militares desde mediados de los años noventa. Un testigo protegido en el caso, que era uno de los proveedores de cocaína para la familia (el único conocido era Herrera), dijo que en ocasiones la policía y los soldados custodiaban los cargamentos. Cuando dos de los hijos de Lorenzana Lima fueron capturados en posesión de un alijo de armas, el padre pagó 40 000 dólares a la policía para sacarlos de la cárcel. El mismo Lorenzana Lima (ya extraditado en 2014) dijo en una corte en la capital estadounidense que sus hijos traficaban cocaína con los hermanos Otto y Guillermo Herrera (también claves para El Chapo en 2006).

Las capturas continuaron con un socio de Herrera, prófugo desde 2003. La policía lo capturó el 8 de junio de 2011. Era Byron Gilberto Linares Cordón, otro extraditable. Lo habían capturado un mes después del hallazgo de los 14.4 millones en la casa que alquilaba Herrera, pero un juez lo excarceló bajo fianza. Cuando el Ministerio Público protestó, y otro juez revirtió la medida, el tipo se había esfumado.

Otro hijo de Lorenzana Lima, Eliú Lorenzana Cordón, cayó detenido el 8 de noviembre de 2011. Fue extraditado igual que el padre. Para entonces, Herrera tenía cuatro años en una cárcel estadounidense. Hacía un año, en febrero de 2010, la policía colombiana había detenido a la viuda de su mentor, Pacho Cifuentes. María Patricia Rodríguez Monsalve delató a sus cuñados. Primero cayó en Colombia Dolly Cifuentes Villa, el 6 de agosto de 2011, por narcotráfico y lavado de dinero; le siguieron sus hermanos Jorge Milton, en Venezuela (noviembre de 2012), e Hildebrando Alexander, en México (a principios de 2014, semanas antes que El Chapo).

PACTO NEGRO

La lista de solicitud de capturas con fines de extradición que Estados Unidos exigía incluía a Miguel Ángel Treviño, alias Zeta 40, quien fungía de subjefe de los Zetas, y en 2010 se desplazaba sin problemas en Guatemala. También extraditables eran el número uno de los Zetas en México, Heriberto Lazcano, alias El Lazca, y su socio más importante en Guatemala, Walter Overdick; este último cobijó a los Zetas en Alta Verapaz.

En abril de 2010, un exagente federal del Servicio de Aduanas de los Estados Unidos dijo que el Zeta 40 era «el número uno del narcotráfico en Guatemala». Reveló además que escuchó de un narcotraficante guatemalteco que un alto funcionario del gobierno de turno en Guatemala en 2008 recibió 13 000 000 de dólares de los Zetas a cambio de protección. Decía que no era Colom, sino su secretario privado, Gustavo Alejos (a quien la Comisión Internacional contra la Impunidad en Guatemala [CICIG] identificó como uno de los «recaudadores de financiamiento ilícito» que han tenido «una fuerte influencia en el estado»).[64] En octubre, un alto funcionario del ejecutivo describiría a Treviño exactamente con las mismas palabras que el exagente federal estadounidense: «el número uno del narcotráfico en Guatemala». Se quejaba de que siempre «casi, casi» lo tenían, pero lograba escapar.

En diciembre de 2010, cuando el gobierno decretó estado de sitio en Alta Verapaz, principal feudo de los Zetas, estos tomaron por asalto tres estaciones de radio y, con amenazas de muerte, obligaron a los locutores a leer un mensaje al aire: un reclamo por la persecución a los Zetas pese al pago de 11.5 millones de dólares al gobierno a cambio de protección. La administración lo negó ofreciendo como muestra el dato de la captura de un centenar de Zetas ese año; no obstante, dos tercios eran guatemaltecos y ninguno representaba una pieza clave para la estructura en Guatemala o México.

Un exfuncionario de la administración de Colom no descarta que el dinero fluyera, pero asegura que no llegó al presidente. Entre 2011 y enero de 2012 aparecieron narcomantas de los Zetas acusando a Alejos y Colom de traición. El Zeta 40 distribuyó su tiempo entre Guatemala y México, hasta la muerte de El Lazca en 2012. Sucederlo en la jefatura lo retuvo en México. Su captura en 2013 contribuyó, entre otros factores, a bajar el perfil de los Zetas en Guatemala.

Alejos fue vinculado a una red de corrupción en 2015. Permaneció prófugo durante varios meses y se entregó a la justicia en diciembre de ese año. Hoy no enfrenta ninguna acusación por narcotráfico.

RÍOS DE DÓLARES E IGLESIAS EVANGÉLICAS

Mientras las autoridades de Guatemala investigaban a Ortiz, descubrieron una compleja red de lavado de dinero entre iglesias evangélicas de Guatemala y México. Según Menocal, iglesias guatemaltecas en el suroccidente y occidente guatemalteco enviaban cientos de miles de dólares a unas 130 iglesias mexicanas en Sinaloa y Jalisco, y otros lugares de influencia de El Chapo. «En una sola operación, descubrimos el movimiento de 4 000 000 de dólares», dice el exministro.

En Guatemala, las iglesias estaban en San Marcos, tierra de Ortiz, zona que El Chapo conocía bien, y donde se hacía referencia a aquel como Hermano Juan, generoso benefactor de las iglesias. Algunos reportes de prensa indican que era pastor de su propia iglesia. El exministro asegura que en 2011 Colom le trasladó la información de la red de lavado al presidente mexicano de turno, Felipe Calderón, con la expectativa de compartir y coordinar el trabajo de inteligencia con autoridades mexicanas y desmantelar la red. Pero Menocal asegura que, hasta que Colom dejó la presidencia en enero de 2012, las autoridades mexicanas no se comunicaron para tratar el caso.

Una publicación de NPR (National Public Radio) reveló en mayo de 2010 que el cártel de Sinaloa era el menos afectado por las capturas en la administración de Calderón (2006-2012).[65] Esta organización de medios analizó las capturas entre diciembre de 2006 y abril de 2010. Descubrió que de 2600 detenidos, sólo 12 por ciento eran cómplices de El Chapo. Sin embargo, Calderón negó que fuera blando con el cártel de Sinaloa, y quiso argumentar que también valía la calidad de las capturas de un hijo y un hermano de El Mayo (Vicente Zambada Niebla y Jesús Zambada García), y la de Arturo Beltrán Leyva (cuando era socio de El Chapo),[66] entre otras.

En octubre de 2011, Calderón le dijo a *The New York Times* que suponía que El Chapo vivía en Estados Unidos, pues no podía explicar otra razón por la que su esposa Emma Coronel hubiera dado a luz ese año a sus gemelas en el hospital Antelope Valley, de Lancaster, California. «Aquí lo sorprendente es que él o su esposa están tan tranquilos en Estados Unidos», y «si El Chapo estuvo en Los Ángeles, yo me pregunto: ¿los americanos, por qué no lo atraparon? No sé si estuvo en Los Ángeles, pero son preguntas para mí».[67] Otra vez, el efecto Elvis…

Calderón sospechaba que el «área de influencia» del capo en México (la Sierra Madre Occidental, entre Chihuahua, Durango y Sinaloa) le permitía «una gran movilidad y que cualquier operativo» para capturarlo, él tenía «manera de detectarlo a decenas de kilómetros de distancia, a horas de distancia». Mientras tanto, el gobierno en Guatemala pensaba que El Chapo hacía desafiantes y furtivas visitas a su país.

En la administración de Pérez Molina (2012-2016) nadie divulgó tales indicios. No hubo seguimiento a las evidencias de lavado de dinero vía las iglesias evangélicas, o al menos no se hizo público. Además, la prensa reveló que los hermanos de Ortiz habían retomado el trasiego de cocaína. Uno de ellos, Rony Ortiz López, fue capturado en agosto de 2015.

Pérez Molina siempre negó tener relación con el narcotráfico, o actividad ilícita alguna. Sin embargo, un exgobernador de Huehuetenango (frontera con Chiapas) afirma que en 2012 uno de Los Huistas le presumió que recibirían protección durante la administración del general retirado. Esta vinculación nunca se ha probado en una corte.

Las únicas pistas están en el desarrollo cronológico de los hechos. En la administración de Colom, los principales jefes del narcotráfico local capturados con fines de extradición a Estados Unidos eran socios del cártel de Sinaloa, no del cártel del Golfo ni de los Zetas. Pero el 3 de abril de 2012, sólo dos meses y medio después de que las nuevas autoridades tomaran posesión de la nueva administración, la policía capturó a Overdick, quien hasta el momento había sido intocable. El principal socio de los Zetas no peleó su extradición y fue enviado al país del norte antes de que finalizara el año.

En junio de 2012, cayó uno de los líderes de los Huistas, Walter Alirio Montejo, alias El Zope, a quien, según la versión del exgobernador (sustentada en contactos de su natal Huehuetenango), habían capturado «los canchitos» (un modismo guatemalteco similar al modismo mexicano «güeritos»); es decir, agentes estadounidenses que lo «entregaron» a autoridades guatemaltecas del Ministerio de Gobernación para que oficializaran la captura; no tuvieron más remedio que cumplir. En septiembre de 2013, presuntamente bajo presión de Estados Unidos, según una fuente militar, la policía capturó a otro hijo de Lorenzana Lima, Waldemar Lorenzana Cordón, que fue extraditado también.

En 2013, cuando Univisión entrevistó a Pérez Molina, el entonces mandatario se quejó de lo inútil que resultaban las actuales políticas antinarcóticas. La entrevista ocurrió al cumplirse dos décadas de la captura de El Chapo en Guatemala, y cuando ya cumplía 12 años como prófugo. «Pusimos en riesgo vidas importantes, vidas humanas, para lograr que la lucha contra las drogas fuera exitosa», dijo el general retirado, quien el año anterior intentó promover la discusión de la despenalización de las drogas, impopular entre la mayoría de mandatarios del resto del hemisferio. Es frustrante, dijo, que 20 años después «no hemos tenido el éxito que hubiéramos querido, sino al contrario; la razón es muy sencilla: hay mucho dinero que viene del norte, armas que vienen del norte». La dedicatoria para Estados Unidos era evidente. Pero Pérez Molina no admitió que, de no haber sido por la DEA, quizá la D-2 nunca habría capturado a El Chapo en 1993. Tampoco admitió que una razón por la que no funciona la lucha contra las drogas es porque suficientes autoridades policiales y militares se meten al bolsillo esos dólares que vienen del norte.

COINCIDENCIA DE HECHOS ELOCUENTES

La serie de reportajes de Univisión por el 20 aniversario de la captura de El Chapo en Guatemala, los siete años de cárcel y los 12 de fuga estaban en producción cuando ocurrieron dos hechos importantes. Era octubre de 2013.

En Los Cabos, Baja California, un sujeto disfrazado de payaso le disparó a matar a Francisco Rafael Arellano Félix, el mayor de los hermanos, quien tenía cinco años en libertad después de purgar condenas carcelarias en México y su vecino del norte.[68] Así, el asesino selló el ataud del cártel de Tijuana. Eso debió darle a El Chapo más espacio para respirar, pero antes que acabara el mes, tuvo un mal augurio.

El Buró Federal de Prisiones de Estados Unidos divulgó que había excarcelado a Otto Herrera el 8 de octubre de 2013, después de cumplir seis años de prisión; salió liberado de toda responsabilidad penal. La fiscalía estadounidense que llevó su caso no quiso opinar. Un portavoz dijo que se reservaban el derecho de comentar acerca del caso. Lo mismo dijo una portavoz de la embajada estadounidense en Guatemala. La noticia sorprendió al gobierno de Pérez Molina. El ministro de Gobernación, Mauricio López Bonilla y el canciller Fernando Carrera dijeron que pedirían explicaciones a aquel país de por qué no se les notificó; pero si tal solicitud se hizo y se concedió, ello no se hizo público.[69]

Una fuente del gobierno estadounidense reveló extraoficialmente que no había registros de la salida de Herrera de Estados Unidos, cuando el procedimiento usual es que todo extranjero que cumple una condena carcelaria es deportado de inmediato a su país de origen. Estos datos hacían pensar a Vigil que Herrera había colaborado con la justicia estadounidense. Para quedarse en Estados Unidos después de haber cumplido su condena, o salir del país con otro nombre, tendría que haber ingresado al programa de testigos protegidos. La conclusión sólo apuntaba a una cosa: Herrera siguió colaborando con la justicia de Estados Unidos y era un hombre libre cinco meses antes de la captura de El Chapo en Mazatlán, en 2014.

No surgió otro indicio de que El Chapo estaba en Guatemala hasta que estalló la noticia de que el narcotraficante había muerto acribillado en Petén, a finales de 2013. Era una falsa alarma. La noticia la difundió Francisco Cuevas, el entonces portavoz del mandatario Pérez Molina. En los días posteriores se supo en círculos periodísticos, de forma extraoficial, que en un afán de humor negro, dos reporteros que cubrieron la refriega en Petén le filtraron a Cuevas que uno de los muertos era El Chapo. El portavoz no verificó la noticia con las autoridades policiales para replicarla, y el resto es historia... La falsa primicia corrió a México como llama en pólvora, hasta que se confirmó que El Chapo seguía vivito y prófugo, aunque no por mucho tiempo.

Para entonces, el efecto mediático de El Chapo era perceptible incluso en Petén. El dueño de una cafetería de la estación de autobuses de Santa Elena, la capital del estado, tenía atrás de una vitrina de vidrio la popularizada foto de El Chapo presentada a la prensa mexicana en junio de 1993: con gorra y abrigo marrón claro. Al pie de la imagen se leía en un rótulo: «No se da fiado».

El dueño de la cafetería era un nicaragüense que decía trabajar para un coyote guatemalteco radicado en Tamaulipas. Su trabajo consistía en coordinar el envío de migrantes desde Santa Elena a la frontera sur mexicana, o acompañar a menores de edad enviados a reunirse con sus padres en Estados Unidos (un servicio de puerta a puerta). También delataba a quienes partían hacia la frontera sin pagar a un coyote, un blanco anunciado para secuestradores, extorsionistas y tratantes de personas en México.

La estación de autobuses es una parada obligada para cientos de jóvenes de Honduras y El Salvador que viajan rumbo a la frontera con México, vía El Naranjo (del lado guatemalteco) y El Ceibo (del lado mexicano), para emprender el viaje indocumentado a Estados Unidos. Muchas personas llegan sin un centavo porque los asaltan en el camino. Los que no logran que los turistas de paso, que visitan las ruinas mayas de Tikal en Petén, les regalen alguna moneda o billete arrugado, deben pedir fiado, rogar por comida gratis, o aguantar el hambre. Para mayo de 2014, la policía tenía órdenes de prohibir a los migrantes que permanecieran en la estación. La municipalidad derribó las bancas de cemento donde dormían la siesta, sueño imposible de dormir en las horas y los días de viaje que tenían por delante.

En mayo de 2014, a los tres meses de la captura de El Chapo, la foto y el rótulo permanecían tras la vitrina de la cafetería. Poco después de que El Chapo se fugó, en julio de 2015, la cafetería cambió de dueño. Del coyote nicaragüense no quedaron rastros, tampoco de la foto de El Chapo en la vitrina.

Notas

¹ Rafael Rodríguez Castañeda (coord.) con el equipo de reporteros de la revista *Proceso, El imperio del Chapo,* México, Planeta/Temas de hoy, 2012, pp. 124.

² Héctor de Mauleón, «Atentamente, El Chapo», en *Nexos* [en línea], 1 de agosto, 2010 <http://www.nexos.com.mx/?p=13846>. [Consulta: 25 de enero, 2016.]

³ R. Rodríguez Castañeda, *op. cit.*, p. 133.

⁴ Gerardo Reyes, «Otto Pérez Molina habría atrapado a El Chapo en 1993 en Guatemala», Univisión [en línea], 3 de septiembre, 2015 (min. 02:50) <https://youtu.be/TkLZXSiuJ30>. [Consulta: 3 de febrero, 2016.]

⁵ Malcolm Beith, *The Last Narco*, Nueva York, Grove Press, 2010, pp. 104, 106 y 107.

⁶ R. Rodríguez Castañeda, *op. cit.*, p. 239.

⁷ M. Beith, *op. cit.*, pp. 104, 106 y 107.

⁸ M. Beith, *op. cit.*, p. 13.

⁹ *Idem*.

¹⁰ Juan Sebastián Jiménez Herrera, «El fin del imperio de los Rodríguez Orejuela», en *El Espectador* [en línea], 19 de junio, 2014 <http://www.elespectador.com/noticias/judicial/el-fin-del-imperio-de-los-rodriguez-orejuela-articulo-499463>. [Consulta: 3 de febrero, 2016.]

¹¹ Julie López, «Nueve años de cacería para ocho narcos guatemaltecos», en *Plaza Pública* [en línea], 7 de mayo, 2012 <https://www.plazapublica.com.gt/content/nueve-anos-de-caceria-para-ocho-narcos-guatemaltecos-i>. [Consulta: 3 de febrero, 2016.]

¹² *Idem*.

¹³ Departamento de Estado de Estados Unidos, Briefing on the President's Narcotics Certification Determinations, Washington, D. C., 15 de septiembre, 2003 <http://2001-2009.state.gov/p/inl/rls/rm/24116.htm>. [Consulta: 3 de febrero, 2016.]

¹⁴ Cable diplomático de la Embajada de Estados Unidos en Guatemala, núm. 03GUATEMALA1902, «Status of Guatemalan counter-narcotics cooperation», 24 de julio, <https://wikileaks.org/plusd/cables/03GUATEMALA1902_a.html>. [Consulta: 3 de febrero, 2016.]

¹⁵ R. Rodríguez Castañeda, *op. cit.*, pp. 177-178.

¹⁶ Departamento de Estado de Estados Unidos, Narcotics Rewards Program: Jorge Milton Cifuentes-Villa. Bureau of International Narcotics and Law Enforcement Affairs. <http://www.state.gov/j/inl/narc/rewards/171614.htm>. [Consulta: 2 de febrero, 2016.]

¹⁷ Procuraduría General de la República, Boletín 388/04, «Detiene la PGR a Otto Roberto Herrera García, líder de una organización criminal dedicada al tráfico de drogas a nivel internacional», México, D. F., 21 de abril, 2004.

¹⁸ Francisco Gómez, «Otto Herrera se fugó vestido de policía», en *El Universal* [en línea], 24 de octubre, 2005 <http://archivo.eluniversal.com.mx/nacion/131185.html>. [Consulta: 3 de febrero, 2016.]

19 El expediente núm. 03-CR-00331 de la corte de Washington, D. C. está parcialmente reproducido en dos documentos: *1)* Oficio de la Procuraduría General de la Nación de Colombia, Bogotá, Colombia, 31 de enero, 2011. Alegato de conclusión en trámite de extradición (Radicado 35.417), Asunto: Extradición del ciudadano colombiano Phanor Arizabaleta Arzayús; *2)* Oficio de la Corte Suprema de Justicia de Colombia, Proceso núm. 35418, Aprobada, Acta núm. 193, Extradición de José Fernando Arizabaleta Lenis, Bogotá, Colombia, 8 de junio, 2011.

20 Corte Suprema de Justicia, Proceso núm. 27957, Aprobado, Acta núm. 224. Magistrado ponente Augusto J. Ibáñez Guzmán, Bogotá, Colombia. 14 de noviembre, 2007, Asunto: solicitud de extradición del ciudadano guatemalteco Otto Herrera García.

21 M. Beith, *op. cit.,* pp. 109-112, 115.

22 *Idem.*; R. Rodríguez Castañeda, *op. cit.,* p. 53.

23 M. Beith, *op. cit.,* pp. 168.

24 *Idem*; R. Rodríguez Castañeda, *op. cit.,* p. 39.

25 Gustavo Castillo García, «Declararán tres narcos en el caso del asesinato de El Pollo», en *La Jornada* [en línea], 13 de enero, 2005 <http://www.jornada.unam.mx/2005/01/13/046n2soc.php>. [Consulta: 20 de enero, 2016.]

26 David Aponte y Jorge Medellín, «Delate al narco utiliza a juguería como "pantalla"», en *El Universal* [en línea], 5 de marzo, 2005 <http://archivo.eluniversal.com.mx/nacion/122556.html>. [Consulta: 3 de febrero, 2016.]

27 Abel Barajas, «El Mañana de Valles y el narco periodismo», Agencia Reforma [en línea], 2 de marzo, 2006 <http://blogdelnacoslp.blogspot.com/2011/04/el-manana-de-valles-y-el-narco.html>. [Consulta: 3 de febrero, 2016.]

28 R. Rodríguez Castañeda, *op. cit.,* p. 240.

29 M. Beith, *op. cit.,* pp. 154-155. Relato originalmente reportado por Javier Valdez de *Ríodoce*. La nota original fue reproducida por Michael Marizco, «A settling of accounts; El Chapo Guzman has dinner in a Culiacan restaurant», Border Reporter, 11 de diciembre, 2007 <http://borderreporter.com/2007/12/the-border-report-51/>. [Consulta: 18 de enero, 2016.]

30 M. Beith, *op. cit.,* pp. 118 y 119.

31 *Ibid.,* p. 13.

32 *Ibid.,* pp. 109-112, 115.

33 «Dan al "Güero" Palma sólo 16 años de cárcel», Agencia Reforma [en línea], 8 de febrero, 2012 <http://www.diaraiocambio.com.mx/2008/febrero/reforma/120208_ref_ref_dan_guero.htm>. [Consulta: 3 de febrero, 2016.]

34 United Nations Office on Drugs and Crime, «Crime and Development in Central America», Nueva York, mayo, 2007 <https://www.unodc.org/pdf/research/Central_America_Study_2007.pdf>, p. 47. [Consulta: 3 de febrero, 2016.]

35 R. Rodríguez Castañeda, *op. cit.,* pp. 181-182.

36 Carrick Mollenkamp, «HSBC became bank to drug cartels, pays big for lapses», Reuters Reino Unido, 12 de diciembre, 2012 <http://uk.reuters.com/article/uk-hsbc-probe-idUKBRE8BA05K20121212>. [Consulta: 3 de febrero, 2016.]

37 M. Beith, *op. cit.*, p. 165.

38 Óscar Trabanino, «El Salvador debe estar en la mira de los EE.UU.», Mombu, the Culture Forum, 20 de junio, 2008 <http://www.mombu.com/culture/el-salvador/t-el-salvador-debe-de-estar-en-la-mira-de-los-eeuu-6543621.html>. [Consulta: 1 de febrero, 2016.]

39 R. Rodríguez Castañeda, *op. cit.*, p. 47.

40 Carlos Menocal, entrevista personal, Guatemala, 17 de noviembre, 2015.

41 M. Beith, *op. cit.*, pp. 78-79, 165-166.

42 *Ibid.*, p. 207.

43 *Ibid.*, pp. 140-141.

44 «La guerra en Juárez la inició "El Chapo" Guzmán, revela "La Barbie"», en *La Silla Rota* [en línea], 2 de septiembre, 2010 <https://youtu.be/DgrvNMAyv7s>. [Consulta: 3 de febrero, 2016.]

45 M. Beith, *op. cit.*, pp. 148-149.

46 *Ibid.*, p. 210.

47 *Ibid.*, pp. 180, 182-183.

48 *Ibid.*, p. 187-188.

49 *Ibid.*, p. 173.

50 Héctor Escamilla, «Guadalajara. Capturan a operador de El Chapo en Zapopan», en *Esto* [en línea], 4 de julio, 2009 <http://www.oem.com.mx/esto/notas/n1230405.htm>. [Consulta: 3 de febrero, 2016.]

51 Julio Scherer García, «Proceso en la guarida de "El Mayo" Zambada», en Proceso [en línea], 3 de abril, 2010 <http://www.proceso.com.mx/?p=106967>. [Consulta: 2 de febrero, 2016.]

52 M. Beith, *op. cit.*, p. 211.

53 M. Beith, *op. cit.*, pp. 212 y 213; R. Rodríguez Castañeda, *op. cit.*, p. 61.

54 R. Rodríguez Castañeda, *op. cit.*, p. 251.

55 Central Intelligence Agency, Inspector General, Report of Investigation. Guatemala, vol. V, Efrain Bamaca Velasquez (95-0024-IG), 15 de julio, 1995 <http://www.foia.cia.gov/sites/default/files/document_conversions/89801/DOC_0000691022.pdf>. [Consulta: 3 de febrero, 2016.]

56 Policía Nacional Civil, Oficina de Información Pública, Respuesta y solicitud núm. 1526-2015, MGCA/lq, 23 de diciembre, 2015. El documento está firmado por María Graciela Cabrera Arana, encargada de la Oficina en el Ministerio de Gobernación del Gobierno de Guatemala.

57 R. Rodríguez Castañeda, *op. cit.*, p. 155.

58 «Fallecen cuatro mexicanos en accidente aéreo en Guatemala», en *Proceso* [en línea], 28 de junio de 2013 <http://www.proceso.com.mx/?p=346084>. [Consulta: 1 de febrero, 2016.]

59 R. Rodríguez Castañeda, *op. cit.*, p. 151.

60 *Ibid.*, pp. 152-153.

61 «Formas como los partidos políticos financian sus campañas», en *Prensa Libre* [en línea], 16 de julio, 2015 <http://www.prensalibre.com/cinco-formas-que-los-partidos-financias-sus-campaas>. [Consulta: 3 de febrero, 2016.]

62 C. Menocal, *op. cit.*

63 *Idem.*

[64] Gabriela Lehnoff, «CICIG señala a Gustavo Alejos por financiamiento ilícito a UNE», en *ContraPoder* [en línea], Guatemala, 16 de julio, 2015 <http://contrapoder.com.gt/2015/07/16/cicig-senala-a-gustavo-alejos-por-financia miento-ilicito-a-une/>. [Consulta: 3 de febrero, 2016.]

[65] John Burnett y Marisa Peñaloza, «Mexico's Drug War: A Rigged Fight?», en NPR, 19 de mayo, 2010 <http://www.npr.org/templates/story/story.php?storyId=126890838>. [Consulta: 2 de febrero, 2016.]

[66] R. Rodríguez Castañeda, *op. cit.*, p. 229.

[67] The New York Times, «The Complete Interview With President Felipe Calderón in Spanish (La entrevista completa en español) [en línea], *The New York Times*, 17 de octubre, 2011 <http://www.nytimes.com/2011/10/24/world/americas/calderon-transcript-in-spanish.html?_r=0>. [Consulta: 2 de febrero, 2016.]

[68] «El ocaso del Cártel de los Arellano Félix, en 6 caídas», en ADN Político [en línea], 25 de junio, 2014 <http://www.adnpolitico.com/gobierno/2014/06/25/el-ocaso-del-cartel-de-los-arellano-felix-en-6-caidas>. [Consulta: 21 de enero, 2016.]

[69] Julie López, «Libre y escondido desde hace 1 año: el misterio del capo Otto Herrera», en *SOY502* [en línea], 8 de octubre, 2014 <http://www.soy502.com/articulo/libre-escondido-desde-hace-1-ano-misterio-capo-otto-herrera>. [Consulta: 3 de febrero, 2016.]

CAPÍTULO 10

Último acto de magia

Si las capturas de El Chapo son una galería de sus debilidades, en el tablero de ajedrez que son las cárceles mexicanas las fugas le permiten alguna ventaja; El Chapo no sólo anticipa jugadas, sino el juego completo. El jaque mate sorprende al adversario con los pantalones en las rodillas.

El 10 de junio de 1993, Tello Peón pensaba que El Chapo sería un suceso pasajero en su vida. Tenía 37 años de edad y, como asistente del general Carrillo Olea y director del Centro de Planeación para el Control de las Drogas (CENDRO),[1] también coordinó las llamadas telefónicas en las que este general mexicano informó a la Procuraduría General de la República (PGR) que tenía a El Chapo en sus manos, luego de su captura en Guatemala. Pero el 19 de enero de 2001, como subsecretario de seguridad de la Secretaría de Gobernación, a Tello Peón le tocó decir que El Chapo se le había ido de las manos.

Anabel Hernández publicó que Tello Peón había sido instrumental para la fuga.[2] Carrillo Olea dice que, respecto de la seguridad, fue «responsable por no montar un esquema, y no porque le haya abierto la puerta, había una corrupción terrible que permitió la escapatoria».[3] Vigil asegura que nunca supo de que existiera acusación alguna por corrupción en contra de Tello Peón, con quien dice que colaboró para optimizar el uso de radares y rastrear aeronaves en el espacio aéreo mexicano y regional.[4] No obstante, Tello Peón quedó marcado para siempre. La misma suerte correrían otras autoridades penitenciarias 15 años más tarde.

Después de la recaptura de El Chapo en Mazatlán, el 22 de febrero de 2014, el capo confesó que permaneció en esa ciudad para ver a sus hijas antes de volver a la Sierra. Pero lo que constituía algo normal en la vida de cualquier padre, para él significaba exponerse. Y así, pasar unas horas con sus gemelas y su esposa Emma Coronel le puso fin a una fuga de 13 años.

Para entonces, El Chapo había dejado tras de sí un rastro de túneles por los que huyó en las semanas previas a la captura en Mazatlán. Los túneles comunicaban varias casas en la ciudad. La entrada a dos de ellos estaba debajo de dos tinas. El Chapo seguía dando pistas del sendero que dejaba tras de sí. Parecía que nadie se daba cuenta. Ya superaba la década como prófugo y mantenía los mismos hábitos que después de su fuga en 2001: moverse con poca gente para no llamar la atención. Por esta razón un equipo élite de la Secretaría de Marina lo encontró con un escolta. Ninguno tuvo tiempo para reaccionar. Los soprendió en el número 401 del condominio Miramar, frente al malecón de Mazatlán.

Mientras tanto, los expedientes de El Chapo engordaban con evidencias y documentos. Cuando escapó de Puente Grande en 2001, la PGR comenzó 66 averiguaciones en su contra. Los expedientes abarcan los años en que permaneció prófugo, desde 2001 hasta 2013, y contienen acusaciones por delincuencia organizada, delitos contra la salud, violación a la Ley Federal de Armas de Fuego y Explosivos y el uso de recursos de procedencia ilícita. Se sumaban los 12 años de cárcel de la sentencia que le dictaron en 1993, y que se fue debiendo cuando huyó de Puente Grande.

Varias fiscalías en Estados Unidos, desde California a Nueva York, también se disputaban su extradición por delitos relacionados con narcotráfico. Esto incluía una acusación de 2009 en Chicago, quizá viculada a Vicentillo Zambada Niebla y a los gemelos Flores, y la acusación por lavado de dinero en Florida. Para 2012, sumaba 14 acusaciones federales.

Su captura de 2014 cumplió la orden de detención que, el 7 de julio de 2009, giró el Juzgado Quinto de Distrito de Procesos Penales Federales en el Estado de México. La orden era por los delitos de delincuencia organizada y delitos contra la salud, en la modalidad de posesión con fines de comercio y con base en la hipótesis de venta de clorhidrato de cocaína.

Entonces, lo devolvieron al Penal del Altiplano, en el municipio de Almoloya de Juárez, Estado de México, adonde llegó recién capturado en 1993 y donde permaneció dos años. Nadie imaginaba que, después de su captura en 2014, permanecería menos tiempo aún.

¿Por qué sólo necesitó un año y medio en Almoloya para lograr cuanto hizo en seis años en Puente Grande (1995-2001)? ¿Había refinado el arte de la fuga? Si la construcción del túnel requirió un año y se fugó un año y medio después de su captura, quiere decir que en seis meses El Chapo aseguró las lealtades necesarias para excavar un túnel de kilómetro y medio y desplazar 3 250 toneladas de tierra, sin llamar la atención de las autoridades que no estaban en su planilla. Este era el túnel más largo que se le había descubierto. Quién sabe cuántos más hubo, si la misma Agencia Federal Antidrogas admitió que sólo los podía ubicar por medio de informantes.

Pagó por la construcción profesional, a manos de ingenieros, topógrafos, mineros y tuneleros de un pasadizo de 1 500 metros hacia la libertad, y esperó.[5] Si en la fuga de 2001 logró que apagaran las cámaras y cortaran los circuitos eléctricos de las puertas de las celdas, en 2014 necesitó algo más simple y rudimentario: osadía. Las cámaras sí grabaron su actitud oscilante, su desasosiego parecido al de una pantera impaciente moviéndose de un extremo a otro de la jaula. De pronto, se pone de pie casi de un brinco, como obedeciendo un reloj interno. Ya es hora. Lo sabe. Camina hacia la ducha y desciende otra vez hacia la vida de prófugo.

Los guardias que debían estar con las pupilas pegadas a las pantallas de las cámaras de vigilancia, jugaban Solitario para matar el aburrimiento, según un recuento de *The Daily Mail*.[6] Cuando advirtieron la fuga, era tarde. Pero, ¿qué había de los martillazos que alguien debió de escuchar mientras algunas manos rompían el

suelo de la ducha, el acceso al túnel de El Chapo? Quizás algunos reos en las celdas vecinas pensaron que la
sordera fingida era un salvavidas. Por eso se rumoreó
que desafiar esa norma le había costado la vida a El
Canicón, Sigfrido Nájera Talamantes, uno de sus vecinos
en Almoloya.

Pero la necropsia de Talamantes no reflejó una muerte provocada. El dictamen oficial reveló que murió por
un paro cardiorrespiratorio debido a los ataques de epi-
lepsia que padecía. Sin embargo, El Canicón tenía cinco
años de estar en esa prisión por delitos contra la salud,
portación ilegal de armas, tráfico de personas, entre
otros, y nunca tuvo problemas. No debió ayudar que
era un ex-Zeta encerrado a pocos pasos del cacique del
cártel de Sinaloa.[7] Sólo eso le habría bastado para intuir
que le convenía dormir con un ojo abierto. Sus familiares
luego denunciaron su sospecha de que murió por envenenamiento. Entre los otros vecinos de El Chapo figuraban exjefes de los Zetas, del cártel del Golfo y al menos
un Beltrán Leyva, pero ninguno de ellos tuvo problemas.

Otros reos no sólo reportaron el ruido, sino que también se quejaron, porque el audio de los videos de vigilancia registró que el sonido de los martillazos y el taladro
se escuchaban las 24 horas, durante varios días. Asumían
que el escándalo provenía de una construcción organizada por la administración del penal, y no por uno de sus
internos más famosos. Pero los sonidos no sólo eran es-
cuchados por los internos y el personal del penal, sino en
otras ubicaciones remotas, supuestamente por personal
designado para garantizar la seguridad del lugar.

Con el correr de los meses, la hazaña de El Chapo se convirtió en un espejismo. Pese a los múltiples reportajes del túnel por el cual las autoridades aseguraron que huyó, hay quienes dudan de la versión, igual que ocurrió con la historia del carrito de lavandería y su fuga de Puente Grande.

Martínez-Amador cree que la historia del túnel es falsa. «Guzmán Loera salió por la puerta principal», afirma. Que El Chapo fuera famoso por la construcción de túneles, y que ello no despertó alarmas en las autoridades mexicanas, apunta a una conspiración, según este analista sinaloense. «Al conocer el historial de construcciones subterráneas, esta es la mejor explicación del escape», dice convencido. «Y la única razón por la cual no creo la historia del túnel es porque es la versión oficial.» Algunos testimonios de personal del penal, y de varios internos, indicaron que la influencia de El Chapo era tal en el Altiplano, que incluso podría haber huido por la puerta principal.

EFECTO DOMINÓ

Recién ocurrida la fuga del 11 de julio de 2015, las autoridades mexicanas alertaron a las centroamericanas correspondientes, acerca del posible desplazamiento de El Chapo hacia la región. Otro *déjà vu* de la fuga en 1993. La presencia del capo en el istmo, real o imaginada, ya no era inusual. Pero esta vez, nadie encontró a El Chapo. En cambio, en las 72 horas posteriores a la fuga, en el istmo ocurrieron otras cosas casi igual de llamativas:

1. El 13 de julio en la mañana, la policía y soldados guatemaltecos capturaron a seis mexicanos en Nentón, Huehuetenango,[8] Guatemala. Poco antes, las autoridades de este país habían recibido una llamada anónima que las alertó de un grupo de sujetos armados que se desplazaba en la zona. El grupo portaba cuatro fusiles de asalto y tres pistolas, y viajaba en dos relucientes *pickups* Chevrolet. Una tenía placas de Sinaloa. Otra, de Chiapas.

Uno de los detenidos, César Vicente González Pérez, se identificó como «encargado de la Policía Federal Ministerial de la PGR en Comitán de Domínguez, Chiapas»; Francisco Javier Díaz de la Rosa y Ewin Yanic Campos Sánchez dijeron que trabajaban para la PGR de México. Las autoridades guatemaltecas comprobaron que era verdad. Pero José Almanza Ramírez, Mauricio Salamanca Murillo, José Dolores Ornelas Reyes y un cuarto sujeto sólo se identificaron como «agentes». Otros reportes de prensa indican que se identificaron como mecánicos, y las autoridades no lograron corroborar sus identidades.

El grupo viajaba en la ruta de Gracias a Dios, que conecta con Chiapas, una zona de influencia del cártel de Sinaloa y de los Huistas. Los detenidos explicaron que investigaban un caso en Lagos de Colón, en La Trinitaria, Chiapas, pero que cerca de un centenar de personas les bloqueó el paso y el grupo decidió internarse en Guatemala para buscar una ruta que los llevara de regreso a su país. Dijeron que, durante ese desvío, los detuvo la policía guatemalteca. Pero no dijeron por qué en un operativo de investigación requerían la compañía de mecánicos y por qué no tenían documentos que comprobaran que investigaban el citado caso en Chiapas.

La policía entregó al personal de la PGR a un juzgado, oficialmente capturado por portar armamento de uso exclusivo del ejército (los fusiles) y armas cortas sin el permiso legal.[9] Pero la fiscalía no presentó cargos en su contra y quedaron libres. Los supuestos mecánicos fueron llevados a una oficina de migración (para su presumible deportación). Todos eran corpulentos, con inmaculada apariencia, más de «guardaespaldas» que de investigador de la Procuraduría o mecánico: el torso delineado bajo las camisetas, ceñidos pantalones de mezclilla o pantalones tipo comando, con bolsillos a un costado de la rodilla.

Después de enterarse de la fuga de El Chapo, Mérida, el coronel retirado, dijo que la incursión de los mexicanos parecía un equipo de avanzada, para abrir paso o explorar el terreno. ¿De quién? Se desconoce. Las autoridades no divulgaron más información del caso.

2. El 14 de julio la policía capturó a dos guatemaltecos con 600 000 pesos mexicanos (unos 35 000 dólares) encima, en El Peñón, Playa Grande, Quiché,[10] colindante con Huehuetenango y con Chiapas, México. Viajaban en un vehículo con placas guatemaltecas. El dinero estaba oculto en una mochila, repartido en 13 paquetes y no pudieron explicar su origen. La proximidad de la frontera hace sospechar que se dirigían hacia México por un paso ciego o ilegal.

3. El 14 de julio aparecieron los cadáveres de cinco sujetos guatemaltecos adentro de un vehículo abandonado al fondo de un barranco en San Luis, Petén, al sur del estado, cerca de la frontera con Chiapas, México.[11] El barranco hacía las veces de vertedero municipal de basura. Una de las víctimas era un exmilitar,[12] en una zona donde no es extraño que entre los escoltas de los narcotraficantes haya exmilitares o expolicías. Sin embargo, las autoridades no revelaron el móvil de las muertes ni las vincularon con el narcotráfico.

4. El 16 de julio, el diario mexicano *La Jornada* publicó que El Chapo podría haber huido hacia Zitácuaro, Toluca, o hacia el Distrito Federal. Las autoridades mexicanas buscaron a El Chapo en el aeropuerto de Toluca.[13] Pero ese mismo día, un avión con matrícula mexicana procedente de Toluca aterrizó en Roatán, Honduras. La tripulación cumplió con todos los requisitos para el aterrizaje y para que la aeronave permaneciera en el aeropuerto local durante una semana. Pero después de que aterrizó, el piloto y el copiloto abordaron un vuelo hacia El Salvador y volvieron a México. El único pasajero, Víctor Alberto Calderón Cortés de Monterrey, dijo que tenía el encargo de vender la aeronave a un contacto en Honduras. Aunque la policía no encontró rastro de estupefacientes en la aeronave, investigó al pasajero por una posible vinculación con el trasiego de drogas. Calderón Cortés fue detenido el 29 de julio de 2015 en el aeropuerto de San Pedro Sula, cuando pretendía salir del país a pesar de que un juez le había ordenado permanecer en Honduras durante la investigación de este caso.[14]

LUPA EN EL CONO SUR

En noviembre de 2015, la policía también buscaba a El Chapo en Argentina. Un corresponsal de *BBC Mundo* en Buenos Aires dijo que no eran nuevos los rumores de su presencia en el país. Antes de que fuera atrapado en 2014 «se pensaba que el capo podría esconderse aquí», reveló el periodista Ignacio de los Reyes.[15]

Pero había otros antecedentes: el cártel de Sinaloa «amplió su campo de operaciones hacia las provincias más pobres del norte de Argentina», «para la producción, acopio y distribución de drogas», según *Proceso*. Edgardo Buscaglia, investigador del Instituto Tecnológico Autónomo de México, reveló en 2011 que el cártel utiliza las iglesias evangélicas «y el trabajo social que impulsan» como uno de sus ejes de desplazamiento.[16] Es decir, El Chapo replicaba simultáneamente su *modus operandi* en México, Guatemala y el Cono Sur, o tal vez se trataba de una sola operación para mover dinero desde Sudamérica a México con escala en Guatemala; esto llamaba la atención, en especial si el cártel de Sinaloa usaba a Argentina como puente para el trasiego en Europa: enviaba drogas y, a cambio, recibía millones de dólares. Otro experto sospecha que los vuelos de avionetas con droga sintética salían del norte de Argentina en 2009 hacia México, con escala en Centroamérica, Guatemala incluida.[17]

Para la segunda semana de noviembre de 2015, la policía argentina anunció que allí no había ningún Chapo, que se había tratado de una falsa alarma y que el capo nunca entró al país. Las autoridades en la frontera con Chile habían recibido una llamada con el dato,[18] y la policía capturó a la persona que hizo la llamada. Días después, hubo reportes similares menos creíbles en Bolivia, aunque el rumor tenía algo de fundamento. En septiembre de 2011, un reporte de Univisión que cita «documentos de inteligencia» boliviana indica que El Chapo estaba o estuvo en Bolivia antes de esa fecha. Supuestamente lo amparó un grupo de militares y policías corruptos que también protegía a uno de sus hijos y a otros miembros del cártel de Sinaloa.[19] Pero en noviembre de 2015, el alboroto se desinfló. Aquello no era más que el efecto Elvis: El Chapo estaba en todas partes y a la vez en ninguna.

En guerra avisada...

Una razón para las capturas de los mexicanos en Guatemala en julio de 2015 fue el estado de alerta tras la fuga de El Chapo. Las autoridades no descartaban que huyera de nuevo a Guatemala. Al parecer, lo mismo pensaban en Honduras (como hace 23 años) y en Bolivia (como en 2011). Una diferencia importante con Bolivia es que, mientras altos funcionarios de ese país sí fueron investigados por narcotráfico, y al menos uno fue extraditado a Estados Unidos por ese delito, ninguno en Honduras, El Salvador ni Guatemala ha corrido con esa suerte.

En Guatemala, las capturas de alto perfil con fines de extradición parecieran haber cesado, por ahora. La última captura de un narco local extraditable fue la de Jairo Orellana, en abril de 2014. Orellana fue recluido en una cárcel militar (el Cuartel de Matamoros) en la capital. Su reclusión no evitó que pocos días después se casara en la cárcel con una prófuga: Marta Julia Lorenzana Cordón, a quien Estados Unidos requiere por su vinculación al cártel de Sinaloa. Ella es hermana de los hermanos Elio y Waldemar Lorenzana Cordón, capturados y extraditados a Estados Unidos, e hija de Waldemar Lorenzana Lima, exsocio del guatemalteco Otto Herrera y de El Chapo Guzmán.

Al parecer, este tipo de libertades dentro de los muros de la prisión le costaron el puesto al entonces ministro de Gobernación, Héctor Mauricio López Bonilla, un militar retirado y, por mucho tiempo, hombre de confianza del general retirado Pérez Molina. Información extraoficial indica que López Bonilla fue resposable de permitir los lujos que Orellana tenía en la cárcel (una televisión de plasma y muebles dignos de una suite de hotel)[20] y que visitó al narcotraficante al menos una vez. Sin embargo, nadie ofreció evidencias de estos hechos ni lo acusó de manera formal ante el Ministerio Público, por lo que se deslizó del gobierno hacia la vida privada sin problemas legales.

Mientras tanto, Orellana tenía un año de torpedear su extradición cuando de pronto, el 13 de julio de 2015, anunció que bajaba los brazos: se dejaría llevar a Estados Unidos para enfrentar cargos de narcotráfico en ese país, justo dos días después de la fuga de El Chapo. En Guatemala, una fuente extraoficial que pidió el anonimato dijo que Orellana aceptó su extradición de manera repentina porque le debía dinero al capo mexicano. Ya en México, reportes de prensa indicaban que El Chapo, prófugo de nuevo, empezaba a cobrar dinero que le debían, dinero en efectivo que necesitaba para moverse sin dejar rastros.

Era posible que Orellana tuviera una deuda con El Chapo tan grande e imposible de pagar como para que quisiera huir. El Estado había inmovilizado 15 propiedades a su nombre y en el momento en que fue capturado, Orellana supuestamente traficaba cocaína con los Zetas en una zona de influencia del cártel de Sinaloa. Un año y medio antes de su captura, en noviembre de 2012, Orellana salió del anonimato cuando escapó a un intento de asesinato en la capital guatemalteca. Sus siete escoltas tuvieron menos suerte. Todos murieron acribillados.

La fuente que habló de la deuda de Orellana, también reveló que, en agosto de 2015, entre los grupos de narcotráfico en Guatemala había un fuerte movimiento de dinero (cerca de 2 000 000 de dólares) relacionado con la reciente fuga de El Chapo. Su versión: era dinero que dejaron de pagar mientras el capo estaba en la cárcel, y que debían reunir para saldar la deuda ahora que El Chapo había vuelto a la calle.

¿QUÉ CAMBIÓ DE 2001 A 2015?

Volver a la clandestinidad tras su fuga de 2001 quizá no fue lo mismo que en 2015. Sólo cinco años antes, para

El Mayo Zambada, El Chapo todavía era su compadre. Pero luego algo cambió, según Martínez-Amador. «Desde la muerte del Macho Prieto», Gonzalo Inzunza Inzunza, en diciembre de 2013, «es claro que la facción de Guzmán Loera ya no era popular para Zambada», dice el analista. El Macho Prieto murió en un enfrentamiento con las autoridades mexicanas. Trabajaba bajo las órdenes de Zambada y El Chapo. El primero lo contrató como su jefe de seguridad. Sin embargo, algunos reportes de prensa indican que Zambada lo entregó porque desobedecía sus órdenes:[21] lo mismo que El Señor de los Cielos habría hecho con El Chapo en 1993, y que supuestamente El Chapo hizo con el Mochomo Beltrán Leyva en 2008.

Pero además, si para Zambada El Chapo ya era impopular desde 2013, ¿qué hacían sus escoltas más cercanos compartiendo la zozobra de prófugo con El Chapo y exponiéndose en Culiacán en 2014? Esto era justo lo que El Mayo procuraba evitar, según le dijo en 2010 a Scherer. Ese año, las autoridades tal vez hasta se acercaron a Zambada. El 13 de febrero capturaron a su jefe de seguridad, Jesús Peña, alias El Veinte, en Culiacán, Sinaloa. Ante la pregunta de si tenía otro sobrenombre, respondió: La Última Sombra, porque «rara vez se despegaba de El Mayo Zambada».[22] Tanto se le acercaron. A Peña lo buscaron en siete viviendas en Culicacán conectadas por túneles o drenajes de la ciudad. Hubo más escoltas capturados.[23] Nueve días después, mientras El Mayo se hizo humo, El Chapo se reunió con sus hijas y su esposa en Mazatlán, y pagó por ello.

La siguiente vez que El Chapo escapó de la cárcel, en 2015, Martínez-Amador no descartó que su «visibilidad» como jefe del cártel de Sinaloa (ante lo cual Zambada no protesta) fue también una forma de entregarlo, de hacerlo vulnerable.

El analista insiste en que la conducta de El Chapo permite plantearse «si este es un capo útil para ser la vitrina, pero desechable». Para este analista, «un capo que termina siendo entregado a las autoridades, amarrado en una cajuela (en 1993), y luego lo arrestan en el baño de su apartamento», en Mazatlán, en 2014, «o es idiota o…». «El hecho de andar a salto de mata es una vergüenza para cualquier capo», dice Martínez-Amador.

«El cártel de Sinaloa mantiene un liderazgo viejo, intocable, prácticamente no fragmentado, pero esto no es de gratis», afirma.

> Creo que Zambada permite que el gobierno Federal juegue al gato y al ratón con El Chapo, y así justificar algún logro fuerte en materia de seguridad, legitimarse. Quizá el error es que hicimos del Chapo un mito y en realidad tenía pies de barro. Lo que da un patrón medible con respecto a Guzmán es que nunca ha sido una pieza importante para la organización. Nunca ha sido una pieza real importante.

En 2015, este experto concluyó que la forma expedita en que la PGR le confiscó cuentas y operadores nuevos en Puebla, que «le sostenían la posibilidad de tener dinero para su huida, demuestra que se le cae el poder y la protección». Pero en 2010, El Mayo admitiría que ningún capo es indispensable para la supervivencia del narcotráfico, ni siquiera él. Scherer escribió que un Zambada fantasioso le dijo que, si un día decidía entregarse a las autoridades, «al cabo de los días vamos sabiendo que nada cambió». Además, añadió esto: «El problema del narco envuelve a millones. ¿Cómo dominarlos? En cuanto a los capos, encerrados, muertos o extraditados, sus reemplazos ya andan por ahí». También reconoció que no se ocupaba en el narcotráfico de tiempo completo, sino también a la agricultura y a la ganadería. Luego añadió, cándido: «Si puedo hacer un negocio en los Estados Unidos, lo hago». Cinco años después, el mismo Chapo diría (en la famosa y furtiva entrevista con Sean Penn que *Rolling Stone* publicó en enero de 2016) que ni su captura ni su muerte detendrían el narcotráfico.[24]

Héctor Rosada cree que El Chapo no busca ser el primero ni el único, pero que los líderes de los otros cárteles «sí creen que busca ser el primero y el único». Así se explica la persecución de quienes, se supone, «quedan en su lugar» mientras él está preso y que su encarcelamiento hace a otros cárteles en México creer en la posibilidad de cambios. «Sinaloa se gana el odio de quienes pretenden ser los primeros cuando hay una crisis en la narcoactividad en México», afirma, refiriéndose a la enemistad de este cártel con el del Golfo, los Zetas, los Beltrán Leyva y los Caballeros Templarios, entre otros, en diferentes épocas.

«Estos no son enemigos chiquitos», dice Rosada, refiriéndose a los rivales de Sinaloa, pero «hay que tener algo muy claro: En México siempre hay un cártel protegido. La presidencia protege a un cártel. Y durante muchos años protegió a Sinaloa. Y Sinaloa va a hacer lo que tiene que hacer, pero no pone en problemas al gobierno. Y el gobierno se encarga de tener en jaque, o controlados, al resto».[25]

Vigil ha dicho que cuanto ocurre con El Chapo y el cártel de Sinaloa ocurría con Escobar y el cártel de Medellín, porque a Escobar le interesaba figurar y a los Ochoa de Medellín eso les venía bien: la atención se fijaba más en Escobar que en ellos, aunque al final también cayeron. Pero mientras la atención del cártel de Sinaloa se centra en El Chapo, otros capos mantienen un perfil bajo, como El Mayo Zambada y el Azul. Y si a alguien desfavorece la captura de El Chapo es a ellos, porque se vuelven el centro de atención.

No obstante, la captura de El Chapo en 2014 no fue apocalíptica para el cártel de Sinaloa, si en realidad es una corporación de estructuras hilvanadas con holgura pero con objetivos comunes, como dice Vigil. La captura de El Chapo, el pasado 8 de enero de 2016, no tendría por qué ser distinta.

En Guatemala, las estructuras asociadas al cártel de Sinaloa tampoco se desbarataron pese a las capturas y extradiciones de 2011 a la fecha. Los grupos locales siguen traficando a manos de los familiares o socios de los extraditados. Algunos se atomizaron, pero el trasiego no se detiene. El contraste entre la reducción en las incautaciones de cocaína y el incremento en el decomiso de dinero vinculado al narcotráfico son un indicativo. Mientras que en 1999 se incautaron casi 10 000 kilos de cocaína y 63 000 dólares, en 2014 (cuando El Chapo estuvo detenido) la incautación anual se redujo a 5 000 kilos de cocaína y se disparó a 13 000 000 de dólares. De haberse reducido el trasiego, también se habrían reducido las ganancias. Pero las incautaciones reflejan que lo variable es la efectividad de las incautaciones. En 2015, la policía decomisó 5 395 kilos y 3.3 millones de dólares.

ÚLTIMA CAPTURA: ¿EL ACTO FINAL?

El Chapo es quizás el trofeo más escurridizo de la lucha antinarcótica para México y Estados Unidos. Después de la captura en 2014, el gobierno de Peña Nieto no parecía entusiasmado con la idea de extraditar a El Chapo. ¿Era orgullo? ¿Berrinche? De pronto entretenía la idea de juzgar y condenar al capo en México. Pero el bochorno de la segunda fuga de una cárcel de máxima seguridad, en julio de 2015, le hizo cambiar de opinión. Ahora lo único que se interpone entre El Chapo y una cárcel estadounidense es el bombardeo de amparos que sus abogados interponen en las cortes.

Pero, ¿cómo acabó El Chapo así? Una combinación de factores. Según Martínez-Amador, «sus ingresos a la cárcel siempre parecen ser el resultado de su carácter imprescindible».[26] Pero El Chapo no hacía algo demasiado distinto a su escape en 2001. Se ocultó en las alturas escarpadas de la sierra en Sinaloa, pero antes vivió un año en Puebla, una zona urbana. En enero de 2016, estaba en Los Mochis, con la única diferencia de que esta era una zona de influencia de sus enemigos a muerte: los Beltrán Leyva. ¿Habrían tenido alguna intervención en la entrega? No hay indicios de ello.

«No exponerse.» El Chapo no había seguido ese consejo. El Mayo le había dicho a Scherer esto: «El monte es mi casa, mi familia, mi protección».[27] Sabía que salir de allí tenía un precio. «Me pueden agarrar en cualquier momento… o nunca», agregó. Desde que pronunció esas palabras, han transcurrido seis años. El Chapo cayó sólo tres meses después de hablar con Penn.

Las autoridades le seguían la pista a los intercambios vía teléfono satelital de El Chapo con la actriz Kate del Castillo desde antes de su fuga en julio de 2015, cuando estaba recluido en Almoloya, algo desencadenado después del famoso tuit de hace algunos años en el que ella dijo que creía más en El Chapo que en las autoridades. El carácter impredecible de El Chapo, decía Martínez-Amador, y su debilidad por las mujeres y sus hijos —nada que El Mayo le envidie, con sus cinco mujeres y los correspondientes hijos y nietos—, lo devolvió a Almoloya en 2014 y de nuevo en 2016.

En una entrevista previa con El Chapo, y que también publica *Rolling Stone*, pero que es dirigida por una tercera persona no identificada, aparece descrito lo que el capo hace de forma metódica para evitar su captura. «Evitar ciertas ciudades» estaba en su lista. Pero no parecía particularmente angustiado por perder el estatus de prófugo. «La libertad, la libertad es muy bonita», decía casi simpático. Pero cinco años antes, cuando Scherer le preguntó a El Mayo si temía que lo agarraran, la respuesta fue otra. «Tengo pánico de que me encierren», dijo. Y de pronto ese pánico era quizás el que se asomaba en la desolada mirada de El Chapo, sentado sobre la cama de un motel en Los Mochis, mientras la Marina esperaba refuerzos para su traslado.

No era el primero. Ni será el último en caer por hablar por teléfono. En Colombia, en 1993, las autoridades llegaron a Pablo Escobar debido a que llamó a su hijo desde un teléfono.[28] Horas después lo acribillaron sobre un tejado en Medellín. Con El Chapo, los que murieron fueron sus escoltas. Pero cuando lo sorprendieron intentando huir en un vehículo, no tuvo más remedio que rendirse. El Mayo le dijo a Scherer que le gustaba pensar que llegado el momento tendría los arrestos de quitarse la vida para evitar que lo encierren. ¿Pensaría igual El Chapo? ¿O confiaría, en vano quizás, en su habilidad para escaparse otra vez?

Hasta que El Chapo hable del asunto, es imposible saber si en realidad estaba prendado de Kate del Castillo, o lo movía querer hablar de sí mismo en una película o un documental. El mismo Mayo le decía a Scherer que mucho de cuanto publica la prensa de los narcotraficantes son fabricaciones. Pero claro, son fabricaciones que surgen de declaraciones de testigos, excolaboradores de narcos, e incluso de algunas autoridades.

Del Castillo dijo que los supuestos mensajes que intercambió con El Chapo y que las autoridades mexicanas filtraron a la prensa, eran falsos. En realidad, causa curiosidad si, como en el caso de Zulema en Puente Grande, manos ajenas escribieron los mensajes románticos calzados con la firma de El Chapo. La misma Zulema le dijo a Scherer esto: «él ordenaba a su amanuense, "dile que la extraño mucho" y ya el otro aventaba de su inspiración».[29] ¿Habría ocurrido algo similar con Del Castillo?

Si El Chapo tenía dificultades para expresarse verbalmente antes de 2001, ¿habría estado leyendo *CeroCeroCero* de Roberto Saviano en sus días de fuga en Los Mochis en 2016? ¿Tanto avanzó su grado de escolaridad en 15 años? Las autoridades dicen que encontraron el libro sobre su cama.[30] En otro escondite dicen que le encontraron *Don Quijote de la Mancha* de Miguel Cervantes. De hecho, uno de sus abogados decía que El Chapo gustaba de leer el Código Penal y varios libros de legislación mexicana. Además, Sean Penn señaló que el capo aprobó el texto de la entrevista. Pero entonces, ¿la leyó en inglés? ¿O leyó una traducción? Más intentos de narrarlo. Sólo El Chapo sabe qué leyó y qué escribió.

¿Mito con pies de barro?

El Chapo podrá tener pies de barro como dice Martínez-Amador, pero el mito no se sostiene por arte de magia, sino con el motor de la corrupción, adentro y afuera de México. En Guatemala, el nuevo gobierno que tomó posesión el 14 de enero de 2016 (presidido por Jimmy Morales, electo el año anterior) tiene un panorama complicado ante el potencial de corrupción en las fuerzas armadas y las relaciones de estas con el narcotráfico, según Rosada. «Una cosa es que ellos», es decir, los narcotraficantes, «corrompan a los mandos superiores del ejército; otra cosa es que corrompan a los mandos intermedios, y otra cosa es que los corrompan a todos… y ya llegaron al nivel en el que corrompieron a todos», advierte el politólogo. «Este ejército ya no lo puede controlar nadie, nadie. Nadie.» Consultado al respecto, un portavoz de las fuerzas militares dijo que quien tuviera evidencias de que oficiales incurrían en actos ilegales, debía presentarlas al Ministerio Público y hacer una acusación formal. Pero nadie lo hace.

Rosada explica que «El factor político complica las cosas», pues «una cosa es que quieran tener vínculos políticos para poder llevar a cabo su negocio, y otra es que quieran formar parte del poder». El politólogo advierte que es necesario no perder de vista las estructuras de poder criminal en América Latina. «El Estado es una estructura de poder criminal», afirma.

Sólo dos meses después de que diera la vuelta al mundo la noticia de la nueva fuga de El Chapo Guzmán el 11 de julio de 2015, fue encarcelada la única persona que de manera pública se abroga su captura en Guatemala: el general retirado y expresidente Pérez Molina. La acusación en su contra no tiene relación con el narcotráfico, pero la Comisión Internacional Contra la Impunidad en Guatemala (CICIG) lo relaciona con una estructura incrustada en el Estado que saqueó millones de dólares de las arcas públicas. El mismo Pérez Molina y sus abogados afirman que es inocente.

El exmilitar guatemalteco cumplía cuatro meses en la cárcel, esperando que un juez anunciara si sería enviado a juicio, cuando las autoridades mexicanas recapturaron a El Chapo el 8 de enero de 2016. Ambos, de alguna forma, de nuevo con el destino marcado por Estados Unidos como hace 23 años. En 1993, Estados Unidos supuestamente dirigía los esfuerzos para capturar a El Chapo, esfuerzos codirigidos por Pérez Molina al mando de la Dirección de Inteligencia, aunque este exmilitar nunca lo reconoció. Estos hechos llevaron a El Chapo a vivir la temporada más larga que ha pasado tras las rejas: siete años.

Una vez detenido, Pérez Molina se quejó de que Estados Unidos manipuló el sistema de justicia, que le acusa de un delito que no cometió. Además asegura que Estados Unidos es uno de los principales financistas de la CICIG, que junto al Ministerio Público acusan al expresidente de haber liderado una red de corrupción mientras fue mandatario. La red, no obstante, está incrustada en el Estado desde los años setenta.

En el caso de El Chapo, en Estados Unidos también se decidirá su destino una vez extraditado. Sus abogados hacen toda suerte de maniobras legales para frenar dicha extradición. Su destino y el de Pérez Molina es gris. En 1993, lo peor que enfrentaba El Chapo era cumplir una pena de cárcel en una prisión mexicana, donde tenía influencias y desde donde podía ejercer poder en la calle. Ahora enfrenta uno de los peores temores de los narcotraficantes: acabar en una cárcel estadounidense donde lo único suyo sea el número de reo. Por su parte, Pérez Molina está en el limbo de un caso que lo retiene en prisión preventiva más tiempo del previsto, complicado por el número de personas procesadas que supera el medio centenar, los recursos legales que la defensa ha planteado, y la enfermedad de una de las procesadas, la exvicepresidenta Baldetti. Hasta la primera semana de febrero no había una fecha prevista para el anuncio de una decisión judicial respecto a que el caso sea llevado a juicio. Y así, los dos esperan: uno, la decisión del juicio; el otro, el estatus del proceso de extradición.

El expresidente no tiene lujos, salvo porque está en un recinto sólo para él, que es mucho menos de cuanto gozaron algunos narcos recluidos en una cárcel militar (Jairo Orellana, por ejemplo). Pérez Molina lleva meses pidiendo autorización para el ingreso de un horno de microondas, una televisión y una mesa, para no comer con el plato sobre el regazo, o sentado sobre la cama. Mientras tanto, El Chapo se queja de que no puede dormir porque los perros de la unidad canina que lo vigila ladran todo el tiempo, porque lo cambian de celda con demasiada frecuencia —¿para que no sepa en cuál construir el túnel?—, y porque las visitas de sus abogados tienen cronómetro: no son ilimitadas como antes. Mucho cambió en 23 años. Pero en la medida que demore su extradición, sentado allí en ese tablero de ajedrez que es la cárcel y que conoce bien, quizá no sorprenda que protagonice otro capítulo de su historia que nadie anticipa.

NOTAS

[1] Anabel Hernández, *Los señores del narco*, México, Grijalbo, 2010, p. 26.

[2] *Ibid.*, p. 22.

[3] Carmen Aristegui, entrevista a Jorge Carrillo Olea, Aristegui CNN en Español [en línea], «El Chapo se fugó hace 11 años. No conviene capturarlo. Jorge Carrillo Olea», 23 de enero, 2012 <https://www.youtube.com/watch?v=lXi8RmMGOc0>. [Consulta: 26 de diciembre, 2015.]

[4] Michael Vigil, entrevista vía correo electrónico, 19 de diciembre, 2015.

[5] Abraham Jaramillo. «El Chapo se fugó por un túnel hecho por expertos: ingenieros», CNN México, 17 julio 2015, <http://mexico.cnn.com/nacional/2015/07/17/el-chapo-se-fugo-por-un-tunel-hecho-por-expertos-ingenieros>. [Consulta: 5 de febrero, 2016.]

[6] Gemma Mullin, «Security guards were "playing solitaire" while Mexican kingpin El Chapo escaped high-security prison», en *The Daily Mail* [en línea], 7 de octubre, 2015 <http://www.dailymail.co.uk/news/article-3263345/Security-guards-playing-solitaire-Mexican-kingpin-El-Chapo-escaped-high-security-prison.html>. [Consulta: 5 de febrero, 2016.]

[7] «Muere "El Canicón" líder zeta; era vecino de "El Chapo" en el Altiplano», en C3N Noticias, 9 de septiembre, 2015 <https://www.youtube.com/watch?v=ET86ZjEvJSM>. [Consulta: 5 de febrero, 2016.] «El Canicón pudo haber muerto por envenenamiento», en *Blog del Narco* [en línea], 17 de septiembre, 2015 <https://www.youtube.com/watch?v=Ldm-NUJtwRw>. [Consulta: 5 de febrero, 2016.]

[8] Marco Sajquim, «Capturan a 6 mexicanos en Huehuetenango», en *Diario de Centroamérica* [en línea], 14 de julio, 2015 <http://dca.gob.gt/index.php/nacional/item/32347-capturan-a-6-mexicanos-en-huehuetenango>. [Consulta: 5 de febrero, 2016.] «Detienen a seis presuntos narcotraficantes en Huehuetenango», Emisoras Unidas [en línea], 13 de junio, 2015 <http://noticias.emisorasunidas.com/noticias/nacionales/detienen-seis-presuntos-narcotraficantes-huehuetenango>. [Consulta: 5 de febrero, 2016.] «Confirman que mexicanos capturados son pgr», Emisoras Unidas [en línea], 14 de julio, 2015 <http://noticias.emisorasunidas.com/noticias/nacionales/confirman-que-mexicanos-capturados-son-pgr-mexico>. [Consulta: 5 de febrero, 2016.] Actualización del caso proporcionada por oficina de prensa del Ministerio Público en relación con la excarcelación de funcionarios de la Procuraduría General de la República.

[9] Mario Escobedo, «Caso va a la Democracia», en *El Quetzalteco* [en línea], 16 de julio, 2015 <http://elquetzalteco.com.gt/miregion-huehue/caso-va-la-democracia>. [Consulta: 5 de febrero, 2016.]

[10] «Aprehenden a dos personas con 600 mil pesos mexicanos», en *Diario de Centroamérica* [en línea], 14 de julio, 2015 <http://dca.gob.gt/index.php/nacional/item/32348-aprehenden-a-dos-personas-con-600-mil-pesos-mexicanos>. [Consulta: 5 de febrero, 2016.]

[11] Walfredo Obando, «Localizan cinco cadáveres en vertedero de San Luis», en *Prensa Libre* [en línea], 14 de julio, 2015 <http://www.prensalibre.com/

guatemala/peten/localizan-cinco-cadaveres-en-vertedero-de-san-luis>. [Consulta: 5 de febrero, 2016.]

[12] «Encuentran cinco hombres fallecidos en un basurero de San Luis Petén», SOY502 [en línea], 14 de julio, 2015 <http://cms.soy502.com/articulo/encuentran-cinco-hombres-fallecidos-basurero-san-luis-peten>. [Consulta: 5 de febrero, 2016.]

[13] «Guzmán pudo haber huido a Zitácuaro, Toluca o al DF», en La Jornada [en línea], 16 de julio, 2015 <http://www.jornada.unam.mx/2015/07/16/politica/004n1pol>. [Consulta: 5 de febrero, 2016.] «Aeropuerto de Toluca cerrado por búsqueda de "El Chapo"», Terra [en línea], 12 de julio, 2015 <http://noticias.terra.com.mx/mexico/busqueda-de-el-chapo-guzman-aeropuerto-de-toluca-suspende-operaciones,0a25c3ed9fac4e751251b9643f66d09417dvRCRD.html>. [Consulta: 5 de febrero, 2016.]

[14] José Meléndez, «Reportan movimientos migratorios "sospechosos"», en El Universal [en línea], 19 de julio, 2015 <http://www.eluniversal.com.mx/articulo/nacion/seguridad/2015/07/19/reportan-movimientos-migratorios-sospechosos>. [Consulta: 5 de febrero, 2016.] «Juez envía a prisión a piloto de jet mexicano abandonado en Roatán», en La Prensa de Honduras [en línea], 5 de agosto, 2015 <http://www.laprensa.hn/sucesos/865680-410/juez-env%C3%ADa-a-prisi%C3%B3n-a-piloto-de-jet-mexicano-abandonado-en-roat%C3%A1n>. [Consulta: 5 de febrero, 2016.] «Detenido piloto mexicano de jet abandonado en Roatán hace dos semanas», en CCI News [en línea], 29 de julio, 2015 <http://ccinews.hn/detenido-piloto-mexicano-de-jet-abandonado-en-roatan-hace-dos-semanas>. [Consulta: 5 de febrero, 2016.]

[15] «Argentina investiga si Joaquín "El Chapo" Guzmán se esconde en el sur del país», BBC Mundo [en línea], 6 de noviembre, 2015 <http://www.bbc.com/mundo/noticias/2015/11/151106_argentina_chapo_guzman_mexico_ab>. [Consulta: 5 de febrero, 2016.]

[16] Rafael Rodríguez Castañeda (coord.) con el equipo de reporteros de la revista Proceso, El imperio del Chapo, México, Planeta/Temas de hoy, 2012, pp. 185-188.

[17] Ibid., pp. 187-188.

[18] «Descartaron que el "Chapo" Guzmán esté en la Argentina», en La Nación de Argentina [en línea], 9 de noviembre, 2015 <http://www.lanacion.com.ar/1843864-descartaron-que-el-chapo-guzman-este-en-la-argentina>. [Consulta: 5 de febrero, 2016.]

[19] «El Chapo Guzmán en Bolivia», Univisión [en línea] <https://youtu.be/-7jG9F1-G-I>. [Consulta: 5 de febrero, 2016.]

[20] Paola Hurtado, «Jairo Orellana: el narco que hizo caer al ministro», en revista ContraPoder [en línea], 13 de junio, 2015 <http://contrapoder.com.gt/2015/07/13/jairo-orellana-el-narco-que-hizo-caer-al-ministro>. [Consulta: 5 de febrero, 2016.] Datos suministrados en 2015 por un oficial militar retirado y una fuente del Ministerio Público en condiciones de confidencialidad.

[21] «"El Macho Prieto" era muy desobediente; por eso lo entregaron», Sin Embargo, 26 de diciembre, 2013 <http://www.zocalo.com.mx/seccion/articulo/

el-macho-prieto-era-muy-desobediente-por-eso-lo-entregaron-1388079
222>. [Consulta: 5 de febrero, 2016.]

[22] «Sepa cómo fueron las últimas horas en libertad del "Chapo" Guzmán», América Economía [en línea], 27 de febrero, 2014 <http://www.americaeco nomia.com/politica-sociedad/politica/sepa-como-fueron-las-ultimas-horas-en-libertad-del-chapo-guzman>. [Consulta: 5 de febrero, 2016.] Este artículo cita una publicación de *Excélsior*.

[23] Juan Carlos Pérez Salazar, «Así fue la captura de "El Chapo" Guzmán», BBC Mundo [en línea], 24 de febrero, 2014 <http://www.bbc.com/mundo/noticias/2014/02/140223_mexico_joaquin_chapo_guzman_asi_fue_captura_jcps>. [Consulta: 5 de febrero, 2016.]

[24] Sean Penn, «El Chapo Speaks», en *Rolling Stone* [en línea], 9 de enero, 2016 <http://www.rollingstone.com/culture/features/el-chapo-speaks-20160 109?page=9>. [Consulta: 5 de febrero, 2016.] Entrevista original de 17 minutos <http://www.rollingstone.com/culture/videos/watch-el-chapo-s-exclusive-in terview-in-its-17-minute-entirety-20160112>. [Consulta: 5 de febrero, 2016.]

[25] Héctor Rosado, entrevista personal, 20 de agosto, 2015, Ciudad de Guatemala.

[26] David Martínez-Amador, entrevista vía correo electrónico, octubre, 2015.

[27] Julio Scherer García, «Proceso en la guarida de "El Mayo" Zambada», en *Proceso* [en línea], 3 de abril, 2010 <http://www.proceso.com.mx/?p=106967>. [Consulta: 2 de febrero, 2016.]

[28] «Yo compré la casa donde murió Pablo Escobar», Kienyke.com, 12 de enero, 2012 <http://www.kienyke.com/historias/compran-la-casa-donde-murio-pablo-escobar>. [Consulta: 5 de febrero, 2016.]

[29] R. Rodríguez Castañeda, *op. cit.*, p. 124.

[30] «*CeroCeroCero*, el libro que leía "El Chapo" antes de ser detenido», Aristegui Noticias [en línea], 21 de enero, 2016 <http://aristeguinoticias.com/2101/kiosko/cerocerocero-el-libro-que-leia-el-chapo-antes-de-ser-detenido/>. [Consulta: 5 de febrero, 2016.]

RESEARCH BIBLIOGRAPHIES & CHECKLISTS

6

Claudel and the English-speaking world

Dec. '76

RESEARCH BIBLIOGRAPHIES & CHECKLISTS

R&B
C

General editors

A. D. Deyermond, J. R. Little and J. E. Varey

CLAUDEL AND THE

ENGLISH-SPEAKING WORLD

a critical bibliography

JACQUELINE DE LABRIOLLE

edited and translated
by
ROGER LITTLE

Grant & Cutler Ltd
1973

I.S.B.N. 84-399-1258-7

DEPÓSITO LEGAL: V. 3.000 - 1973

Printed in Spain by Artes Gráficas Soler, S.A., Valencia

for

GRANT & CUTLER LTD
11, BUCKINGHAM STREET, LONDON, W.C.2.

CONTENTS

INTRODUCTION

This bibliography assembles the basic material for a general study of Claudel's literary fortunes in Great Britain and the United States from 1890 to the present day. Hence its chronological presentation, with certain alphabetical 'recapitulations' added in the interests of the researcher. The choice, governed by essentially literary considerations, does not however exclude items by and on Claudel the diplomat, insofar as they throw light on the vicissitudes of his artistic career, as does the table showing periods spent in either country.

If it is a straightforward matter to establish the dates of events (productions, broadcasts, exhibitions, symposia etc.), the problems are less clear cut when they concern books and articles, which travel readily across the Atlantic. Yet the distinction between the old world and the new is of interest since in general Claudel was received with greater favour in the U.S. than in G.B. When critics publish in both countries, their normal country of residence or that of the first edition is given preference.

Of the texts published in G.B. and the U.S., some are in French. But many items from French-speaking Canada are excluded from the present work despite their importance since they are covered by existing publications based in Paris and Ottawa (see Principal bibliographical sources). On the other hand items in English published in Europe (Eire, Geneva etc.), India, South Africa and Australia have been grouped under G.B. because of their availability in British universities. Similarly, under the heading U.S. are gathered items published in English in Canada and the Far East. Such a classification inevitably conceals the varied origins of the critics, but that requires a complete psycho-sociological study which I propose to publish separately.

The period covered by this work begins with the publication in Paris of *Tête d'Or* in 1890, on which the first item dates from 1912, and ends in July 1972. Any difference from standard bibliographies in the dating of a work is due to my giving the date of the copyright, since it tallies more closely with subsequent reviews. Errors and omissions, despite the best will in the world, may well persist. Corrections and suggestions for improvement will be welcome, and incorporated as appropriate into a supplement to this volume.

For the convenience of the user, the formidable quantity of critical material

7

has been subdivided more than usual. Secondary items have been separated according to the readership envisaged: thus anthologies, for example, usually presenting material at two removes, reach a wider public than journals. The latter, including 'special issues', have been separated from books because they represent a different type of medium in the exchange of ideas. It goes without saying that the quality of the criticism does not depend on this 'sociological' classification. A brief note is appended to those items I have read personally. There remain, needless to say, some points requiring verification.

The daunting battalion of American theses is based, with additions, on the lists given in the *Claudel Newsletter*, the official organ of the Claudel Society of New York, founded in 1968. Details of contributions to collective works are indicated, as are the importance and nature of items in anthologies and memoirs. The following pattern of presentation is adopted: author, title, place of publication, publisher and pages. There is no pretension to specialist bibliographical knowledge.

Articles in periodicals are grouped in decades to help the reader and facilitate comparison between the U.S. and G.B. The following key dates explain some of the apparent waywardness of the lists:

1912 — Success of Lugné-Poe's production of *L'Annonce faite à Marie* in Paris.

1913 — Similar success at Hellerau, Bavaria.

1921 — Violently hostile article by Edmund Gosse in London.

1922 — Failure of *L'Annonce* in London.

1926 — Partial break with Gide.

1929 — French reservations about *Le Soulier de Satin.*

1927-33 — Claudel's diplomatic activity in Washington, with several doctorates, *honoris causa*, in the U.S.

1930 — *Christophe Colomb* played in Berlin with Darius Milhaud.

1935 — Failure of Claudel to be elected to the Académie française.

1939 — D. Litt., *honoris causa*, at Cambridge (G.B.).

1943 — J.-L. Barrault stages *Le Soulier de Satin* at the Comédie française. Countless new productions the world over.

1946 — Claudel elected to the Académie française.

1955 — Death of Claudel.

1962-5 — 2nd Vatican Council: 'Aggiornamento'.

1968 — Celebrations of the centenary of Claudel's birth.

Introduction

In practical terms, the identification of journals has at times been difficult because they may change their name or place of publication, whence the need for the alphabetical lists. M.L.A. presentation has been respected with slight modifications: author (or anon.), 'title', volume (Roman numerals), number (Arabic numerals), date in brackets, pages. Critical reviews of texts or events have been assembled with the item to which they relate, their number alone being indicative. Where reviews of books make serious critical points about Claudel they are also noted separately as articles.

Detailed observations on these lists go well beyond the scope of this series, and will be published separately. The present work nevertheless serves to show the wealth of the field, frequently underestimated because of Claudel's own disappointment. Until he was nearly eighty, there was an ingrained, reciprocal lack of understanding between himself and the majority of the English-speaking world. But since 1945, Claudel has gone beyond the Catholic coteries, and enchants or enrages aesthetes and producers, even winning over those academic critics whose 'jus de citron' so abashed him. Certain early admirers paved the way to respect, if not triumph, for this most foreign of poets, 'the further off from England . . .'

*　　*　　*

To the Société Paul Claudel of Paris whose archives have been generously put at my disposal, to Professor Harold Waters, Rev. Moses Nagy and Drs Louise Witherell, Marie-Hélène Pauly and Joan C. Freilich of the U.S. Claudel Society, to Mr Henry La Farge, to the many librarians and archivists who have lent me material, to specialist publications and notably to the *Claudel Newsletter*, to Professor Henri Peyre, formerly Stirling Professor of French at Yale University, who has cheerfully helped me take full advantage of a Fulbright scholarship, to Dr Roger Little who invited me to contribute this volume and has undertaken its translation and editing, go the sincere thanks of one of those 'hoplites de l'érudition' at whom Claudel smiled.

J. de L.

London, Paris, Yale, 1964-72.

Editor's Note

In this volume, the roles of compiler and editor have been almost entirely distinct, the former being responsible for the collection and critical analysis of material, and the latter for its presentation in the present series. Because bibliography is a continuing process, certain additions and alterations were made after cross-references had been inserted; hence the occasional note of a deleted item (where it had been found to correspond, on further inspection, to an entry made elsewhere) and insertion (such as Bd6a after Bd6) where new material was discovered.

R. L.

TABLE OF CLAUDEL'S ACTIVITIES IN G.B. AND U.S.[1]

G.B.

1889 July) Holidays, Isle of Wight and New
1892 July) Forest.[2]

1914   14-15 Aug. C passes through London on repatriation from Hamburg via Copenhagen, Bergen, Newcastle.

1920   14-18 Dec. Passes through London on way to Copenhagen.
1921   6-13 Mar. In London on return.
1925   4-15 Oct. Lectures in G.B. on his work (with Eve Francis) in London (5th), Oxford (6th), Liverpool (9th), Manchester (12th) and Newcastle (13th).

U.S.

1893   2 Apr. C arrives in N.Y. as vice-consul. Dec. Made vice-consul at Boston.
1895   14 Feb. Returns to France.

1919   14 Jan. – 5 Feb. Stay in N.Y. and negotiations in Washington on return from Rio de Janeiro (as 'ministre plénipotentiaire').

1926   Dec. Appointed French Ambassador in Washington.

[1] Established principally from *Journal*, *CPC*, 4 (1962), *Acta* of the universities concerned & *New York Times*.

[2] According to Bp59, 1, 7.

G.B.	U.S.	
	1927	4 Mar. Arrives San Francisco from Japan via Honolulu.
		4-14 Mar. Los Angeles, Grand Canyon, Chicago, Washington.
		27 Mar. Presents credentials to Pres. Coolidge.
		29 Apr. – 24 Aug. Leave in France.
		31 Aug. Return to U.S.
	1928	6 Feb. Signs with Mr Olds Treaty of arbitration and conciliation with U.S.
		Apr. Journey in southern States.
		16 Apr. LLD, *h.c.*, Loyola Univ.
		May. Travels in Ohio.
		5 June. LLD, *h.c.*, Columbia Univ.
		11 June. Litt. D., *h.c.*, Univ. of Delaware.
		19 June. Litt. D., *h.c.*, Univ. of Princeton.
		20 June. Litt. D., *h.c.*, Yale Univ.
		Aug.-Sept. Leave in France.
		27 Aug. Signature, in Paris, of Briand-Kellogg Pact (outlawing war).
		Oct. Return to Washington, via West Indies (devastated by hurricane).
	1929	15 Apr. Litt. D., *h.c.*, Clark Univ.
		Washington (Wall St crisis, Oct., unemployment in U.S.).
	1930	25 Mar. Ryder Randall Medal, Georgetown Univ.
		Washington, except May-Sept., leave in France (Young plan for settlement of war debts).

U.S.	G.B.
1931 10 June. LLD, *h.c.*, Catholic Univ. of America. Washington, except leave in Sept. (Hoover moratorium; economic crisis worsens).	
1932 16-24 Mar. Travels in Mid West (Chicago, Kansas City, Indianapolis, Pittsburgh). Washington, except Aug.-Sept., leave in France. 20 Oct. LLD, *h.c.*, State Univ. of N.Y. Nov. C approaches Mr Stimpson to have French repayments suspended, since Germany has stopped them. (14 Dec. Herriot govt. falls on debt question).	
1933 (4 Mar. Roosevelt closes banks; dollar devalued; New Deal). 18 Apr. C leaves U.S. as Ambassador to Belgium.	
	1939 4-9 June. Stay with 'Margotine' in London (24, Hyde Park), then at Trinity College, Cambridge (5th & 6th) to receive doctorate *h.c.*
	1944 30 Sept. – 4 Oct. Private visit. Lunch at Savoy given by M. Massigli with Anthony Eden, Charles Morgan, Sir Harold Nicolson etc.

ABBREVIATIONS

L'Annonce	*L'Annonce faite à Marie*
ALS	Autograph letter signed
AP	*Art poétique*
BSPC	*Bulletin de la Société Paul Claudel*
Cath.	Catholic
CCC	*Cahiers Canadiens Claudel*
C. de l'Est	*Connaissance de l'Est*
CGO	*Cinq Grandes Odes*
Chr. Colomb	*Christophe Colomb* (opera)
CN	*Claudel Newsletter*
CR	Critical review / compte rendu
CS	*Claudel Studies*
Diss. Abs.	*Dissertation Abstracts*
H.	Hotel
LCC	*Le Livre de Christophe Colomb*
MI	*Mémoires improvisés*
NY(C)	New York (City)
OC	*OEuvres complètes*, Gallimard, ed. Mallet, Petit (1950-)
PC	Paul Claudel
P de M	*Partage de Midi*
Pl	Pléiade edn of *OEuvres*, viz. *Journal, Po, Pro, Th.*
Po	*OEuvre poétique* (Pléiade), ed. Fumet, Petit (1967)
Pos. et Prop.	*Positions et Propositions*
Pr	*OEuvres en prose* (Pléiade), ed. Galpérine, Petit (1965)
publ.	published, publication / publié
repr.	reprinted / repris
RLM	*Revue des Lettres Modernes*, série Paul Claudel
S de S	*Le Soulier de Satin*
SPC	Société Paul Claudel
Th	*Théâtre* (Pléiade), 2 vols, ed. Madaule, Petit (1965-7)
TLS	*Times Literary Supplement*
TO	*Tête d'Or*
tr.	translated, translation / traduit, traduction
U	University / Université
UP	University Press
YMLS	*Year's Work in Modern Language Studies*

A: PRIMARY MATERIAL

TRANSLATIONS PUBLISHED AS BOOKS

Aa1   *The East I Know* (*C. de l'Est*, Mercure de France, 1900) tr.
Teresa Frances & William Rose Benét, intro. by Pierre
Chavannes, Newhaven: Yale U.P., 1914 & London:
H. Milford, Oxford U.P., xiii + 199pp.

    Inadequate and recognised as such by *TLS* (8.4.15); broken rhythm,
weak terms, various mistakes. C regrets not having been consulted
(Bp6). *New Republic*, 1 (19.12.14), 26, appreciates subjective aspect;
Springfield Republican (7.1.15), 5, compares C to Tagore; *NY Times*,
81 (25.1.15), 139; *Dial* (Chicago), 58 (1.2.15), 71.

Aa2   *The Tidings brought to Mary* (*L'Annonce*, 1st version, NRF,
1912) tr. Louise Morgan Sill, Newhaven: Yale U.P., 1916;
repr. London: Chatto & Windus, 1926, vii + 177pp. Repr. in
Ad3, Ad4, Ad5, Ad12.

    Praised by *TLS* (6.4.16) for its musical qualities although it weakens
the original; 'complete success' (*NY Herald*, 9.4.16); 'bien médiocre
sans parler de nombreux contresens' (Bp6, 16.6.16); 'at the limit of
the bearable', R. Speaight (unpubl. letter to J. de L.); *Springfield
Republican* (21.11.16), 6, suggests: 'Like Yvette Guilbert songs in
costume, this play is more important for the mood it creates than for
its story or dramatic significance'; *New Republic*, 9 (25.11.16), 100,
compares C to Aeschylus. See Bm16, Bm17.

Aa3   *The Hostage, a drama*, (*L'Otage*, NRF, 1911) tr. from the
French, intro. by Pierre Chavannes (text of 1911 with
variants of 1914), Newhaven: Yale U.P., 1917 & London:
H. Milford, Oxford U.P. 167pp. (P. Chavannes was asked by
C to supervise the translation, the work of a Yale U.P. team
led by F. Smith).

    Much better than Aa1 and Aa2. Exactness is preferred to an original
English poetic form (Bp6, 2.6.16); 'très bien écrite' but lacking pro-
phetic spirit and 'saveur du terroir' (Mespoulet, Bp11, 1928); cf. Ac2.
C mistrusted Alice Meynell's 'over-feminine' qualities but less so than
Smith's aridity (Bp6, 1917). See Bm25; *Catholic World*, 106
(Feb. 18), 682 ('A false notion of sacrifice . . . for all its dramatic and
literary power, un-Christian and immoral'); *Boston Transcript*
(16.3.18), 11; *New Republic*, 14 (20.4.18), 362; *Nation* (NY), 106
(25.4.18), 506 ('Neither a great nor a good play . . . the same barren
splendor and futile riches that were noted in Tagore').

Aa4   *Stations of the Cross* (*Le Chemin de la Croix*, in *Corona*,
1915) tr. Rowland Thurnam, ill. by Pamela Colman Smith,
Westminster, 1917 (imprimatur).

Aa5   *Three Poems of War* (*Troix poèmes de guerre*) tr. in English
verse by Edward J. O'Brien, with French text, intro. by
Pierre Chavannes, Newhaven: Yale U.P., 1919 & London:

H. Milford, Oxford U.P. 53pp.
'Pedestrian and impossible' (Mespoulet, Bp11, 1928); 'a rather mediocre rendering' (Phillips, Bm144); O'Brien sacrifices sense to assonance.

Aa6 *Tête d'Or, a play in three acts* (2nd version, Mercure de France, 1901) tr. John Strong Newberry, Newhaven: Yale U.P., 1919 & London, H. Milford, Oxford U.P., 178pp.
Tortured English, many omissions, generally weak (Mespoulet, Bp11, 1928). *Nation*, 110 (17.1.20), 78 ('The product of a literary temperament of a high order, but of a confused and unguided mind').

Aa7 *The City, a play* (2nd version, Mercure de France, 1901) tr. John Strong Newberry, Newhaven: Yale U.P. 1920 & London: H. Milford, Oxford U.P., 115pp.
Same remarks by Mespoulet as for Aa6. *NY Times* (29.3.21), 10 (better to read than see; 'finely translated and well worth study'); *Theatre Arts*, 5 (Apr. 21), 165 ('Play it is not, even by the widest stretch of definition. Astonishing poetry it certainly is.'); *Catholic World*, 113 (Apr. 21), 115 ('admirable theme but interminable obscure speeches').

Aa8 *Proteus, a satiric drama in two acts* (*Protée*, 1st version, NRF, 1914) tr. John Strong Newberry, Rome: Broom, 1921-2.

Aa9 *Stations of the Cross* (*Le Chemin de la Croix*, in *Corona*, 1915) tr. Rev. John J. Burke, NY: Paulist Press, 1927. Cf. Ac10.

Aa10 *Letters to a doubter* (*Correspondance PC – Jacques Rivière, 1907–1914*, Plon, 1926) tr. Henri Longan Stuart, NY: Boni, 1927 & London: Burns & Oates, 1929, xx + 261pp.

Aa11 *The Book of Christopher Columbus, A Lyrical Drama in Two Parts*, decorations by Jean Charlot (*LCC, Commerce*, 1929 & NRF, 1933) tr. Claudel, helped by Agnes Meyer and a reader of Yale U.P., Newhaven: Yale U.P., 1930 & London: H. Milford, Oxford U.P., 47pp.
C's own tr. heightens effects of original; Agnes Meyer and Yale U.P. readers toned it down; C restored certain audacities at the proof stage (see Bp64). See Bm44. *NY Evening Post* (15.3.30), 10m: 'a poisonous jumble of unutterable tosh . . . drawings powerful'; *Saint Louis*, 28 (May 30), 142; *Springfield Republican* (12.5.30), 6; *Atlantic Bookshelf* (May 30), 26; G. P. Baker, *Yale Review*, n.s. 19 (Sum. 30), 821; C. Bregy, *Catholic World*, 131 (July 30), 503: 'one which no book lover and no book collector will want to miss': *NY World* (27.7.30), 5; *Bookman* (NY) (Aug. 30), xvii; *Booklist* (Chicago) (20.9.30), 27; *Saturday Review of Literature*, 7 (20.9.30), 136; 'originality, effectiveness'; *NY Times* (28.9.30), 22: 'a spiritual lyricism is the distinguishing quality of this strangely fascinating book . . . The work is markedly Gallic'; *Historical Outlook* (Philadelphia), 21 (Dec. 30), 392.

Aa12 *The Satin Slipper; or The Worst is not Surest* (*Le S. de S.*, version intégrale, NRF, 1929) tr. Rev. Fr. John O'Connor with the collaboration of the author, Newhaven: Yale U.P., 1931 & London: Sheed & Ward, 1931, repr. 1932, 1945, xxvi + 310pp.; repr. NY: Sheed & Ward, n.d., then 1955.

Tr. 'remarkable' (Bm45); *Spectator*, 147 (14.11.31), 647: 'to be welcomed by all lovers of great literature'; *Bookman*, 74 (Dec. 31), 459: C too ambitious: 'from time to time his courage sinks and he grows self-conscious'; *Boston Transcript* (6.1.32), 2; *NY Times* (29.1.32): favourable; 'Not only preserves the meaning but also the sound, colour, movement and rhythm of C' (Cattauï, Bm50); *Commonweal*, 25 (9.4.37), 673–4: very favourable; *Saturday Review of Literature*, 28 (30.6.45), 13; *Ave Maria* (Notre Dame, Ind.), 52 (July 45), 29; *Columbia* (Knights of Columbus, Newhaven, Conn.), 25 (Aug. 45), 13; 'excellente' (Bp21, 21.1.45); 'tout à fait honnête' (Speaight, *Nouvelles Littéraires*, 17.3.55); 'admirable, I mean as a thing in English' (Heppenstall, Bm167). See also Bm48.

Aa13   *Ways and Crossways (Pos. et Prop.* II), tr. Fr John O'Connor with collaboration of author. Essays tr. from the author's MSS, London: Sheed & Ward, 1933, 260pp.; same issued in the Ark Library 1935; Freeport (NY): Books for Libraries Press, 1967; Port-Washington (NY): Kennikat, 1968.

C, delighted with translator, gives him essays still unpubl. in France (despite problems posed by theological vocab.); considered original work by *TLS* (16.11.33): respects author and his convictions but distrusts 'unprecedented', 'almost mediaeval' method based on auditive and subjective associations. *Boston Transcript* (30.12.33), 2, finds it 'interesting and stimulating reading'. See also Bn57.

Aa14   *Picture-Book*, 32 original lithographs by Jean Charlot, inscriptions by PC; tr. Elise Cavana, NY: J. Becker, 1933, 76pp., 32 col. pl. Cf. Bp15.

Aa15   *Jeanne d'Arc au bûcher*, tr. Dennis Arundell, Paris NY· Salabert, 1939, new edn 1947. Vocal score.

Aa16   *Cantata of war, Cantata of peace (Cantate de la guerre, Cantate de la paix*, 1937), for full chorus of mixed voices. Words by PC, English version by Helen H. Torrey, music by D. Milhaud, NY: G. Schirmer, 1942 (2 vols).

Aa17   *Coronal (Corona*, NRF, 1915) tr. Sr Mary David, SSND, NY: Pantheon Books, 1943 (Imprimatur; bilingual edn), 258pp.

Honest, respects assonances and simplicity. P. Rosenfeld, *Saturday Review of Literature*, 26 (27.11.43), 8: 'a strenuous effort to transpose the robust, round tone of the original into English'; *Best Sellers* (Scranton, Pa), 3 (15.12.43), 137; C. Bregy, *Catholic World*, 158 (Jan. 44), 409: eulogy; *Sign*, 23 (Jan. 44), 379–80; *Spirit*, 10 (Jan. 44), 187–8; *Thought*, 19 (Jan. 44), 347–8; G. N. Schuster, *NY Times* (9.1.44), 10: 'a helpful, sometimes even beautiful version'; *New Yorker*, 19 (15.1.44), 80: 'a serious, not always successful attempt'. *Liturgical Arts*, 12 (Feb. 44); *Commonweal*, 39 (3.3.44), 498–9; *The Month*, 180 (May 44), 212–3.

Aa18　*Three Plays:The Hostage, Crusts, The Humiliation of the Father (L'Otage, Le Pain Dur, Le Père Humilié*, NRF 1911, 1918, 1919) tr. J. Heard, Boston: John W. Luce, 1944, Branden, 1945, 223pp. See Ac33.

    Sign (N.J.), 25 (Mar. 46), 59;　*Ave Maria*, 63 (Apr. 46), 474–5; M. M. Fay, *Catholic World* (NY), 162 (Apr. .46), 92–3: 'remarkably faithful to the original. . . . One is therefore surprised to find an occasional rendering which strikes a false note';　P. d'Estournelles, *Theatre Arts*, 30 (May 46), 301;　*Thought* (Fordham), 21 (June 46), 328–30;　*Extension* (Chicago), 41 (July 46), 26.

Aa19　*Lord, teach us to pray (Seigneur, apprenez-nous à prier*, Gallimard, 1942) tr. Ruth Bethell, London: Dennis Dobson, 1947, 97pp., pl., & NY: Longmans Green, 1948, 95pp.

    Tablet, 191 (31.1.48), 72;　*Kirkus*, 16 (15.6.48), 286: strikes chord in Protestants & Catholics alike;　*San Francisco Chronicle* (5.6.48), 16;　C. Bregy, *Catholic World*, 168 (Nov. 48), 172 & (Dec. 48), 216.

Aa20　*Poetic Art (Art Poétique*, Mercure de France, 1907) tr. Renée Spodheim, NY: Philosophical Library, 1948, repr. Kennikat, 1969, 150pp.

    Catholic World, 169 (Aug. 49), 398–9: analyses this 'mystic poem' with humour and sympathy.

Aa20a　Sprague, Rosemary, *The Satin Slipper*, Cleveland U.P., 1949, 90pp.

Aa21　*The Eye Listens (L'oeil écoute*, NRF, 1946) tr. Elsie Pell, NY: Philosophical Library, 1950, repr. Kennikat, 1969, ix + 298pp.

    American Benedictine Review, IV (1953–4), 283–4;　*Christian Century* (Chicago), 67 (26.4.50), 532: 'very subjective, almost mystical in his commentaries on art';　Henri Peyre, *NY Times* (14.5.50), 5: 'the youngest writer of France today . . . the finest essay in the book is *Introduction to Dutch Painting*';　Lipinsky, *Renascence*, III, 1 (Aut. 50), 75–7: very favourable.

Aa22　*The Correspondence between PC & André Gide (1899–1926)* (cf. Gallimard, 1946), intro. & notes by Robert Mallet, pref. & tr. John Russell, London: Secker & Warburg, & NY: Pantheon, 1952, repr. Boston: Beacon paperbacks, 1964, 299pp. See Bn117.

    M. Cranston, *Spectator*, 189 (3.10.52), 440;　J. G. Weightman, *New Statesman & Nation*, 44 (11.10.52), 425: praise for original but unhappy at mistakes in this edn;　L. F. Duchêne, *Manchester Guardian* (7.11.52), 4: 'Their interest is too much in literary shop when they are not philosophic or dramatic';　Gov. Paulding, *NY Herald Tribune Book Review* (30.11.52), 4;　Henri Peyre, *NY Times* (30.11.52), 5: 'very intelligently prefaced and translated';　M. Cranston, *Time*, 60 (1.12.52), 86;　*New Republic*, 127 (15.12.52),18: 'welcome event . . . excellent translation';　M. Turnell, *Commonweal*,

57 (19.12.52), 284: 'an important, illuminating and dramatic document';
San Francisco Chronicle (28.12.52), 10;   W. Fowlie, *Saturday Review*, 36 (17.1.53), 12: 'an event of capital importance';   A. J. Guérard, *Nation*, 176 (14.2.53), 149: compares with importance of Rivière-Fournier correspondence;   L. S. Munn, *Springfield Republican* (1.3.53), 8;   E. Morgan, *America*, 89 (18.4.53), 83–4;   W. Frohock, *Catholic World*, 178 (June 53), 236: very favourable.

Aa22a   'Petits poëmes d'après le chinois', English tr. by PC, 22 poems, 1st publ. in *O.C.*, IV (1952), pp. 201–43; repr. in *Po*, pp. 923–39.

Aa22b   'Dodoitzu', English tr. by PC, 23 poems, *O.C., IV*, pp. 267–321, repr. *Po.*, pp. 755–73. Cf. Ac28.

Aa23   *The Essence of the Bible* (*J'aime la Bible*, Fayard, 1955) tr. Wade Baskin, NY· Philosophical Library, 1957, 120pp. See Ac37, Ac39, Bn177, Bn185.

Aa24   *A Poet before the Cross* (*Un poète regarde la Croix*, 1935) tr. Wallace Fowlie, Chicago: H. Regnery, 1958, xiii + 269pp.
'A truly great translation, imaginative, supple, lyrical, accurate and astonishingly alive' (Anne Freemantle, *NY Times Book Review*, 23.11.58), but disparity between C's familiarity and Knox version of Vulgate. Conscious of the problems, Fowlie narrows the range of C's language.   Ned O'Gorman, 'Solitude', *Poetry* (Chicago), 95 (Oct. 59), 50–2;   *Library Journal* (NY), 84 (1.1.59), 98 ('Not an easy book to read but the patient and persistent reader should find this·a rewarding spiritual experience'). See also Bn179, Bn181, Bn186, Bn193.

Aa25   *Break of Noon* (*P de M*, 3rd version, Gallimard, 1949), tr. & intro. Wallace Fowlie, Chicago: H. Regnery, 1960 (Gateway pocket book), 124pp.; cf. Aa29.
Title well chosen but tr. judged 'lifeless and monodic' and criticised for rejecting the *verset* and reducing the gap between sublime and trivial registers (Matheson, Bn255). Choice of 3rd version regrettable: Barrault and other critics feel it denatures the 2nd (the only one played).

Aa26   *Tobias* (*L'Histoire de Tobie et de Sara*, Pléiade, 1956), tr. Mother Adela Fiske, in *Port-Royal and other plays,* ed. & intro. by Richard Hayes, NY: Hill & Wang, 1962, A Mermaid Dramabook, pp. 147–92.

Aa27   *I believe in God* (*Je crois en Dieu*, Gallimard, 1961, choix de textes par A. du Sarment) tr. Helen Weaver, intro. Henry de Lubac, NY: Holt, 1963 & London: Harvill Press, 1965, 318pp.
H. Hatzfeld, *Cross Currents*, 41 (Wint. 64), 123;   R. Speaight, *Tablet*, 219 (13.2.65), 180;   P. Hebblethwaite S.J., *The Month*, XXXIII, 6 (June 65), 376–7.

Aa28   *The Tidings brought to Mary* (*L'Annonce*, 1st version except act IV, var of 1938) tr. & intro. Wallace Fowlie, Chicago: H. Regnery, 1960 (Gateway Pocket Book), 135pp.; cf. Aa29.

Aa29   *Two dramas: Break of Noon, The Tidings brought to Mary (P de M, L'Annonce)* tr. & intro. Wallace Fowlie, Chicago: H. Regnery, 1960, 295pp. (ill.); cf. Aa25, Aa28. See Bn197, Bn201, Bn208, Bn223.

Aa30   *Letters from my Godfather (Lettres*, ed. Agnès du Sarment, Gabalda, 1959) tr. W. Howard, Earl of Wicklow, with preface tr. from Stanislas Fumet, Dublin: Clonmore & Reynolds; London: Burns & Oates; Westminster (Md): Newman Press, 1964, 144pp. See Bn252.

Aa31   *The Muses (CGO*, I, NRF, 1913) tr. & intro. Edward Lucie-Smith, London: Turret Books, 1967, 16pp., ill. (126 copies).

Aa32   *Five Great Odes (CGO*, NRF, 1913) tr. & intro. by Edward Lucie-Smith, London: Rapp & Carrol, 1967 & Chester Springs (Pa): Dufour, 1970, 88pp; cf. Aa31, Ac44.

    Severely criticised by W. Matheson (Bn267): no major fault, but no particular felicity nor adherence to C's world.   Derek Patmore, *Spectator* (17.11.67), 611;   *Tablet* (28.10.67), 1125: 'discordant qualities'.   In fact Lucie-Smith seems unaware of the rarity of some French words and makes everything banal.

Aa33   *C on the Theatre (Mes idées sur le Théâtre*, Gallimard, 1966) tr. C. Trollope, U. of Miami Press, 1971, 191pp.

UNPUBLISHED TRANSLATIONS, ADAPTATIONS AND PROJECTED WORKS
(See also Ak–Ar)

Poetry and Prose (Excerpts)

Ab1   Cameron, Sr Mary David, SSND, 'Joy to my Youth', tr. of 'La Messe là-bas', 1948   SPC Arch.

   Campbell: see Be40

Ab1a   Anon., 'Pontius Pilate's Point of View' (no date). SPC Arch.

Ab2   Waters, Harold, 'Shadows', tr. of *Ténèbres,* read and discussed at the Annual Meeting of the PC Society. See Bn269.

Theatre (Tr. & Adapt.)

Ab3   Thurnam, Rowland, tr. of *L'Echange.* See Ak1 & Bp7.

Ab4   Boorman, John T., *The Satin Slipper,* tr. from the stage version, typed copy U. of Leeds, 1952 (SPC Arch. at Brangues). See Ak11.

   Hale: see Be28.

Ab5   Speaight, Robert, adapt. of *L'Annonce* (abridged) for students of Immaculate Heart College, Los Angeles, 1959–60 (see Ap33 & unpubl. letter to J de L dated 2.11.71): hurried work, abridged text, esp. last act.

Ab6   Fiske, Mother A., & Katz, Léon, English stage version of *S de S* (1960). See Ap32.

   'Not only kept the spirit of the play alive but also retained much of the humour & forceful language' (W. Fowlie, quoted in article by Gibble (29.2.60) in SPC Arch.).

   Caplan: see Bd8

   Deseta: see Be38

   Randall: see Be39

Ab7   Hauser, Richard, 'The Prince', adapt. for the American stage of *TO* (1961). Copy in SPC Arch. (77pp.); revised version, 1969, *ibid.*

Ab7a   Hauser, Richard, *S de S* adapt. (2ème Journée, scène XIV), SPC Arch.

Ab8   Hart, Howard, *Noontide*, adapt. of *Partage* . . . Ap34.

   See Bp49: distorting but useful; underlines colloquial aspects, but makes large cuts.

Ab9   Witherell, Louise, & Zillmer, Laurence; see Ap46.
       See Bn255, p. 4: successful; see also Bp70, 71.

Ab10   Pauly, Prof. Marie-Hélène (San Francisco State College),
       collective tr. of *L'Echange* with a group of students. See
       Bn257, 264;   *BSPC,* 40 (Oct. 70). Litteral tr., used by the
       'Poetry Center' (Dr Marc Linenthal, of Harvard) and the
       'Drama Dept.' (Dr Stuart Chenoweth). Publ. & production
       due 1973. (Interesting, esp. 1st act).

Ab11   Peters, A. K., *The Annunciation* tr. & adapted, 1971. Copy
       in SPC Arch. (Large cuts).

Ab12   Griffin, Jonathan, *Break of Noon* perf. 1972 (see Ak25),
       different from Am3. *Daily Telegraph* (22.3.72) severe;
       Christian Science Monitor (24.3.72) 'natural and strong
       translation' (Harold Hobson);   cf. *BSPC* 47–8 (1972),
       59–60.

Ab13   Roberts, Walter, & Grew, Mary, *Sacrifice at Noon* (SPC Arch.:
       no date). Careful but uninspired.

Projects
Ab14   Hauser, R., tr. of *Le S de S,* for Regnery Edns, announced in
       Bn253. Resolutely literal. Cf. Ab7a.

Ab15   Essex, Jacques (San Francisco City Coll.), *TO.*

TRANSLATIONS PUBLISHED IN PERIODICALS

Ac1   'How my plays should be acted', tr. Barrett H. Clark, *Theatre Arts*, I, 3 (May 17), 117–8.

Ac2   *L'Otage* (NRF, 1911) extracts tr. and pres. by Alice Meynell (scenes II, 2 & III, 4), *Dublin Review*, 163 (July 18), 41–63. See Aa3.

Ac3   'Passing of old Japan' ('Le Désastre japonais', *Lectures pour tous*, Jan. 24), *World to-day* (London) 43 (Mar. 24), 321–8.

Ac4   'Shadows', *Five Great Odes* (Excerpts), *The Maiden Violaine* (excerpts), *Lit. Digest* (NY), 93 (2.4.27), 38.

Ac5   'The way of the Cross' ('Le Chemin de la Croix' in *Corona*, 1915 — as a *plaquette* since 1911) tr. Rev. Charles F. Sweet, *The Living Church* (Milwaukee, Wis.) (9.4.27).
      C did not appreciate tr. despite meeting Sweet in Tokyo.

Ac6   'Mysteries' (Poem), *American Federationist* (Am. Fed. of Labor, Washington D.C.) 34 (Apr. 27), 458; 35 (Dec. 28), 1494; 39 (Dec. 32), 1409; 43 (June 36), 592. Written directly in English.

Ac7   'Child Jesus of Prague' ('L'Enfant-Jésus de Prague' in *Corona*, NRF, 1915). This poem received the Poetry Prize awarded by *Forum* [77 (June 27), 925], hence the crop of translations. Tr. H. Van Dyke, *Forum*, 78 (Aug. 27), 252; *American Childhood*, 13 (Dec. 27), 4; *Lit. Digest*, 94 (13.8.27), 33; tr. A. Haley, *Forum*, 79 (Jan. 28), 14; *Lit. Digest*, 96 (14.1.28), 38; tr. R. C. Benét, K. G. Chapin, C. F. Babcock, J. F. McGowan & E. C. Lindsay, *Forum*, 70 (Jan. 28), 14–21; tr. into Latin E. C. Woodcock, *Forum*, 80 (Aug. 28), 320.

Ac8   *Corona. . .* (excerpts), *The Mayflower Log* (Sept. 27).

Ac9   'On the day of gifts' ('Le Jour des Cadeaux', in *Corona*, NRF, 1915) tr. M. Munsterberg, *Catholic World* (NY), 125 (Sept. 27), 798.

Ac10 'Stations of the Cross' ('Le Chemin de la Croix') tr. Rev. John J. Burke, C.S.P., *The Ecclesiastical Review*, 77, (Oct. 27), 114–21.

Ac11 'Glance at the soul of Japan' ('Un Regard sur l'âme japonaise', *NRF*, Oct. 23) tr. by L. Chamberlain, *Dial* (NY) 85, (Nov. 28), 363–74.

Ac12 'The Gods churn the sea' (excerpts from Aa11), *Forum*, 82 (Aug. 29), 95–7.

Ac13 'House in Tokyo' ('La Maison d'A. Raymond à Tokyo', *NRF*, Nov. 27), *Transpacific* (Tokyo), 17 (21.11.29), 8.

Ac14 'Modern Drama & Music' ('Le Drame et la Musique', *Revue de Paris*, May 30), *Yale Review*, n.s. 20 (Sept. 30), 94–106; also in *Cross Currents* (Broadway, NY) VII, 1 (Wint. 57), 21–8.

Ac15 'The Lady who was always right', *America* (NY) 45 (12.9.31), 537–8. Written directly in English. Text differs from that repr. by Maurocordato, Ba9, also from that in *Journal*, I, 943–5.

Ac16 'Holy Child of Prague' tr. C. Parmenter, *Magnificat* (Manchester, N.H.), (1932).

Ac17 'Seventh Station' (from 'Le Chemin de la Croix') tr. H. M. Robinson, *American Federationist* (Washington) 39 (May 32), 548.

Ac18 'Saint Peter' ('Saint Pierre' in *Corona*), tr. H. De Burgh, *Lit. Digest* (NY) 115 (4.2.33), 42, repr. from *Measure* (the Hopkins Soc. of Georgetown Univ.) I, 1, 5.

Ac19 'Death of Judas' ('Mort de Judas', *NRF*, June 33), *Blackfriars* (London) 14 (Oct. 33), 809–19.

Ac20 'Confession' ('La Confession' in *La Vie intellectuelle*, 10.4.31, then in *Ecoute, ma fille*, NRF, 1934), *G.K.'s Weekly* (London) 20 (11.10.34), 88. Tr. probably J. O'Connor, with his answer p. 89 'From the priest's side .

Ac21 'Mystic instruments' ('Les Instuments mystiques', fragment of *Un poète regarde la Croix, Revue Musicale*, 1934), *Blackfriars* (London) 16 (Apr. 35), 253–6.

Ac22 'My Conversion ('Ma conversion', *Revue de la Jeunesse*, 10.10.13), *Colosseum* (London) 2 (Dec. 35), 261–6.

Ac23 'April in Holland' ('Avril en Hollande', *Revue de Paris*, 1.6.35), *G.K.'s Weekly* (London) 23 (26.3.36), 26; (2.4.36), 45–6.

Ac24 'Opposing Communism', *Catholic Worker*, 4 (Dec. 36), 3. Written directly in English. Positive aspect of Catholics' struggle for order affirmed.

Ac25 'Rhythm of the dynamo' ('L'Américain travaille sur un rythme de dynamo', *Paris-Soir*, 23.8.36; also in *CPC*, 4 under title 'L'élasticité américaine'), *Living Age* (NY) 351 (Oct. 36), 162–4.

Ac26 'To the Martyrs of Spain' ('Aux martyrs espagnols', pref. to *La Persécution religieuse en Espagne*, Plon, 1937), French text and tr. *Colosseum* (London) 4 (Sept. 37), 108–17.

Ac27   'PC on Spain', *Irish Monthly* (Dublin) 65 (Nov. 37), 728–32; repr. from *Figaro* (Aug. 37), 'L'anarchie dirigée'.

Ac28   'Short Poems from the Japanese folklore' ('Dodoitzu'), tr. PC & Audrey Parr, *New Statesman & Nation* (London) 13 (13.3.37), 415. Excellent, sometimes better than French originals. 9 poems of the 23 in Aa22b.

Ac29   'Song of the Rhone' ('Cantique du Rhône' in *Cantate à trois voix*, NRF, 1913) tr. A. Parr-Colville, *New Statesman & Nation* (London) 17 (17.6.39), 932-3. Less successful than Ac28 but more difficult.

Ac30   'Blessed Lady who listens' ('La Vierge qui écoute', *Nouvelles Littéraires* 14.7.34), 'Souvenir' ('Souvenir', in *Ecoute, ma fille*, NRF, 1934), E. Jolas, *Poetry* (Chicago) 56 (Aug. 40), 240–1.

Ac31   'City', *Cath. Worker*, 13 (Feb. 42), 4. Act III, ii Avare: 'The bell does not ring. . . he longs for liberty' (i.e. alienation of modern worker).

Ac32   'Child Jesus of Prague', tr. Sr M. David, *America* (NY) 72 (23.12.44), 233.

Ac33   *Hostage, Crusts, Humiliation of the Father*, tr. J. Heard, *Poet Lore* (Boston) respectively L, 2 (1944), 100–175; L, 3 (1944), 195–258; L, 4 (1944), 291–360. See Aa18.

Ac34   'Canticle of the Sundered People' ('Cantique du peuple divisé', in *Cantate*, NRF, 1913) tr. R. Speaight, *Tablet*, 188 (31.8.46), 108. Retains 'souffle' better than Ac29.

Ac35   'Old age according to Sacred Scripture' tr. J. P. Doyle, *Irish Ecclesiastical Record*, 5th series, 68 (Oct. 46), 227–31. Complete excellent version, from *Revue de Paris* (Oct. 45).

Ac36   'Hymn of St Benoit' ('Hymne de St Benoît', in *Corona*, NRF, 1915) tr. L. K. Sparrow, *Poet Lore* (Boston) LIII, 1 (1947), 70–2.

Ac37   'Fulgens Corona' (*Revue de Paris* (Mar. 55), 17–29) tr. J. P. Doyle, *Irish Ecclesiastical Record*, 84 (Aug. 55), 73–84. More faithful & literary than in Aa23.

Ac38   'C, Pages from Nine Books', tr. W. Fowlie, *Poetry* (Chicago) 87 (Dec. 55), 130–46. Contains dialogue from *The City*, 'Magnificat', 'Infant Jesus of Prague', 'Virgin at Noon', 'St Joseph', 'Dec. 25, 1886', 'Heat of the Sun' from *C. de l'Est*, 'From the *Art Poétique*', 'Parable of Animus and Anima'.

Ac39   'My first love, the Bible' (*Revue de Paris*, July 52, 3–22), *Jubilee*, 6 (May 58), 36–9. Different from Aa23.

Ac40   'The Catholic Drama' ('Lettre au Temps', in *Pos. & Prop.*, I, NRF, 1928, esp. on *L'Otage*) tr. Adela Fiske, *Drama Critique*, III, 1 (Feb. 60). (Publ. of the National Catholic Conference, Lancaster, NY).

Ac41   'In defence of Judas', tr. R. Speaight, *Ramparts* (Menlo Park, Calif.) 4 (Sept. 65), 33-7. Captures brilliantly irony & familiarity of tone.

Ac42   'Old Silly' by PC & Audrey Parr, *Revue des Poètes Catholiques* (Paris, Magné), 1 (2 ème sem. 1967).

Ac43   'Prayer' ('Prière' in *Journal*, 3–4.3.27) tr. H. Waters, in Bn253.

Ac44   ' "Magnificat", "La Muse qui est la Grâce" (*Odes* III & IV) Two Claudelian Openings', tr. A. Maurocordato, in Bn264. Superior to Aa32.

TRANSLATIONS PUBLISHED IN ANTHOLOGIES

Ad1   Shipley, Joseph, T., ed. & tr. , *Modern French Poetry*, NY: Greenberg, 1926, xxx + 384pp. pp. 72–5: 'Shadows' ('Ténèbres'), *La J.F. Violaine*, 2nd version, end, (*Th*, p. 655), *Ode III*, 'But what matter all things seen . . . surging of the year' (*Po*, p. 255). (Assonances retained in 'Shadows').

Ad2   Walsh, Thomas, ed., *Catholic Anthology*, NY, London, Toronto: Macmillan, 1927, ix + 552pp. C pp. 358–9: Ad1 ('Shadows') & Ac17.

Ad3   Tucker, S. M., ed., *Modern Continental Plays*, NY: Harper, 1929: Aa2.

Ad4   Dickinson, T. H., ed., *Continental Plays*, I, Boston: Mifflin, 1935: Aa2.

Ad5   Hatcher, H. H., ed., *Modern Continental Dramas*, NY: Harcourt, 1941: Aa2.

Ad6   Mackworth, Cecily, ed., *A Mirror for French Poetry*, London: Routledge, 1947, xvi + 230pp. pp. 137–143, 'Canticle for 3 voices' ('Cantique de la Rose', in *Cantate*) tr. Fr. O'Connor (highlights certain affinities with G. M. Hopkins).

Ad7   Strachan, W. J., ed. & tr., *Apollinaire to Aragon, 30 Modern French Poets*, London: Methuen, 1948, xxiv + 109pp. C pp. 45–8 'To Louis Gillet' (1945). (Gillet was C's predecessor at the Académie française).

Ad8   Hartley, Anthony, ed & tr., *The Penguin Book of French Verse*, 4, *The 20th century*, Harmondsworth: Penguin, 1959, 1966, liv + 350pp. C pp. 17–43: from *TO* (2nd version) Cébès, 1st speech; from *C. de l'Est* 'Le Fleuve' & 'Ardeur'; from *P de M*, 'Cantique de Mesa'; 'Ballade' (1917); 'Cantique du Rhône' from *Cantate;* 'Strasbourg' from *Corona*.

Ad9   Peyre, Henri, tr. & commentaires in *The Poem Itself*, ed. Stanley Burnshaw, NY: Holt, 1960; Harmondsworth: Penguin, 1964. C pp. 64–9: 'Décembre' & 'Dissolution' *(C. de l'Est)*, 'L'Esprit et l'eau' (*C.G.O.:* fragment).

Ad10 Fowlie, W., ed. & tr., *French Stories — Contes français*, NY: Bantam Books (A Bantam Dual-language Book), 1960, 330pp. 'Mort de Judas' pp. 172–95.

Ad11 Marks, Elaine, ed. & tr., *French Poetry from Baudelaire to the present*, NY: Dell (The Laurel Language Library), 1962, 320pp. 'Magnificat' *(Ode III)*, pp. 162–86.

Ad12   Gassner, John, *A Treasury of the Theatre*, NY: Simon & Schuster, 1963. C III, 1102–3 (intro), 1138–76 (Aa2); new edn rev. by B. Dukore 1970, II, 521–3, 524–62.

Ad13   Palmeri, J., ed. & tr., *French Wit & Wisdom*, U. of Wisconsin, 1963, viii + 167pp. (Very brief quotations.)

Ad14   Sr Mary Immaculate, ed., *The Tree & the Master, An Anthology of Literature on the Cross of Christ*, pref. by W. H. Auden, NY: Random House, 1965, 254pp. 'Easter Day' from Aa27, pp. 71–2; from Aa24, pp. 234–4.

Ad15   Alwyn, William, ed. & tr., *Anthology of 20th Century French Poetry*, London & Toronto: Chatto & Windus, 1969, xvi + 191pp. pp. 45–8, 'Autumn Song', 'The Way to the Cross', 'Lines written in exile' (i.e. 'Chanson d'Automne','XIème Station', 'Vers d'exil').

TRANSLATIONS LISTED ALPHABETICALLY BY GENRE
Fragments of translations in critical works are excluded for present purposes.

Plays

Ae1   L'Annonce faite à Marie. Aa2, Aa28, Aa29, Ab5, Ab11, Ad3, Ad4, Ad5, Ad12.

Ae2   L'Echange. Ab2, Ab10, Bd8.

Ae3   Jeanne au Bûcher. Aa15.

Ae4   La Jeune Fille Violaine (excerpts). Ac4, Ad1.

Ae5   Le Livre de Chr. Colomb. Aa11, Ac12.

Ae6   L'Otage. Aa3, Aa18, Ac2, Ac3, Am1.

Ae7   Le Pain Dur. Aa18, Ac33.

Ae8   Le Père Humilié. Aa18, Ac33.

Ae9   Partage de Midi. Aa25, Aa29, Ab8, Ab12, Ab13, Ad8, Am7, Am11, Bd8, Be39.

Ae10   Protée. Aa8, Ab9, Am9.

Ae11   Le Soulier de Satin. Aa12, Ab3, Ab4, Ab6, Ab7a, Ab14, Be38.

Ae12   Tête d'Or. Aa6, Ab7, Ab15, Ad8.

Ae13   Tobie et Sara. Ae26, Bd8.
        La Trilogie. See L'Otage, Le Pain Dur, Le Père Humilié.

Ae14   La Ville. Aa7, Ac31, Ac38.

Poetry

Ae15   'Ballade' (1917). Ad8.

Ae16   Cantate à trois voix: 'Cantique du Rhòne'. Ac29, Ad8.
        'Cantique du Peuple Divisé'. Ac4.
        'Cantique de la Rose'. Ad6.

Ae17   Cantate de la paix, Cantate de la guerre. Aa16.

Ae18   'Chanson d'automne'. Ad15.

Ae19   Le Chemin de la Croix. Aa4, Aa9, Ac5, Ac10, Ac17, Ad15.

Ae20   Cinq Grandes Odes. Aa31, Aa32, Am6, See Ae26, Ae31, Ae33.

Ae21   'Confession'. Ac20.

Ae22   Connaissance de l'Est. Aa1, Ac38, Ad8, Ad9.

Ae23   Corona benignitatis anni Dei. Aa17, Ac8. See Ae19, Ae25, Ae27, Ae28, Ae32, Ae36, Ae37.

Ae24   Dodoitzu. Ac28.

Ae25   Enfant-Jésus de Prague'. Ac7, Ac16, Ac32, Ac38.

Ae26   'L'Esprit et l'Eau'. Ad9.

Ae27   'Hymne de Saint Benoît' Ac36.

Ae28   'Le Jour des cadeaux'. Ac9.

Ae29   'A Louis Gillet'. Ad7.

Ae30   'Aux Martyrs espagnols'. Ac26.

Ae31   'Magnificat'. Ac38, Ac44, Ad11.

Ae32   La Messe Là-bas. Ab1.

Ae33   'Les Muses'. Aa31, Aa32, Ad1.

Ae34   Petits Poëmes d'après le

chinois. Aa22a.

Ae35   'Saint Joseph'. Ac38.

Ae36   'Saint Pierre'. Ac18.

Ae37   'Strasbourg'. Ad8.

Ae38   *Trois Poèmes de Guerre.* Aa5.

Ae39   *Seigneur, apprenez-nous à prier.* Aa19.

Ae40   'Souvenir'. Ac30.

Ae41   'Ténèbres'. Ab1b, Ac4, Ad1, Ad2.

Ae42   'Vers d'exil'. Ad15.

Ae43   'La Vierge à Midi'. Ac38.

Ae44   'La Vierge qui écoute'. Ac30.

Ae45   'Vingt-cinq Décembre 1886'. Ac38.

Prose

Ae46   'L'anarchie dirigée'. Ac27.

Ae47   'L'Américain travaille sur un rythme de dynamo' Ac25.

Ae48   'Avril en Hollande'. Ac23.

Ae49   *Art Poétique.* Aa20, Ac38.

Ae50   'Conversation sur Jean Racine'. Be40.

Ae51   'Ma Conversion'. Ac22.

Ae52   *Correspondance PC – J. Rivière.* Aa10.

Ae53   *Correspondance PC – A. Gide.* Aa22.

Ae54   'Le Désastre Japonais'. Ac23.

Ae55   'Le Drame & la Musique'. Ac14.

'L'Elasticité américaine'. See 'L'Américain travaille . . .'

Ae56   'Fulgens Corona'. Aa23, Ac37.

Ae57   *Mes Idées sur le Théâtre.* Aa33.

Ae58   'Les Instruments mystiques'. Ac21.

Ae59   *J'aime la Bible.* Aa23, Ac37, Ac39,

Ae60   *Jean Charlot* (Préface). Aa14.

Ae61   *Je crois en Dieu.* Aa27.

Ae62   'Lettre au *Temps*', 'Lettre au *Figaro*' (1914). Ac40.

Ae63   *Lettres inédites de mon parrain PC.* Aa30.

Ae64   'La Maison d'A. Raymond à Tokyo'. Ac13.

Ae65   'La Manière de jouer mes drames'. Ac1.

Ae66   'La Mort de Judas'. Ac19, Ac41, Ad10.

Ae67   *L'OEil écoute.* Aa21.

Ae68   'Parabole d'Animus . . .' Ac38.

Ae69   *Un poète regarde la Croix.* Aa24, Ac21, Ad14.

Ae70   'Le Point de vue de Ponce Pilate'. Ab1a.

Ae71   *Positions & Propositions.* Aa13, Ac38, Ac41.

Ae72   'Prière'. Ac43.

Ae73   'Un Regard sur l'âme japonaise'. Ac11.

Ae74   'La Vieillesse d'après l'Ecriture Sainte'. Ac35.

Varia (first written in English)

Ae75 'Claudelium' (3str.) in Bp13 (4.7.32), presented by J. de L., unpubl. poem. Bp71.

Ae76 'The Lady who was always right'. Ac15.

Ae77 'Moonlight at Brangues'. Bp20.

Ae78 'Mysteries'. Ac5.

Ae79 'Old Silly'. Ac42.

Ae80 'Opposing communism'. Ac24.

Ae81 'The Speech-Tree Ballad' (11.9.29) in Bp52, 163-4 (2 other unpubl. versions in SPC Arch.).

Af1   Kastner, L. E. ed., *The French Poets of the Twentieth Century*, London & Toronto: Dent, 1927, xxviii + 281pp.
       C pp. 30-37: 'N.D. Auxil', 'Enfant J. de Pr.' *(Corona)*; 'La V. à midi', 'Pater Noster' *(La Messe là-bas)*.

Af2   Harvitt, Hélène J., ed., *Representative Plays from the French Theatre of To-day*, Boston: Heath, 1940, 442pp.
       C: *L'Annonce* (complete text). (C alongside Bernstein, Lenormand, Sarment & Vildrac).

Af3   Rhodes, S. A., ed., *The Contemporary French Theatre: Representative Plays*, ed. with a survey, NY: Appleton, 1942, 431pp.
       C p. 133: Notice and complete text of *L'Annonce* (C alongside Curel, Porto-Riche, Maeterlinck, J.-J. Bernard, Lenormand, Raynal, J. Romains & Sarment).

Af4   Guthrie, Ramon & G. D. Diller, ed., *French Literature & Thought since the Revolution*, NY: Harcourt, 1942, xiii + 607pp.
       C pp. 549-52: 'La V. à midi', 'La Muraille intérieure de Tokyo' (cf. *Po*, p. 646).

Af5   Lytton-Sells, A. & C. M. Girdlestone, ed., *L'Annonce faite à Marie*, Mystère en 4 actes et un prologue, London: Cambridge U.P., 1943, xix + 128pp. (Complete French text; intro. by L-S, notes by G. in English). See Bm75-78.

Af6   *Les OEuvres nouvelles*, vol. V, NY: Edns de la Maison française, 1945. 'Et Jérôme, Patron des Hommes de Lettres' impubl. poem.

Af7   'Chine', Preface to 80 photos by Hélène Hoppenot, Skira, 1946 *(OC*, IV); repr. Secker & Warburg, 1947.

Af8   Hackett, C. A., ed., *Anthology of Modern French Poetry*, Oxford: Blackwell. 1st edn 1951; 2nd, 1964; 3rd, 1967, liii + 333pp.
       C pp. 85-7: *Ode* I, 'O mon âme . . . modératrices' (*Po.*, pp. 224–5), 'La V. à midi', 'Ballade' (1917), *Ode* II, 'Salut donc . . . liquide' (*Po.*, pp. 240–1).

Af9   Boase, Alan M., ed., *The Poetry of France, from Chénier to P. Emmanuel* (original texts with intro. & notes in English), London: Methuen, 1952. Extended edn in 4 vols, 1964–73 (C in vol. IV, 1964).
       C 'Les Muses' (*Ode* I). 'Cantique du peuple divisé' and 'Ballade' added 1969, vol. IV, pp. 1–18.

Af10 Mansell-Jones, P., ed., *Modern French Verse*, Manchester
U.P., 1954, xii + 133pp.
C pp. 119–121: fragments from *Odes* I & III (cf. Af8) & IV, 'Ah, je
suis ivre' (*Po.*, pp. 264–5).

Af11 Chiari, Joseph, ed., *The Harrap Anthology of French Poetry*,
London: Harrap, 1958, 51pp.
C pp. 418–35: *La Jeune Fille Violaine* (2nd version) extract from act
III (cf. *Th* I, pp. 616–22): 'Tout arrive . . . utilité'; *P de M*(1st version)
act III, 'Courage, mon âme' . . . end; 'Les Muses' (*Ode* I).

Af12 Clouard, H. & R. Leggewie, eds, *Anthologie de la littérature
française*, vol. 2 (19th & 20th C.), NY: Oxford U.P., 1960,
468pp.
C pp. 310–21: Prologue of *L'Annonce*.

Af13 Gibson, Robert, ed., *Modern French Poets on Poetry*,
Cambridge U.P., 1961, xi + 291pp. (extracts from theoretical
writings with full linking commentary).
C pp. 108–15: 'Fais que je sois . . . lourd' (*Ode* V, *Po.*, p. 283);
'La Catastrophe d'*Igitur*' *(Pos. & Prop.)*, conclusion; *La Ville* (2nd
version) 'Mais toi . . . sa gloire' (*Th.* I, pp. 427–8).

Af14 Bree, G., ed., *Twentieth-Century French Literature*, NY:
Macmillan, 1962, viii + 538pp. (foreword & notes in English).
C pp. 75–99 'Magnificat', 'Cantique du Rhône', 'La Vierge à Midi'.

Af15 Bree, G. & C. Carlut, eds, *France de nos jours, 2:
Civilisation*, NY: Macmillan, 1962, 1968, 345pp., ill. (notes
in English).
C Part 2 section 13: 'Ma Conversion', 'Magnificat' (extract).

Af16 Graham, V. E. ed., *Representative French Poetry*, U. of
Toronto Press, 1962, repr. 1963, 1965, xiv + 118pp.
C pp. 115–8: 'La V. à Midi'; 'Le Cygne, I' (*Poésies Diverses*, 1952);
'Paysages français' *(ibid.)*.

Af17 Mansell-Jones, P. & G. Richardson, eds, *A Book of French
Verse from Lamartine to Eluard*, London: Oxford U.P.,
1964, xiii + 268pp.
C pp. 218–21 (same extracts as Af10).

Af18 Peyre, H., ed., *Contemporary French Literature: A Critical
Anthology*, NY; London: Harper & Row, 1964, xx + 476pp.
C pp. 239–60: Extracts from *T.O.*, 2nd version (monologue by
Cébès); from *La Jeune Fille Violaine*, 2nd version, Violaine's greeting,
act II; from *P de M* (1906), act III 'Ainsi donc je vous ai saisie
. . . attendante', act III, Cantique de Mésa 'Ah, je sais maintenant . . .
misérable'; from *C. de l'Est*, 'Pensée en mer', 'Décembre', 'Le Porc' &
'Dissolution'; from *La Cantate*, 'Cantique du Rhône'; some brief quota-
tions under the title 'Claudel sur sa foi et son art' (from *Pos. & Prop.*,
Oiseau Noir, *CGO* etc.).

Af19 Guthrie, A. & G. D. Diller, eds, *Prose & Poetry in Modern
France*, NY: Scribner's sons, 1964, xxv + 491pp.

C pp. 76–86: extract from *Ode* II; 'Le Porc' *(C. de l'Est)*; the 'Ballade' on the Germans (1939). Note different choice from Af4.

Af20 Bree, G. & A. Y. Kroff, eds, *Twentieth-Century French Drama,* NY: Macmillan, 1969, vi + 732pp.

C: *L'Annonce*, pp. 45–145 (complete text, with foreword also in French).

Af21 Heseltine, J., ed., *The Oxford Book of French Prose,* Oxford: Clarendon, 1970. C p. 558: 'Réfl. sur le vers français' (fragment), 'Le Porc'.

TEXTS IN FRENCH PUBLISHED IN G.B. & U.S.
LISTED ALPHABETICALLY BY GENRE

Plays

Ag1   *L'Annonce* (complete text). Af2, Af3, Af5, Af20.

Ag2   *L'Annonce,* Prologue. Af12.

Ag3   *J. F. Violaine* (extracts, 2nd version). Af11, Af18.

Ag4   *P. de Midi* (1906). Af11, Af18.

Ag5   *Tête d'Or* (extracts, 2nd version). Af18.

Ag6   *La Ville* (extracts, 2nd version). Af13.

Poetry

Ag7   'Ballade' (1917) *'Il n'y a . . .'.* Af8, Af9.

Ag8   'Ballade' (1939) *'Mon Dieu . . .'.* Af19.

Ag9   *Cantate . . .,* 'Cant. du Rhône'. Af14, Af18.

Ag10   *Cinq Grandes Odes* (extracts, esp. I & II). Af8, Af9, Af10, Af11, Af13, Af15.

Ag11   *C. de l'Est,* 'Décembre'. Af18.

Ag12   *C. de l'Est,* 'Dissolution'. Af18.

Ag13   *C. de l'Est,* 'Pensée en mer'. Af18.

Ag14   *C. de l'Est,* 'Le Porc'. Af18, Af19, Af21.

Ag15   *Corona,* 'N.D. Auxiliatrice'. Af1.

Ag16   *Corona,* 'Enfant-Jésus de Prague'. Af1.

Ag17   *Feuilles de Saints,* 'La Muraille intérieure de Tokyo'. Af4.

Ag18   *La Messe là-bas,* 'Pater Noster'. Af1.

Ag19   *Poésies diverses* (1952), 'Le Cygne I', 'Paysage français'. Af16.

Ag20   'Saint Jerôme, patron des hommes de lettres'. Af6.

Ag21   'La Vierge à Midi'. Af1, Af4, Af8, Af14, Af16.

Prose

Ag22   'Chine'. Af7.

Ag23   'Ma conversion'. Af15.

Ag24   'Lettre à Jacques Copeau'. Bk1.

Ag25   *MI,* extracts. Af13.

Ag26   *Pos. et Prop.,* extracts. Af13, 18, 21.

Ag27   'Pour une réunion franco-polonaise'. Ba9.

Ag28   'Réflexions sur le vers français'. Af21.

Ag29   'To the Catholic Renascence Society'. Ah80.

SPEECHES BY CLAUDEL IN G.B. AND U.S.

Speeches in G.B.

Ah1 Lecture at Alliance Française, London (5.10.25), Oxford
(6th), Liverpool (9th), Manchester (12th), Newcastle (13th).
On his spiritual progress and his conception of the Christian
artist. Eve Francis recited extracts from *Cantate & Corona*.

    L. Borgeix, *Comoedia* (Paris), (8.10.25) 'Lettre de Londres'. Large
audience incl. Chesterton. According to Paul Petit (see Bibliographical
Sources), a fragment repr. in Herbert Dieckmann, *Die Kunstanschauung
PCs*, Bonn, 1931, p. 55.

Ah2 Speech at banquet following degree ceremony, King's College,
Cambridge (6.6.39); cf. *Journal*, II, 272. Part of 'Une Après-
midi à Cambridge' (*OC*, XVI, p. 416–21).

    C's constant fervour for English literature; business also a communion
of minds.

Speeches in and concerning the U.S.
(Based on *NY Times*, Bp57, *Journal*, *CN*, & Catalogues of BN & L. of C.)

1927

Ah3 Address to Pres. Coolidge, Washington (28.3.27); English
text, with answer, *NY Times* (29.3.27), p. 24, col. 8.

    France's intentions to meet her obligations; common ideals stressed
(peace, justice, progress).

Ah4 Speech to American 'legionnaires', Boston (6.4.27); report &
quot. in *NY Times* (7.4.27), p. 29, col. 6. French text:
'Camaraderie', *Revue des Vivants*, Sept. 27.

Ah5 Speech to Fed. of the 'Alliance Française', NYC: Hotel Plaza
(22.4.27), report & quot. in *NY Times* (23.4.27), p. 20, col. 1.

    'The more truly American you are, the more are you French';
'France's allies are the Women of America'.

Ah6 Letter read at the unveiling of the bust of B. Franklin at Hall
of Fame, NY Univ. (5.5.27). Text (mimeographed) in Fr.
Archives, Yale; cf. *NY Times* (6.5.27), p. 6, col. 3.

Ah7 Speech to the American Club in Paris; report & quot. in *NY
Times* (6.5.27), p. 15, col. 1.

    Sympathy for flood victims in Mississippi Valley; prompts Ameri-
cans & French to work out better mutual understanding: cf. *Journal*,
p. 769: 'avec succès'.

Ah8 Speech at the Military Academy, West Point (NY) (6.9.27):
National La Fayette and Marne Day Exercises; report & quot.
in *NY Times* (7.9.27), p. 60, col. 2.

    'The spirit which brought La Fayette to America was the same spirit
which brought Pershing to France'.

Ah9   Speech at Carnegie Institute, Pittsburgh (13.10.27), on the
       occasion of Matisse receiving the 1st prize in painting at the
       annual art exhibition.
       English Text 'French Art in America' in *French Review*, I, 1 (Nov.
       27) 11–12. 'The friendly challenge that French art addressed to Amer-
       ican Art has not remained unanswered'.

Ah10   Speech in NY City, Ritz-Carlton H. (25.10.27). Dinner
       marking the Centenary of Marcellin Berthelot's birth (same
       night as ceremony in Paris). Report & quotations in *NY
       Times* (26.10.27), p. 21, col. 2.
       'Nations no longer can be isolated in science, as they no longer can
       be isolated politically'.

Ah11   Speech at luncheon of French Institute, NYC, Ritz H.
       (5.11.27); cf. *NY Times* (6.11.27), p. 24, col. 8.
       On Franco-American friendship.

Ah12   Speech at St. Joseph College (SJ), Philadelphia (13.11.27); cf.
       Journal, p. 792.

Ah13   Speech to Ass. of Foreign Press Correspondents, NYC, Sherry
       Netherland H. (15.11.27) cf. *NY Times* (16.11.27), p. 9,
       col. 1.
       C criticizes American films that show French as warlike: in the
       Colonies they have brought peace & civilisation. The sole aim of French
       diplomacy is peace; US can prevent any war. cf. *Journal*, p. 792.

Ah14   Lecture to Alliance Française, Boston (5 or 6.12.27); cf.
       Journal, p. 796. Text probably 'le regard américain vers la
       France' (undated in SPC Arch.).

Ah15   Lecture at Wellesley College (Mass.) (6 or 7.12.27); cf.
       Journal, p. 796 & Bp11. Presentation & reading of some
       poems (from *Morceaux choisis*, 1925); cf. ALS by C
       (12.11.27 & 5.1.28) to M. Mespoulet.

Ah16   Lecture in English to Cath. Assoc. of Baltimore (publ. in
       French in *Pos. et Prop.*, II: 'Religion et Poésie') 14.12.27; cf.
       Journal, p. 796.

1928

Ah17   Speech at the Union League Club, NYC. Testimonial dinner
       to Ambassador Herrick (13.1.28); cf. *NY Times* (14.1.28),
       p. 1, col. 2.
       Praises H's role during war & peace, & Briand's plan for outlawing
       war.

Ah18   Tribute to Lindbergh in vol. of Autographs presented by
       French personalities to L's mother in Detroit (25.1.28) 2
       lines in English in *NY Times* (26.1.28), p. 9, col. 5.

Ah19   Speech at Franco-American Chamber of Commerce Meeting,
       NYC (26.1.28); cf. *NY Times* (27.1.28), p. 30, col. 2.

Ah20   Speech in Washington, after signing of Franco-American Arbitration Treaty (6.2.28) cf. *NY Times* (7.2.28), p. 1, col. 5 + ill.

'The 1st Treaty [1778] gave a start to a new nation; the second treaty gives a start to a new idea' [Briand-Kellogg pact].

Ah21   Speech at dinner of 'French Societies' (Franco-American Society, Fed. of Alliance Française, American Society of Legion of Honor), NYC, Waldorf Astoria H. (6.2.28); cf. *NY Times* (7.2.28), p. 12, col. 2.

C brings his support to Sen. Borah's project for 'outlawing war'. The treaty signed today appears as a first application of it.

Ah22   Speech at luncheon of 'Colonial Daughters of the 17th century'. Brooklyn, Lewerish Towers ballroom (7.2.28); cf. *NY Times* (8.2.28), p. 9, col. 2.

C praises the Huguenots, among them many of French ascent.

Ah23   Speech at Advertising Club, NYC, 33 Park Ave. (23.2. 28); cf. *NY Times* 24.2.28), p. 11, col. 4 & SPC Arch.

Information in the US is excellent, but it should be used abroad, especially in France, to *explain* America to people who extol or criticise without experience.

Ah24   Speech at luncheon of Foreign Press Ass., Washington (27. 2.28); cf. *NY Times* (28.2.28), p. 2, col. 6.

Importance of American news in European papers: 'You supply a need which is felt more widely every year'.

Ah25   Various short addresses in French in 'Bayou Teche' Country, Napoleonville, San Martinville (17.4.28) New Iberia (18th) New Orleans (19th); cf.*NY Times* (18.4.28), p. 14, col. 5; (19th), p. 14, col. 1; (20th), p. 4, col. 3 & p. 22, col. 4 *ed.;* (6.5.28) III, p. 7, col. 3; cf. *Journal,* pp. 809–10 (records further speeches in various schools, in Carolina & Georgia, and lectures at Alliance Française in Memphis & Jacksonville).

Ah26   Speech to American Society of International Law, Washington (28.4.28); cf. *NY Times* (29.4.28), p. 24, col. 5.

Uses the end of the *Eumenides* (by Aeschylus) in his praise of the Briand-Kellogg project – Athena's part can by played by the U.S.

Ah27   Speech at Initial Meeting of the American Peace Society's Centennial Conference on International Justice, Cleveland (7.5.28); cf. *NY Times* (8.5.28), p. 29, col. 3.

After such long efforts, a timid hope to attain lasting peace.

Ah28   Commencement Address at University of Delaware, Newark (11.6.28); cf. *NY Times* (12.6.28), p. 31, col. 1.

Plea for a more intimate exchange of culture and ideas between America and Europe . . . The traveller gains a new sense of proportion.

Ah29   Speech at Banquet, Commencement Exercises, Yale Univ., Newhaven (Conn.), (20.6.28); English Text in *Yale Alumni Magazine,* XXXVII (6.7.28), pp. 1138–9; cf. *NY Times* (21.6.28), p. 16, col. 1.

Thanks for the Honorary Degree conferred on him, and gratitude to Yale U.P. About the increasing strength of the US and their leading role in World Affairs. Urges the young graduates to discover Europe and make stronger ties between all the parts of our Christian civilisation.

Ah30   Tribute to Briand & Kellogg. Quotations in English from C's article (French text) in *Europe Nouvelle,* 550 (25.8.28), p. 1153, 'le point de vue français, la valeur morale du pacte'; repr. in *CPC,* 4, p. 253.

1929

Ah31   Speech at dinner of French Chamber of Commerce of NY (on board the *Ile de France*), (30.1.29), p. 42, col. 3.

Criticizes American Tariff on French Products. French text in SPC Arch.

Ah32   Short address in French at dinner held by Alliance Française of NY, Ritz H. (6.2.29); cf. *NY Times* (7.2.29), p. 2, col. 4.

Praises successful work of this Society; in *L'Echo de la Fédération,* 8ème année, 4 (Mar. 29).

Ah33   Speech at 27th Annual Meeting of the Federation of Alliance Française in US & Canada, NYC (6.4.29); cf. *NY Times* p. 5, col. 2.

Better knowledge of French culture in these two countries. French Text in SPC Arch.; in *L'Echo de la Fédération,* 8ème année, 5 (May 29).

Ah34   Speech at 25th Anniversary of Assumption College, Worcester (Mass.), the 1st French College in the US (15.4.29); cf. *NY Times* (16.4.29), p. 21, col. 3.

C warmly praises Briand-Kellogg Treaty. English Text in *Telegram* (Worcester, Mass.), (16.4.29). (Announcement, photos and reports in *Telegram* (13, 14, 15, 16 & 21.4.29). French text in Bn272.

Ah35   Speech at dedication of new building of French Hospital, NYC (W 30th Street), (18.4.29); cf. *NY Times* (19.4.29), p. 12, col. 5.

Expresses pride and gratitude.

Ah36   Speech at ceremonies in honour of Joan of Arc (5th centenary), Washington (4.5.29); cf. *NY Times* (5.5.29), p. 17, col. 1. French text in SPC Arch.

Praises American women and their crusades for peace.

Ah37   Speech at 15th annual luncheon of the Catholic Actors' Guild, NYC, Hotel Astor (14.5.29); cf. *NY Times* (15.5.29), p. 36, col. 5. French text in SPC Arch., in *Nouvelle Revue des Jeunes* (June 31), repr. in *Pos. et Prop.*

Urges renewal of intimate friendship of olden days between Church and Stage.

Ah38   Speech to Society of Cincinnati, NYC, Union Club (31.5.29); cf. *NY Times* (1.6.29), p. 29, col. 2.
Welcomes notable French Members of this Society (founded by G. Washington in 1783).

Ah39   Speech at Rainbow Division's Welcome to General Gouraud (who commanded them in 1914), Baltimore (14.7.29); cf. *NY Times* (15.7.29), p. 21, col. 1.
Before 1000 Veterans from 26 States, C extols friendship born of service in France.

Ah40   Address at West Point on La Fayette-Marne Day (cf. Ah5) (6.9.29); cf. *NY Times* (7.9.29), p. 7, col. 2 & Ed. p. 16, col. 3.
Tribute to Foch; discussion of the prospects of world peace and the influence of the US towards that ideal. French text in *CPC,* 4 (1962), pp. 211–4.

Ah41   Speech at banquet of American Ass. of Teachers of French, NYC (12.10.29) French Text in *French Review* III, 2 (Nov. 29) 96–9.
Insists on indispensible role of elementary-school teacher in international relations.

Ah42   Speech at Convention of Franco-American Society ('Union Saint Jean-Baptiste d'Amérique'), Burlington (Vermont), (15. 10.29). French text in SPC Arch, & in Bn272. Cf. *Union* (Woonsocket, R.I.) XXIX, 11 (Nov. 29) 6–7; *CN,* 9 (Feb. 72).

Ah43   Speech on bestowing Grand Cross (of Legion of Honour) upon Mr Kellogg, Washington, French Embassy (11.11.29); cf. *NY Times* (12.11.29), p. 12, col. 1.
Kellogg's courage & effectiveness; 'war is an unspeakably wicked and stupid thing', '[now] all wars are of international import'.

Ah44   Speech at dedication of Salle La Fayette, Virginia U. (20.11. 29); cf. announcement in *University of Virginia Alumni News,* XVIII, 3 (May–June 29); report & quot. in *NY Times* (21.11.29), p. 17, col. 1.
Commemoration of 'the meeting and embrace of two great men [La Fayette & Jefferson], two great minds and two great countries'. Text in *Le Moniteur Franco-Americain* (NY) XIV, 1 (Jan. 30), p. 11.

Ah45   Speech at dedication of Rodin Museum (Mastbaum Foundation), Philadelphia (29.11.29); cf. *NY Times* (30.11.29), p. 21, col. 1; cf. *Journal,* p. 890.
C recalls memories of Rodin's studio when Camille Claudel was his student. Rodin as the desperate Thinker of the 19th century 'who does not look any more at the sun . . . let us hope that the Door of Hell is now closed for ever'.

1930

Ah46 Speech at meeting of L'Enfant Memorial Association, NYC, Fraunce's Tavern (17.1.30); cf. *NY Times* (18.1.30), p. 20, col. 2.

Praises Major Ch. L'Enfant, French military engineer, who designed the plans of Washington, a democratic city, from the monarchic model, Versailles. Asks support for a statue to be erected on the Mall.

Ah47 Speech at luncheon of Franco-American Society of NY, Ritz Carlton H. (6.2.30); cf. *NY Times* (7.2.30), p. 20, col. 8 & ed. (8.2.30), p. 14, col. 4.

France eager for American life, methods. & manners: 'American gasoline & American ideas have circulated throughout France, bringing a new vision of power and a new tempo of life.'

Ah48 Address to Pres. Angell (and Dean Cross) in presenting Legion of Honour, Yale Univ. (19.2.30); cf. *NY Times* (20.2.30), p. 9, col. 4. English text and reply in *Yale Alumni News*, LIII, 109, pp. 1, 5.

The ties between C and Yale; 'We begin to understand in France what mean . . . those proud republics of the spirit which are the American Universities . . . and of what import they are in a democracy'. For the Bergen Memorial Lecture, on the same day, see Ac14.

Ah49 Speech at Georgetown Univ., Washington (25.3.30); presented with Ryder Randall Medal. English Text in SPC archives & Meyer Collection, Beinecke Library, Yale; cf. *NY Times* (26.3.30), p. 24, col. 4.

Ah50 Speech at 28th General Assembly of the Federation of Alliance Française in U.S. & Canada, NYC, Hotel Plaza (26.4.30); cf. *NY Times* (27.4.30), p. 15, col. 3.

Increasing interest in French art and culture, esp. in New England; France's debt to this Federation.

Ah51 Speech at American Club in Paris; cf. *NY Times* (23.5.30), p. 8, col. 1.

Again about influence of France & America on each other.

Ah52 Speech to the Gold Star Mothers, Paris (5.6.30); cf. *Journal*, p. 915. English & French text in SPC archives: 'Allocution aux mères americaines'.

Ah53 Speech at luncheon of the French Institute, Ritz Carlton H. (6.12.30); cf. *NY Times* (7.12.30), p. 28, col. 1.

Urges Americans to visit 'Exposition Coloniale' following spring for 'Paris is not all of France'. Again the theme of friendship.

Ah54 Message of PC to Rev. Fr. Earle on occasion of Chesterton's visit to Holy Cross (Worcester, Mass.), (12.12.30).

French and English text in *Chestertoniana* (brochure, SPC archives & Meyer Collection, Beinecke Library, Yale). Celebrates Chesterton's humour,'gaudemus de veritate'.

1931

Ah55   Address to Col. Lindbergh, in presenting Commander Cross (of Legion of Honour), Washington (18.1.31); in SPC archives; cf. *NY Times* (19.1.31), p. 13, col. 3.
Eloquently portrays great flight (NY – Paris) and its effect on France; a challenge and an example for Coste and Bellonte.

Ah56   Speech at Annual Dinner of Harvard Club, NYC (29.1.31), in SPC archives; in *Harvard Alumni Bulletin* (12.3.31), pp. 733–4, under title 'About fishing without a hook'.

Ah57   Speech at annual luncheon of the Franco-American Society of NY, Hotel Plaza (6.2.31); cf. *NY Times* (7.2.31), p. 21, col. 3.
Praises Franklin and stresses influence of public opinion in signing the 1778 Treaty. Now more than ever 'public opinion has come to the forefront' and supports peace and negotiation instead of war.

Ah58   Address to George Eastman (inventor and philanthropist) at 32nd annual dinner of the Society of the Genesee, Rochester (NY), Hotel Commodore (9.2.31); cf. *NY Times* (10.2.31), p. 4, col. 2.
Confers Legion of Honour on him 'for his great contribution to science, education and music'. Recalls nature of this decoration.

Ah59   Radio Address, C.B.S. Washington (22.2.31); cf. *NY Times* (23.2.31), p. 13, col. 2.
Praises American contribution to 'Exposition Coloniale' in Paris (replica of George Washington's mansion at Mount Vernon) where he received La Fayette, plus documents about American 'colonisation' of this continent.

Ah60   Address to Admiral Byrd, in presenting Commander Cross (of Legion of Honour) Washington, French Embassy (27.3.31). In SPC archives. Full English text in *NY Times* (28.3.31), p. 3, col. 1–3.
Eloquent praise where the main themes of *LCC* can be found.

Ah61   Speech at 29th General Assembly of the Federation of Alliance Française NY City, Hotel Plaza (11.4.31); cf. *Bulletin de la Fédération* and *NY Times* (12.4.31), p. 25, col. 1.
On 'co-operative spirit in times of peace along educational, intellectual and business lines'. Urges them to consider the Battle of Yorktown as an important date in *French* history.

Ah62   Address to Catholic Women's Alliance, Philadelphia; cf. *Catholic Standard and Times* (Phil.) (24.4.31), p. 4; in SPC archives. French text in *La Vie intellectuelle*(10.9.31).
On Joan of Arc and Thérèse de Lisieux.

Ah63   Address to American Bar Association, Washington, Cosmos Club (6.5.31); cf. *NY Times* (7.5.31), p. 9, col. 2.
Presentation of a Sèvres group on behalf of Association Nationale

des Avocats. 'Great results could be expected of [closer co-operation between American and French lawyers] for the benefit ot world peace.'

Ah64   Address to Premier Laval, Washington, City Hall (22.10.31); cf. *NY Times* (23.10.31), p. 1, col. 6, & p. 23.

Short but eloquent appeal for an entente between the two countries 'necessary on account of their many common interests and consecrated by all the glory of their sacrifices.'

1932

Ah65   Speech at annual luncheon of French Chamber of Commerce of NY, Hotel Delmonico (29.1.32); in SPC archives; cf. *NY Times* (30.1.32), p. 19, col. 7.

A year of commercial depression and political unrest: 'Not only business but the people are suffering'. But Laval's visit to the U.S. and the presence of illustrious Frenchmen at the Yorktown celebrations cemented Franco-American friendship. The bad results of excessive protectionism. Urges Frenchmen in NY to eliminate various misunderstandings between the two countries.

Ah66   Speech at dinner given by Franco-American Societies in Chicago (18.3.32); cf. *NY Times* (19.3.32), p. 6, col. 2.

Views on war debts. Protests against sweeping denunciations of France as militaristic. Urges to 'try to disentangle ourselves'. Views on disarmament. Hope for a free and united Commonwealth of European Nations. The French contribution to Chicago Fair.

Ah67   Speech to St Louis Chamber of Commerce, St Louis (Missouri), (23.3.32); cf. *NY Times* (24.3.32), p. 4, col. 3.

Denies reports that France has sided with Japan in Sino-Japanese situation in Shanghai. One more of those 'canards' that present France as militaristic.

Ah68   Speech at 30th annual meeting of Alliance Française, NYC, Hotel Plaza (2.4.32); cf. *NY Times* (3.4.32), p. 13, col. 4.

Urges Alliance Française to participate in Chicago's World Fair. States the need in U.S. for books printed in French.

Ah69   Address at St Vincent de Paul Society Jubilee, *Catholic Charity Societies Review*, XVI (May 32), p. 156–8.

Ah70   Speech at Rhode Island Society of the Cincinnati exercises, Newport (R.I.), (4.7.32); *NY Times* (5.7.32), p. 2, col. 6.

A recital of the incidents of friendship between France and the U.S. since the founding of this country.

Ah71   Address at State Univ. of New York, Albany (NY), (20.10.32); cf. *NY Times* (21.10.32), p. 8, col. 4. Text in Bn257, repr. from *S.U.N.Y. Bulletin*.

Call for tolerance between democracies; role of universities in this. Influence of Montesquieu on American constitution. Example of C18th against narrow nationalism of today. Role of universities in fostering cultural bonds.

1933

Ah72   Speech at Dedication of the New Building of the Museum of French Art. NYC, 20–4 E. 60th Street (11.1.33). Programme and text, 16pp. in SPC & BN. CR of quotations in *NY Times* (12.1.33), p. 15, col. 4.
>Again Franco-American relations. 'This new eight-storey building answers to greater needs and to a law of natural development'.

Ah73   Speech at dinner of French Societies (Legion of Honour, France-Amérique, French Institute, Alliance Française), NYC, Hotel Waldorf (6.2.33); cf. *NY Times* (7.2.33), p. 12, col. 3.
>Stresses need for preserving traditional friendship in spite of present difficulties. Reminds his hearers that by relinquishing reparations, France has already done a great deal to benefit American investors in Germany.

Ah74   Address at French Day, International Art Exhibition of College Art Association, NYC, Rockefeller Center, RKO building (7.2.33); cf. *NY Times* (8.2.33), p. 21, col. 5.
>Tribute to John D. Rockefeller Jr (who contributed to repairing of Rheims Cathedral and Versailles Palace). Praise of Modern French Painting.

Ah75   Address in bestowing Legion of Honour upon American citizens who co-operated in the Exposition Coloniale in Paris (1931), Washington, French Embassy (8.2.33); cf. *NY Times* (9.2.33), p. 12, col. 2.
>Tribute to the progress made in recent years in the Philippines, Alaska and Puerto-Rico under American leadership.

Ah76   Address, as Dean of Diplomatic Corps, to H. L. Stimson, retiring Secretary of State, and to W. R. Cassle Jr., retiring Under Secretary of State, Washington, French Embassy (25.2.33), *NY Times* (26.2.33), p. 17, col. 7.
>Praises their efficiency and human qualities.

Ah77   Speech at Farewell dinner given by French and Franco-American Societies, NYC, Ritz Carlton H. (10.4.33); *CPC*, 4 (1962), p. 215–21: 'Adieu à l'Amérique'. CR & quotations in *NY Times* (11.4.38), p. 6, col. 2.
>Sums up his activities and contacts during six years of service in the U.S. Tribute to A. Briand; message of gratitude and confidence in spite of the present difficulties. Extols Pres. Roosevelt's energy, lucidity and sweeping generosity.

Ah78   Speech at Farewell Reception and Tea, NYC, French Institute (11.4.33). Answer to Dr Guthrie's praises and to letter of tribute sent by Secretary Stimson. CR in *NY Times* (12.4.33), p. 3, col. 4.
>C made his speech both in English and French.

Ah79 Speech at weekly luncheon of the American Club in Paris (4.5.33).
Extols Pres. Roosevelt and praises American, greater in adversity than ever (gratefully quoted by *NY Times* (5.5.33), p. 3, col. 5 and Ed. (6.5.33), p. 12, col. 4).

1949

Ah80 A Message from PC to the Catholic Renascence Society (28 lines in French), in *Renascence* I, 2 (Spring 49), 50.

TRANSLATIONS BY CLAUDEL
FROM ENGLISH AND AMERICAN
(based on Bp48, *Po* & Bp67. See also Bp2, Bp41a, Bp52a, Bp61)

Published in Po, *pp. 307–25*

Ai1   'Léonainie' (Edgar Allan Poe), *L'Ermitage* (15.1.06); repr. in *CPC,* 1 (1959).

Ai2   'Poëmes de Coventry Patmore', *Antée* (1906); revised version *NRF* (1.9 & 1.10.11); repr. as plaquette, Paris: NRF, 1912 with preface by Valery Larbaud; repr. in *Cantate . . .*

Ai3   *Corymbe de l'automne, poëme de Francis Thompson,* Paris: NRF, 1921; repr. in *Cantate . . .* Cf. Bp41a.

Ai4   'A une grappe de raisin en train de mûrir à ma fenêtre' (Thomas Lowell Beddoes), in *Cantate . . .*

Ai5   'Un poême de Sir Philip Sydney', in *BSPC,* 8.

Unpublished fragments (in SPC archives)

Ai6   Poems by Beddoes, Patmore, Sydney (variants of Ai4, 2, 5).

Ai7   Prose by Hobbes, Thomas de Quincey, Jack London.

Lost MSS

Ai3 & Chesterton, *Les Paradoxes du christianisme* (see Bp67).

OTHER TEXTS RELATING TO G.B. AND U.S.

Texts concerning G.B.

PROSE

Aj1 'Dans l'île de Wight', *Revue Illustrée* (1.8.1889); pseud: 'Pierre Servan'; repr. *Prose,* pp. 1014–9.

Aj2 'La Position actuelle des puissances' (written 1908–11, publ. 1948). Chap. VIII of *Sous le signe du Dragon,* Table Ronde, repr. *OC,* IV.
Diplomatic report on aftermath of 1900 China crisis: criticises G.B. & U.S. as ineffectual.

Aj3 Letter on Chesterton (Ah54), repr. *Prose,* p. 1492.

Aj4 Letter on Coventry Patmore, *Pos & Prop,* II (1934).

Aj5 'Un après-midi à Cambridge' (June 1939). Ah2, repr. *OC,* XVI, 416–21, & *Prose* pp. 1321–6.

Aj6 *PC interroge l'Apocalypse* (written 1940–3; publ. 1952).
See esp. chap. 'Thyatire', diatribe against Elizabeth I, assimilated to Jezebel (pp. 288–9), Henry VIII (passim) and the 'fléau' of Protestantism in general. See Bp67.

Aj7 *Prose* (Pléiade), see Index des noms de lieux et de personnes, (e.g. Queen Victoria in *Réfl. et Prop. sur le vers français* etc. . . etc. . .).

Aj8 *Journal* (1904–1955) t. I, 1968, see Index.
The same phobia of Anglicans & Presbyterians is apparent.

Aj9 Correspondence with British friends (see Bp5, 16, 17 etc . . .). Replies to questions on English literature (Bp17, 18). Correspondence with Ph. Berthelot, *staunch partisan of Franco-British alliance* (see *BSPC,* 28).
For C's attitude towards English literature see Ba8; Bk58; Bp18, Bp48, Bp50, Bp67.
For the reflection of G.B. in his work, see Bp50, Bp51, Bp67.

THEATRE

Aj10 *S. de S.* (IVème Journée) (1919–24, publ. 1929).

Aj11 *Jeanne d'Arc au bûcher* (1934, publ. 1938), see P. Brunel, *RLM,* 180–2, série *PC,* 5 (1968), 123–33.

MEDITATION

Aj12 *Un Poète regarde la Croix:* prayer for Protestants, offset by condescending irony.

Texts concerning the U.S.
(See also Ah & Bp)

PROSE

Aj13 On C's first stay in NY & Boston (1893–5). C–Pottecher correspondence, *CPC*, I (1959). Isolation, austere conditions (cf. *CCC* 2 (1964), ch. 1).

Aj14 'Une exposition' (Kouliang, 1903) in *CPC*, 2 (1960) 31–5.
      Humorous text on 'Docteurs en jupons', i.e. American lady missionaries in China.

Aj15 cf. Aj2.

Aj16 On NY in Jan. 1919, unpubl. letter to Margotine (Audrey Parr) publ. by D. Bourdet in *Figaro Littéraire* (2.6.62).
      C. struck by skyscrapers, luxury, illuminated signs etc; cf. Bk13.

Aj17 *Journal*, cf. Aj8, esp. period 1927–33.

Aj18 'Projet d'une église souterraine à Chicago' (Tokyo, Nov. 25), publ. in *Pos. & Prop.* II (1934) repr. *Prose*, p. 1422.
      Prompted by CR of Eucharistic Congress and experimental architecture of Chicago.

Aj19 *Conversations dans le Loir et Cher:* 'Mardi' (jan. 28) publ. NRF, 1935, repr. *OC*, XV (1959) & *Prose*, esp. pp. 763–70. 'Samedi' (Mar. 28), *Prose*, esp. pp. 788–95.
      Mingled annoyance and admiration.

Aj20 'Le point de vue français. La valeur morale du Pacte', *Europe Nouvelle*, 550 (25.8.28), 1153 on Briand-Kellogg pact; repr. in *CPC* IV, 253–255, under title 'La Mise hors la loi de la guerre'; see Ah26 & Bk34; cf. 'Briand', *Nouvelles Littéraires* (7.3.36), repr. *CPC*, IV, 312–6, & in *Prose*, p. 1390, etc.

Aj21 *Au milieu des vitraux de l'Apocalypse* (1928–32), publ. NRF, 1966 & *OC*, XXVI (1967).
      Denounces 'signes de mort' in a country 'si prospère et envié': boredom, corruption of justice, dissolution of the family, crime, racial problem, p. 208 & passim.

Aj22 Correspondence with A. E. Meyer (1929–1955) (Bp4 & 13).
      Totally frank.

Aj23 'Le Téléphone', *Nouvelles Littéraires* (22.2.36); repr. *CPC*, IV, 53–7.
      On Herriot's mission to Roosevelt (April 33).

Aj24 'L'Amérique et nous', *Paris Soir* (3.7.36); repr. *CPC*, IV, 221–6 & *Prose*, pp. 1209–13.
      Resumes successes and difficulties in six years' service in U.S. Calls for renewal of Franco-American friendship. On France's refusal to honour debts (Dec. 32), cf. 'Le Chat noir', *Nouvelles Littéraires* (4.4.36), repr. in *CPC*, IV, 58–62. Resultant problems confirmed by *NY Times* of the period.

Aj25   'L'Américain travaille sur un rythme de dynamo', *Paris-Soir* (23.8.36); repr. in *CPC,* IV, 226—31 under title 'L'élasticité américaine'; cf. *Prose,* pp. 1204—8 & Ac25.
> Humorous praise for American energy and sociability.

Aj26   'L'Art de payer ses dettes', *Paris-Soir* (9.9.36); repr. *CPC,* IV, 262—6.
> Plea for liquidation of the *commercial* debt to U.S., with practical suggestions. Urgency of a gesture of justice and friendship.

Aj27   'Le Peuple américain vient de prouver qu'il n'est pas un ingrat', *Paris-Soir* (5.11.36); repr. *CPC,* IV, 326—8.
> On Roosevelt's reelection, praise for his courage and optimism.

Aj28   'La France a perdu une belle occasion lorsque l'Amérique lui proposa le Moratorium Hoover', *Paris-Soir* (8.5.37).
> Since in any case Germany was ruined by the Wall Street crash, a gesture of goodwill would have helped France's relations with Germany and U.S.

Aj29   'Le Sauvetage d'un continent', CR of Stuart Chase, *Rich land, poor land* (Nov. 37), repr. *OC,* XVI, 260—4.
> Tribute to Roosevelt.

Aj30   'Le Général Pershing' (1938), *Prose,* p. 1557.

Aj31   'Le Métier diplomatique', *Figaro* (22.1.44); repr. *CPC,* IV, 72—7.
> Ironical evocation of his actions in Dec. 32; fluctuation of American opinion; wretchedness of French Embassy in Washington in 1930s.

Aj32   'Mes souvenirs sur Franklin Roosevelt', *Figaro Littéraire* (19. 4.45); repr. *CPC,* IV, 329—31.
> Vibrant praise; his talent on the radio.

Aj33   *Prose,* see index. Beside texts already mentioned, many allusions, e.g. to Whitman (pp. 865 f), Paul Buuk (p. 1022), Walter Lippman (p. 1311) humorous evocation of Hoover and Coolidge (p. 1269) etc. Aerial views of Pittsburgh (p. 1308) etc.

Aj34   Speech at Paris HQ of Assoc. France-U.S. (C—President in 1947), in SPC Arch.

THEATRE

Aj35   *L'Echange.* See Bn75 & Bp68.

Aj36   *LCC.* See Aa11 & Bp64.

MEDITATION

Aj37   See Aj12.

STAGE PRODUCTIONS, G.B.

Ak1   *Exchange* (Ab3), London: Little Theatre (2.5.15), Pioneer
Players, dir. Edith Craig (daughter of Ellen Terry, sister of
E. Gordon Craig).

     Times (3.5.15), 11e: general praise, C. Nesbitt (Marthe) singled out,
but doubts about text, with its occasional obscure symbol and 'sloppy'
imagination. See also Ak3.

Ak2   *Tidings* (Aa2), London: Strand Theatre (10.6.17), Pioneer
Players, dir. E. Craig; Cathleen Hazel-Jones (Violaine), Wm.
Stack (Pierre), Mona Limerick (Mara), Henry Oscar (Jacques).

     New Statesman, IX (16.6.17), 254–6: 'The acting in places left much
to be desired but the defects did not hide the beauty of the poem'.
New York Review (28.7.17): 'exquisitely beautiful production' but
'over-estimated' and pretentious text .   Announced in *Times* (4.6.17),
3b. See also Ak3.

Ak3   *Hostage* (Aa3), London: Scala (13.3.19), Pioneer Players,
dir. E. Craig.

     Times (24.3.19), 15d: high praise for play, Miss Craig & esp. for
Sybil Thorndike as Sygne (cf. mention of this success, *Times* (2.5.39),
12e);   *New Statesman,* XIII (5.4.19), 16–17: praises Sybil Thorndike
but has reservations on the message seemingly spoken by 'the voice of
an exterminating angel'.

     On Ak1, 2 & 3: May Bateman, *French Review* (1.5.19): pays tribute
to these 'gallant productions';   Chr. St.-John, *Times* (3.3.55), 9e, letter
to editor: notes he revised the texts, that E. Craig had C's 'warm
approval' & that critics were hard on the author.

Ak4   *Tidings* (Aa2), London: Arts Theatre Club, dir. Henry Oscar,
Jeanne de Cazalis (Violaine), Joyce Kennedy (Mara).

     Times (21.3.29), 14b: severe on play and acting, 'mysticism without
a flash and mediaevalism without lucidity';   *Spectator,* 142 (30.3.29),
503: attributes failure of adaptation to cuts and lack of rhythm;   *New
Statesman,* 32 (30.3.29), 792: 'sincere acting', but less successful than
the 1913 Hellerau production.

Ak5   *Tidings* (Aa2), Hove (Sussex): Ralli Hall (19–21.1.33),
Chichester Diocesan Players, dir. E. Martin-Browne, R.
Speaight (Jacques), H. Raebury (Violaine).

     Announced in *Times* (12.1.33), 10c.   See R. Speaight, *Nouvelles
Littéraires* (17.3.55) & unpubl. letters from Speaight & Martin-Browne
to J. de L.: mixed troupe, unreceptive public, bad translation, rather
affected mediaeval atmosphere.

Ak6   *Tidings* (Aa2), London: Chelsea Palace Theatre (25–26.1.
34), Catholic Stage Guild, dir. R. Speaight (Pierre de Craon),
Veronica Turleigh (Violaine), Patricia Hayes (Mara), Eric
Portman (Jacques).

     Times (26.1.34), 10e: very favourable, with an excellent analysis of the play's themes, praise for actors esp. Pierre & Mara, approval of production 'cast into a liturgical mould which perfectly fits the author's world'; *Pax* (Sept. 34) 137–40. See also Bm57 & letter from Speaight to J. de L.

Ak7 *LCC* (concert version in Eng.), London: Maida Vale Studio, cond. D. Milhaud.

Announced in *Daily Telegraph* (16.1.37) for same evening.

Ak8 *Exchange* (Ab3), Tenterden: Elizabethan barn next to Ellen Terry's old home (7.5.39), dir. E. Craig.

Announced in *Times* (2.5.39), 12e.

Ak9 Summer season of plays by PC, dir. E. Craig, Oxted Theatre.

Projected for 3 months from July 1939, the season was actually cancelled (see *Times*, 17.5.39, 12a).

Ak10 *P de M,* London: St. James Theatre (Oct. 51), Renaud-Barrault company (as at Marigny).

T. C. Worsley, *New Statesman* (6.10.51): praise for actors, esp. Feuillère, reservations about text, esp. Act III; *Times* (2.10.51), 8e: praise 'for interpretation, & accepts text despite obscurity; Harold Hobson, *Sunday Times* (7.10.51), 2: 'one of the half-dozen greatest, most exciting experiences the stage has given us [since 1930]'.

Ak11 *Satin Slipper* (Ab4), Leeds: Riley-Smith Hall (Dec. 52, 7 perfs.), Leeds U. Union Theatre Group, dir. John Boorman, set by Gerald Robinson. Joan Oldsfield (Prouhèze), Malcolm Rogers (Camille).

Yorkshire Post (3.12.52): favourable, 'unusual methods of production'; *Manchester Guardian* (4.12.52): 'must be classed among the important theatrical events of the year'.

Ak12 *Tidings* (Aa2), Irving Theatre.

Times (28.1.53): 'inadequately performed'.

Ak13 *Tidings* (Aa2), Belfast. See Bm119.

Ak14 *Jeanne au bûcher,* London: Stoll Theatre (Oct. 54), Rossellini, Bergman.

'A magnific pageant'; cf. *France Soir* (21.10.54).

Ak15 *LCC,* London: Palace Theatre (Nov.–Dec. 56: 9 perfs.), Renaud-Barrault company.

Times (20.11.56), appreciates this synthesis of the arts; *Guardian* (21.11.56); T. C. Worsley, *New Statesman* (24.11.56), praises music & production but rejects text & message; Harold Hobson, *Sunday Times* (25.11.56): very favourable. See Bm153.

Ak16 *Joan of Ark at the Stake* (Aa15), Cambridge Guildhall (7 perfs.), Cambridge U. Musical Society, dir. Allen Percival.

Times (1.3.57), 3c: interesting but uneven and difficult for amateurs.

Ak17 *Connaissance de C,* Recital by J.-L. Barrault & the Renaud-Barrault company, Edinburgh: Lyceum Theatre (2 matinées).

Times (5.9.57), 4g: favourable.

Ak18 *Protée: Tobie et Sara,* London: Institut français
(27–28.2.59), Serge Ligier & Théâtre poétique de Paris.
>*Stage* (London), (Mar. 59): *Protée* 'real, healthy, inspired theatre';
>*Tobie et Sara* 'as a sequence of mystical verse . . . praiseworthy, but
>theatrical element was badly missing'.

Ak19 *L'Annonce,* London: Piccadilly Theatre (19–25.3.62),
Troupe de l'OEuvre, Danièle Delorme (Violaine), Loleh
Bellon (Mara).
>'Miracle among peasants: C's rugged triumph', *Times* (20.3.62), 15a:
>appreciates realism, production & leading actresses; *Daily Telegraph*
>(20.3.62): 'no weak spot'; *Evening News* (20.3.62); Irving Wardle,
>*Observer* (25.3.62); H. Hobson, *Sunday Times* (25.3.62), 41c: praises
>actresses but rejects plot & theology; *Plays & Players* (Mar. 62).

Ak20 *Chr. Columbus* (Aa11), Southampton: Nuffield Theatre
(Dec. 64), Southampton Student Players.
>See *BSPC,* 17.

Ak21 *S de S,* London: Aldwych Theatre, 2nd World Theatre Season
(Apr. 65), Renaud-Barrault company, G. Page (Prouhèze),
S. Frey (Rodrigue).
>*Times* (2.4.65): 'a profoundly alien work; C ignored stagecraft',
>'stolid verbosity'; *Daily Telegraph* (2.4.65); 'archaic grandeur';
>J. W. Lambert, *Sunday Times* (4.4.65); 'a chronicle dramatically ram-
>shackle and spiritually relentless . . . powerful sadistic images . . . a
>dream of masochistic bliss', outmoded production; Alan Brien,
>*Sunday Telegraph* (4.4.65): 'an heretical distortion of the Catholic
>religion . . . a fruitless rejection of the values of tragic drama . . . a series
>of unsupported paradoxes'; *Observer* (4.4.65); L. Hugh, *Plays &
>Players* (June 65), 40–1; J. C. Trewin, *Illustrated London News* (17.
>4.65), 44.

Ak22 *Jeanne au bûcher,* London: Festival Hall (5.6.66), London
Symphony Orchestra, cond. Serji Ozawa; Vera Zorina
(Jeanne).

Ak23 *P de M,* London: Aldwych Theatre, World Theatre Season
(29.4.–4.5.68), Renaud-Barrault company.
>Irving Wardle, 'C comes to puzzle', *Times* (30.4.68), 8c: ironic and
>disdainful towards author & plot: 'Mesa's divinely inspired adultery',
>excess of hollow rhetoric, actors too old; H. Spurling, 'French fix',
>*Spectator* (3.5.68), irritated by gap between 'C's inflated language and
>his humdrum plot', shocked by sensuality of attitudes & vulgarity of
>text; Ronald Bryden, 'The Giant at a dead end', *Observer* (5.5.68):
>wittier but also rejects C's mystic vision & considers his aesthetics out-
>dated; Harold Hobson, *Sunday Times* (5.5.68), 53: cf. Ak10, still
>enthusiastic about Feuillère but harsher towards C who, in the Old
>Testament, most admired David for his ferocity and adultery [sic];
>P. Ansorge, *Plays & Players* (May 68), 52–5, 60; J. Kingston, *Punch*
>(8.5.68).

Ak24 *Jeanne au bûcher,* London: Albert Hall (7.2.71), cond.
André Previn; Helen Watts (Jeanne).

Ak25   *Break of Noon* (Ab12), Ipswich: The Arts Theatre, dir.
Pierre Rouve; Kenton Moore (Amalric), Ben Kingsley (Mesa),
Ann Firbank (Ysé), Peter Badger (De Ciz).
I. Wardle, *Times* (17.3.72): acknowledges difficulties and courage;
H. Hobson, *Sunday Times* (19.3.72): severe;   Brenda Marshall,
Sunday Times (26.3.72), protests against preceding;   Eric Shorter,
Daily Telegraph (22.3.72): 'gallant failure';   *The Stage* (23.3.72):
favourable;   M. Billington, *The Guardian* (27.3.72): positive;   J. C.
Trewin, *Birmingham Post* (25.3.72): praise;   H. Hobson, *Christian
Science Monitor* (24.3.72): less harsh than in *S. Times*, admitting partial
success and vigour of translation.

BROADCASTS, G.B.

Am1 *The Hostage,* adapt. Edward Sackville-West, Home Service (20.2.44), dir. Robert Speaight; Peggy Ashcroft (Sygne). 'A first-rate radio play'(Bg6). Third Programme (6.12.53), dir. Raymond Raikes; repeated 8.12.53, 1.1.54, 11.11.55. Radio 4 (1.7.68), dir. John Gibson.

Am2 *Joan of Arc at the Stake,* Aa15, Home Service (4.2.48).

Am3 *Meridian,* tr. Jonathan Griffin, adapt. Robert Speaight (23.7.50), dir. E. A. Harding; R. Speaight (Mesa); repeated 28.7.50, 14.8.50, 18.3.51, 13.10.51.

Am4 *The Tidings brought to Mary,* Aa2, Third Programme (6.11.55), dir. Michael Bakewell, music by Norman Demuth; repeated 8.11.55, 28.1.56.

Am5 *PC and his Poetry,* introductory talk to *CGO* by Geoffrey Brereton, Third Programme (6.11.55).

Am6 *Five Great Odes,* tr. Geoffrey Brereton:
1. 'The Muses', Third Programme (7.11.55); repeated 11.2.57.
2. 'The Spirit and the Water', Third Programme (10.11.55); repeated 16.2.57.
3. 'Magnificat', Third Programme (14.11.55); repeated 21.2.57.
4. 'The Muse who is Divine Grace', Third Programme (16.11.55); repeated 23.2.57.
5. 'The Closed House', Third Programme (19.11.55); repeated 27.2.57.

Am7 *The Divide of Noon,* tr. Geoffrey Brereton, Third Programme (26.6.56), dir. Donald McWhinnie; repeated 29.6.56, 23.7.56.

Am8 *The Defence of Judas,* Ac19, Third Programme (31.3.58), dir. Christopher Sykes; repeated 10.5.58, 20.9.58.

Am9 *Proteus,* tr. Nora Ratcliff, adapt. Raymond Raikes, music by Anthony Hopkins, Third Programme (19.3.63), dir. R. Raikes; repeated 7.4.63, 13.2.64.
Praised in *Listener* (28.3.63).

Am10 *Dante & C* by Jean Seznec, Third Programme (9.5.65).

Am11 *Partage de Midi,* tr. Adam Watson, Third Programme (9.8.68), dir. Christopher Holme; repeated 26.8.68.

LECTURES, CONFERENCES, EXHIBITIONS, ETC. IN G.B.
(on or involving Claudel)

Lectures at Institut français, London:

An1   Michel Saint-Denis, 'Le Théâtre en France'(10.10.46).

An2   Pierre Emmanuel, 'Dialogue devant la mer: C et Valéry' (25.2.47).

An3   M. Saint-Denis, Drama course (C, Cocteau, Giraudoux, Obey, Salacrou), (22.4–24.4.47).

An4   J.-B. Barrère, 'De Molière à Giraudoux' (5.11.47).

An5   Albert Béguin, 'Le Temps des prophètes' (Bloy, Péguy, Bernanos, C), (17.2.48).

An6   Gabriel Marcel, 'Les Récents Développements du théâtre en France' (19.2.48).

An7   P.-A. Touchard, 'La Comédie française dans le théâtre français contemporain (26.10.48).

An8   Madeleine Renaud & J.-L. Barrault, 'L'Esprit de notre compagnie' (8.10.51). See Bp35a.

An9   Eve Francis, Poetry recital (Baudelaire, Verlaine, C), fragments from *P de M, S de S, Cantate* etc. (13.5.52). See Bp25.

An10   André Rousseaux, 'La Poésie française au XXe siècle' (21.1.55).

An11   'C et la Bible' (23.2.62). (No author indicated in Institut français archives, London.)

An12   M. F. Guyard, 'Les CGU de PC, de la vie au poème' (17.10.63). See Bp48.

An13   Colloque PC (24–26.4.64): principal contributions:
M.-F. Guyard, 'Etat présent des études sur C'; see Ba5.
E. Beaumont, 'Quelques propos sur la signification symbolique de la femme dans l'œuvre de C';
M.-J. Durry, 'A propos des *Grandes Odes*: le mouvement';
J. Madaule, 'Le Regard en arrière (les dernières versions de *L'Echange* et de *P de M*)'; see *RLM* 114–6 (1965).
R. Griffiths, 'C et la substitution mystique'; see Bg15.
M. Wood, '*Le S de S* et l'esthétique du jeu';
E. T. Dubois, 'PC et Léon Bloy'; see Bml86.
B. Howells, 'P de M, tragédie de l'amour romantique ou tragédie du péché?';
Auguste Anglès, 'PC et André Gide'.

     CR: Jean Mouton, *BSPC*, 16 (June 64).

An14 J.-L. Barrault, 'Ma Collaboration avec C' (10.5.68). See Bp21.

An15 Jean Mouton, 'Sur C et la peinture' (27.5.68).

An16 Colloque sur l'expression figurée en littérature: G. Gadoffre on C (15.11.69).

Exhibition:

An17 Exhibition organised by Mme V. Fougère, Victoria & Albert Museum, London, on *French Theatre Art (1935–1955)*. Designs and maquette for *S de S* by L. Coutaud (1943); designs for *LCC* by Max Ingrand (1953); design for *P de M* by Labisse (1948).

STAGE PRODUCTIONS, U.S.

Ap1   *Tidings* (Aa2), Seattle: Little Cornish Theatre, summer season 1921, dir. Maurice Browne.
> CR in *Drama* (Chicago), (Mar. 22), 200, very favourable.

Ap2   *Tidings* (Aa2), NY: Garrick Theatre, 25.12.22 – Jan. 23 (32 perfs.). The Theatre Guild, staged by Theodor Komisarjevski, settings by T. K. and Lee Simonson; Jeanne de Cazalis (Violaine), Ch. Francis (Pierre), Mary Fowler (Mara), Percy Waram (Jacques).
> Most dailies admire staging but deride plot, translation and diction: 'a not too dramatic poet . . . voices arid, sapless . . . tedium', *NY Herald* (25.12.22); cf. *NY Times, Sun, Globe* (26th), *Telegraph*(27th), *Daily News* (28th) etc.   L. Lewisohn, *The Nation* (24.1.23), savage. Poetic nature of the play recognised by *New Republic* (10.1.23), *Theatre Magazine* (Mar. 23), *Theatre Arts*, VII, 2 (Apr. 23), 99–100, 104–5 (photos).   Photos in *Vogue* (1.3.23).

Ap3   *L'Annonce*, San Francisco: Théâtre d'Art, 26–31.12.27, staged by André Ferrier; A. Ferrier (Pierre), I. Bietry (Violaine).
> Cf. Bh4, p. 162: 'rather indifferent audiences . . . too little action . . . too many long speeches . . . great reading drama'. For C, a success (*Journal*, I, 811).

Ap4   *Tidings*, Pittsburgh: Carnegie Institute of Technology, 1928. Designed by E. Martin-Browne.
> *Theatre Arts*, XII, 9 (Sept. 28), 636, ill.; cf. *Drama Critique*, IV, 1 (Feb. 61), 31–7 on E.M.-B.

Ap5   *L'Annonce*, NYC: Hunter College (on initiative of Ch. de Fontnouvelle, friend of C and future founder of Lycée Français), 1929 or 1932.

Ap6   *Tidings*, 24.12.29 (unidentified production deplored in *Journal*, I, 894).

Ap7   *Tidings*, Chicago: Goodman Theatre, 7–10.12.31, dir. Maurice Gnesin, designed by V. Roediger, ill. in *Theatre Arts*, XVI, 7 (July 32), 582.

Ap7a   *Tidings*, Rosary Coll., River Forest (Ill.), 1939, dir. David Itkin.

Ap8   *Tidings*, Montreal: Church of the Messiah, 26.3.–2.4.39 (7 perfs.). Everyman Players, dir. Eric Stangroom. Music arranged by George M. Brewer, chorists under dir. of Mrs K. Miller.   Photo in *The Standard*, Montreal (25.3.39).

Ap9   *Chr. Colomb* (opera, extracts: tableaux I, 12 & II, 6), NY, Museum of Modern Art, 27.12.40.   Recital with Darius

Milhaud (piano) and Madeleine Milhaud (narrator).

Announced in *NY Times* (22.12.40), IX, 7, recalling C-Milhaud collaboration.

Ap10 *L'Annonce*, NY: Barbizon Plaza Theatre (58th Street), 20–23.5.42, Ludmilla Pitoëff (Violaine), Varvara Pitoëff (Mara), Youl Bryner (Pierre, Jacques), Pierre Claudel (The Mayor), Georges Pitoëff Jr. (Apprentice).

NY Times (21.5.42), brief but favourable.   See also Aniouta Pitoëff, *Ludmilla, ma mère*, Paris: Julliard, 1955, p. 252.

Ap11 'Unto us a child is born' (excerpt from *Tidings*, miracle scene), Oakland (California) Mills College, 8.12.43, pres. by The Drama Ass. and the Choir of Mills College, dir. Marian Long Stebbins, stage manager Edith Wiener, dir. of the choir Luther B. Marchant. Music composed for the production by Darius Milhaud.

CR: *Leaves from the College Calender* (Mills College, Oakland, Ca.), series 14, no. 7.

Ap12 *Tidings*, Chicago: The Art Institute, Goodman Memorial Theatre, 2–19.12.43 (14 perfs.), dir. Maurice Gnesin, settings and costumes by Blair von Albrecht. Marty O'Brien/ Helen Johnston (Violaine), John X. Padovano (Pierre), Barbara Berger/Lillian Meyers (Mara), Lloyd Marvin West (Jacques).

Ap13 *Tidings*, Catholic Univ. of America, Washington, D.C., Dept of Drama, 8.2.–3.3.45. See *National Catholic Theatre Conference (Production Calender)*, IV, 5 (Feb. 45), 3.

Ap14 *Jeanne au bûcher,* NY: Carnegie Hall, 1–2.1.48. NY Philarmonic Orchestra, Westminster Choir, dir. Ch. Münch; Vera Zorina (Jeanne), Raymond Gerôme (Frère D.), (in street clothes except for V.Z.).

Olin Downes, *NY Times*: 'a brilliant score . . . musical theatre of 1st rank';   *New Yorker* (10.1.48): 'absorbing all the way through';   *The Sun* (2.1.48);   *France-Amérique* (11.1.48).

Ap15 *Tidings*, Loras College, Dubuque (Iowa), dir. Rev. Karl Schroeder, 2–3.4.49; *Catholic Theatre,* VIII, 7 (Apr. 49), 7.

Ap16 *Tidings*, La Salle College, Philadelphia, 1st weekend in March, 1950: *Catholic Theatre*, IX, 6 (Mar. 50), 4.

Ap17 *Tidings*, Catholic Drama Associates, Salt Lake City, 31.3.50: *Catholic Theatre*, IX, 9 (June 50), 3.

Ap18 *Chr. Columbus* (1st American perf. in concert form), tr. Arnold Perry, NY: Carnegie Hall, 6–7.11.52; the Philharmonic Symphony Society, dir. D. Mitropoulos with Schola Cantorum, dir. H. Ross.

'A poor audience reception . . . a bad to indifferent press . . . colossal chaos from which there emerge only intermittent positive values.' Henri Cowell, *Musical Quarterly*, XXXIX (Jan. 53), 102–3; *NY Times* (7.11.52), 20: 'Much too long, too literary and philosophic'; Bd6a: public irritated by religious aspect.

Ap19   *Tidings*, Mount Marty College, Yankton (South Dakota), 7–8.12.52: *Catholic Theatre*, IX, 5 (Dec. 52), 2 ('choir reading sections interspersed with dialogue', adapted by Sr Jeannette, OSB).

Ap20   *Tidings*, Immaculate Heart College, Hollywood, Joseph Rice & the students, no date, announced in *Catholic Theatre*, XI, 8 (Mar. 53), 3.

Ap21   *Tidings*, Academy of Our Lady, Chicago, adapt. & dir. by Thérèse Marie Cuny: *Catholic Theatre*, XIV, 4 (Jan. 56), 7.

Ap22   *Tidings*, Barry College, Miami: *Catholic Theatre*, XIV, 8 (May 56), 4.

Ap23   *Tidings*, Nazareth College, Rochester (NY), Catholic Drama Festival, 8.4.56 (selections) by the Thespians (Our Lady of Mercy High School) dir. by Sr Mary Pius, RSM: *Catholic Theatre*, XIV, 9 (June 56), 3.

Ap24   *LCC*, NY: Winter Garden, Broadway, 31.1–2.2.57, Barrault Company.

R. Coleman, *Daily Mirror* (31.1.57): 'transcends the barriers of language'; Herbert L. Matthews, *NY Times* (31.1.57): 'a piece of theatrical magic'; praise from *Women's Wear Daily, Daily News, Herald, World* (all 31.1.57), *Morning Telegraph* (1.2.57), *Christian Science Monitor* (2.2.57), *Brooklyn Daily* (4.2.57). See also Bn171 & Bp64.

Ap25   *Tidings*, Mount Saint Scholastica College, Atchinson (Kansas).

Janet Paterson, *Catholic Theatre*, XVI, 4 (Dec. 57), 6: 'C in Kansas': 'the most ambitious and successful undertaking in some time . . . [despite some flaws] fantastic situations were brought to reality by outstanding performances'.

Ap26   *Tidings*, College of St Mary, Omaha, Dec. 57: *Catholic Theatre*, XVI, 5 (Jan. 58), 17.

Ap27   *Tidings*, St Catherine College, St Paul (Minna.) Winter, 1959: *Catholic Theatre*, XVII, 1 (Jan. 59), 15.

Ap28   *Tidings*, Academy of the Holy Angels (Minna.): *Catholic Theatre*, XVII, 2 (Feb. 59), 10.

Ap29   *The Satin Slipper*, adapt. by Leo Brady, Catholic U. of America, Washington, D.C. (5–21.3.59).

Cf. Bn190 (Prof. Brady justifies his cuts, style, and production in reply to critics). *Catholic Theatre*, XVI, 13 (Dec. 58), 17.

Ap30   *L'Otage*, Tournée Rigault, NY: Phoenix Th. (26.10. & 2.11. 59); Washington: Lisner Auditorium (28.10.59); Princeton: McArthur Th. (29.10.59). Roger Dornes and Vieux

Colombier troupe, Hélène Sauvaneix (Sygne), Jean le Poulain (Turelure).

NY Times (28.10.59): 'a rich, vivid performance' but 'ideals clash somewhat hollowly'; *NY World* (27.10.59) & *Morning Telegraph* (28th), reticent; *Variety* (4.11.59), disdainful; Howard Hart, *The Village Voice* (4.11.59), enthusiastic about text, if not about acting.

Ap31 *Tidings,* San Francisco: Blackfriars Th. Dec. 59—Jan. 60, announcement (n.d.) in *Official Amusement Guide* (10.12. 59), 'The Professional West Coast Première of PC's Miracle Play, *The Tidings*'.

Ap32 *The Satin Slipper* (Ab6), The Little Theatre, Manhattanville College of the Sacred Heart, Purchase, NY. 24, 26—28.2.60, dir. Leon Katz (of Columbia U.), choreogr. by Janet Collins, score by Al. Rivett, with lecture by W. Fowlie (28th) & telegram from André Malraux.

Cf. *Catholic News* (20.2.60), *NY Times* (29.2.60), *Commonweal* (R. Hayes), & unpubl. letters from Mother Fiske & Mme de St Phalle to Pierre Claudel (Eric Bentley would have approved). Interview with student actors for Voice of America. *Manhattanville Alumnae Review* (Spr. 60) (with 4 photos); Howard Hart *The Village Voice* (2.3.60): severe: 'a courageous move . . . But there wasn't enough talent and understanding to nearly bring off a play like this'.

Ap33 *The Tidings* (Ab5) Los Angeles, Immaculate Heart College, 12—21.5.59, amateurs with some professionals. Restaged Sept. 61 at Abbaye Bénédictine Belge de Californie.

Cf. Speaight, Colloque de Cerisy '63, unpubl. letter to J. de L. CR in *NY Times; Examiner.*

Ap34 *Noontide* (Ab8) NY: Theatre Marquee, opened 1.6.61, dir. Paul E. Davis, prod. designed by Peter Harvey; Michael Wagner (Mesa), Tani Seitz (Ysé), George Morgan (de Ciz), Martin B. Rudy (Amalric).

Reviews: favourable in *NY Times, Herald* (2.6.61), *Telegram* (3.6.61) and *Saturday Review,* 44 (17.6.61), 51: 'beautifully performed and admirably translated'; ferocious in *NY Journal* (3.6.61), *Women's Wear Daily* (7th) and *New Yorker* (10th): 'Pregnant words and phrases swell magisterially and deliver mice'. Reservations in *Commonweal,* 74 (28.7.61): 'a brave unwisdom' & in *NY Herald* (14.6.61). Jerry Tallmer in *Village Voice* (8.6.61) extols Hart's lyric gifts but denounces the play as an exercise of 'self deluding male chauvinism and irresponsible romantic evasiveness'. A psychological error was made in using a 1925 and not a 1900 style.

Ap35 *Les Choéphores* (D. Milhaud) NY Philharmonic Orchestra, 12.10.61.

Ap35a *Tidings* (Aa29), Rosary Coll., River Forest (Ill.), 1962, dir. Robert Thompson.

Ap36 *Tidings* (Aa29), Skidmore Coll., Saratoga Springs, Skidmore Little Theatre, April 63 (4 perfs.), pres. by 'Omnibus', dir.

by Dorothy Chernuck, sets, lighting and costumes by John
Workman; Richard Cuyler (Pierre), Dale Helward (Jacques)
(both professional actors), Rosemary Shevlin (Violaine),
Elizabeth Berger (Mara) (both students).

Ap37   *L'Annonce,* in French at U. of Dallas (Texas), 15 & 17. 12.
63; see *BSPC* 16. French Dept. Players of the U. of Dallas,
dir. Rev. Moses Nagy. Professional adviser: Mr Gary La Vigne.

Ap38   *Tidings,* (adaptation based on Aa29) Grinnell Coll. (Iowa)
Fine Arts Center, Roberts Theatre, 22–23.2.64, dir. Ned
Donahoe; designer, Will M. Sherman; music, James Yannatos
(pre-recorded music); program indicates interest of Roberts
Theatre 'as functional as it is unconventional, and contro-
versial'.

Ap39   *L'Annonce,* Tournée Rigault, 85 perfs. in university towns
in Canada and north-east U.S.A., from Montreal (6.2.65) to
Princeton (6.5.65). In New York: Barbizon Plaza (5–18.4.
65: 21 perfs.). Le Tréteau de Paris Company, dir. Pierre
Franck, sets by P. Simonini, costumes by M.-H. Dasté.
Danièle Delorme (Violaine), Madeleine Vîmes (Mara), Paul
Descombes (Pierre), Jean-Claude Bercq (Jacques).

     Hervé Alphand (French Ambassador in Washington) 'tournée triom-
phale', *BSPC,* 28 (Oct. 67);   *Montreal Star* (8.2.68): 'one of the most
affecting stage-offerings seen here for years';   very favourable: *NY
Herald, Journal, World* (6.4.68), *Christian Science Monitor* (10.4.68);
more reticent: *NY Times* (6.4.68), *Morning Telegram* (7.4.68);   severe:
NY Post: 'scarcely forceful drama . . . endless verbal recombining . . . the
production is static for movement, histrionic for voice'.

Ap40   *The Tidings* (scenes from), staged by Pr Calvin Claudel as
part of the Chapel Program at West Virginia Wesleyan Coll.,
28.11.67; see *CN*, 1.

Ap41   *L'Homme et son désir,* by the students, at Mills Coll. (where
D. Milhaud teaches), 25.4.67; see *CN*, 1.

Ap42   *Break at Noon* (Aa25), Baltimore: Mount St Agnes Coll., Dec.
67, dir. Dale E. Fern. Each performance preceded by an
intro. to the play: on 8th by W. Fowlie, on 9th by H. Waters,
on 15th by R. Girard, on 16th by F. Vial.

     'Given C's evolution toward a dematerialized "parabolic" theater, one
feels the playwright would have approved Pr Fern's decision to have a
different actress portray each act's Ysé', *CN*, 1.

Ap43   *Tidings & Satin Slipper* (readings from), Catholic U. of
America, Washington, D.C. (3.4.68); CR in Bk69.

Ap44   *Chr. Columbus* (Act I of Opera), San Francisco: War Memorial
Opera House, 6.11.68, dir. Adolf Rott; sets and costumes by
Wolfram Skalicki and David West.

     Harold C. Schonberg, *NY Times* (7.10.68): favourable;   see *BSPC,*
33 (Jan. 69).

Ap45   *Jeanne au bûcher* (oratorio), Boston: Cathedral of the Holy Cross, 22.11.68, The U. Chorale of Boston Coll.; see *CN*, 3.

Ap46   *Proteus* (Ab9), U. of Wisconsin, at Marinette Campus (4.12. 68), Fox Valley Coll. (6th), Manitowoc Coll. (7th), Green Bay Campus (8th, 13th, 15th): 'A Satyr-Farce in Two Acts with Electronic Variations' (with movies and T.V. sets playing off a videotape recording), dir. Ivor A. Rogers, music dir. F. W. Doverspike.

    Daily Northwestern (29.11 & 7.12.68);   *The Post-Crescent* (Appleton, Wisc.) (22 & 28.11; 6 & 8.12.68);   *Green Bay Press-Gazette* (22.11 & 1, 5 & 9.12.68).

    Cf. *CN*, 3; *BSPC*, 33, 'France-Amérique' (23.1.69). All enthusiastic about text and production.

Ap47   *L'Echange*, Tournée Dorsay, 20 perfs. in U.S. & Canada (1.4– 5.5.69): Amherst Coll., Mass. (9.4.69), Los Angeles, U. of California (11th), Fort Wayne, Indiana (15th), New York: Fashion Inst. of Technology (18th, 19th), Newport, R.I., Salve Regina Coll. (19th), Brown U., Providence, R.I. (1.5. 69), Washington D.C.: Lisner Auditorium (3rd), Boston (5th); Laurent Terzieff (Louis Laine), Pascale de Boysson (Marthe), Madeleine Marion (Léchy), Michel de Ré (Th. Pollock).

    See *BSPC*, 33 & 35 (1969): great success.

Ap48   *The Exchange* (Ab10), project, State U. of California.

BROADCASTS, U.S.

Aq1   23.8.59, NBC-TV & National Council of Catholic Men (Catholic Hour's Dramatic Series): 'Prouhèze in Hell & Heaven' (*The Satin Slipper,* adapted for the TV by Gereon Zimmerman, dir. by Martin Hoade).
  CR & text in Bn190. Extensive cuts and simplifications.

Aq2   1960 (Holy Thursday), The Voice of America: interview at Manhattanville Coll. on Ap32, by J. P. Freysse, of Agence France-Presse.

Aq3   1961, The Voice of America: retransmission of Ap34.

Aq4   1962, ABC: reading of 'Death of Judas' by Frederick Rolf, prod. by National Council of Catholic Men, 'Directions 62'.
  Newsweek, LIX, 14 (2.4.62): praise for actor and text.

Aq5   1962, NBA present at Ar13.

Aq6   1963, retransmission for N.E. of U.S. of Ar16.

Aq7   According to W. Fowlie (letter to J. de L. 1972), his tr. 'Way of the Cross' (unpubl.) read on NY TV by Siobhan McKenna (date not indicated).

It has so far proved impossible to establish more than this very tentative list.

LECTURES, CONFERENCES,
EXHIBITIONS, ETC. IN U.S.

Ar1   29.3.27, NY: Barnard Coll. (Columbia U.): lecture by Marguerite Mespoulet: 'Introduction to PC's poetry', approved by C: see Bp11.

Ar2   1928, Yale U.: lecture course by Henri Peyre on *Théâtre.* See Bp18.

Ar3   1928–9, Alliance Française: lecture by M. Mespoulet on *L'Annonce,* & 'C's Gallery of Saints'.

Ar4   1942, Yale U.: reading of extracts from *l'Echange* by Ludmilla Pitoëff, invited by Dept. of French (Chairman, H. Peyre).

Ar5   Jan. 55, Princeton U. R. Speaight, 3 lectures on C's theatre.

Ar6   28.11.55, Alliance Française, Hotel Plaza, N.Y., H. Peyre, 'Grandeur de PC'

Ar7   2–3.4.56, The Catholic Renascence Soc., Hunter Coll. (NY City): 'Christian Humanism & Modern Thought', Symposium in Memory of PC, Chairman: Fernand Vial (Fordham U.); Rev. R. Bruckberger, O.P. 'The Theological Ideas of C', Armand Hoog (Princeton U.) 'C and the classical sources', Wallace Fowlie 'The poetics of PC', J. Cuneen (Coll. of New Rochelle), René de Lecain (St. John's U.).

Ar8   19.2.57, Yale U.: lecture-recital by J.-L. Barrault, organised by Dept. of French & School of Drama: great success.

Ar9   26.7.60, Los Angeles: Immaculate Heart Coll., Barna Avré, 'The Poetry of PC'.

Ar10   22.11.60, Alliance Française, NY: Ch. Dédéyan, 'C poète de la création'.

Ar11   14.12.60, Los Angeles: Mount St Mary's Coll., B. Avré, 'Tobie & Sara'.

Ar12   Late 1961: reading of Ab7 (Prologue) in a café in Greenwich Village (see *BSPC,* 8).

Ar13   Early 1962: reading of Bd8 (extracts) at Bradenton Museum (see *BSPC,* 9).

Ar14   1962: reading of Aa25 Berkeley U. (see *BSPC,* 9).

Ar15   1962: mobile exhibition organised by M. Morot-Sir, cultural attaché in Washington.

Ar16   5–8.4.63, TV interview with E. Roberto, Pres. of Canada C. Soc. from 5th Salon du Livre, Montreal (with C's desk as centrepiece), shown in Canada and N.E. of U.S.

Ar17   Oct.–Nov. 63, Canada & U.S. Alliance Française; lecture tour by Alain Cuny.

Ar18   15–17.12.63, Dallas Coll. Exhibition of documents, organised by Rev. Moses Nagy, on C's life & work (cf. Ap37).

Ar19   July 1964, Catholic U. of America, Washington: summer course on C by Yvonne Bâtard (U. de Rennes); 23.7.64, public lecture on 'C et l'Amérique'.

Ar20   1964–5, U. of Rhode Island: H. Waters, M.A. course.

Ar21   20 & 22.12.64, 3 & 5.1.65, Alliance Française, NY: four lectures by M. Vitols (Marymount Coll.).

Ar22   1965–6, Middlebury Coll., Vermont: M. C. Bourcier, lecture-course.

Ar23   July, 66, Institut Français, NY: lecture by Fr. Varillon.

Ar24   Dec. 67, Mount St Agnes Coll.: H. Waters, lecture on *P de M* (copy in SPC Arch.).

Ar25   March 68, Holy Family Coll., Torresdale, Penn.: Exhibition organised by Sr Mary Immaculate.

Ar26   3–4.4.68, Catholic U. of America, Washington: 3rd Symposium in Comparative Literature, H. Hatzfeld, Chairman; A. Maurocordato etc., 'Medieval Drama & its Claudelian Revival' (see Bk69).

Ar27   17.9.68, San Francisco State Coll., founding by Prof. Marie-Hélène Pauly of the California branch of the Société PC (for its activities, see Ab10 & 15).

Ar28   Nov. 68, Boston: Henri Peyre, lecture on *C. de l'Est.*

Ar29   29.12.68, at NY, founding of PC Society, at MLA Convention. Pres. Calvin Claudel; Bulletin: *Claudel Newsletter* (H. Waters) Annual Meetings: 28.12.69, Denver (Colorado), Chairman Calvin Claudel; 28.12.70, Dallas (Texas), M. Nagy, New Pres. Louise Witherell (U. of Wisconsin); 1971: Program Chairman A. Cisnaru (Texas Techn. U.), New Pres., Léon Bourke.

Ar30   1968: Mobile exhibition organised by Services culturels de l'Ambassade de France (see Bn250).

Ar31   1968, U. of California, Davis; Jean Hytier, 'La Dramaturgie de C' (seminar).

Ar32   1969, Columbia U., NY: Claude Martin, course on C's dramatic and lyric work.

Ar33   1970–1, U. of NY & various branches of Alliance Française: Henri Claudel (French consul general at NY), 'C tel qu'il était', on *Journal.*

Ar34   1972, Northeast MLAA Annual Convention, Skidmore Coll. (Saratoga Springs, NY), PC section (8.4.72), Pres. Harold A. Waters, Secr. J. P. Cap (Lafayette Coll.): J. P. Cap, 'C. aujourd'hui et demain'; Lynne L. Gelber (Skidmore Coll.), 'Camille C's art & influence'; Joan S. Freilich (Walden School, NY), 'Imagery in *S de S*'

Ar35   Services culturels de l'Ambassade de France (972 Fifth Ave., NYC, 10021) offer two films: *Portrait-Souvenirs* (nos. 3052–3) & *PC* (3043) produced by O.R.T.F. (Paris), and, among their 'Radio-Tapes on French Literature' an extract from *S de S* at the Comédie-Française.

INDEX OF WORKS PRODUCED OR BROADCAST
Sections Ak-Ar

Theatre

As1 *L'Annonce faite à Marie* Ak19; Ap3, 5, 10, 37, 39

As2 *Break of Noon* Ak25; Ap42; Ar14. (See also As5, 12, 13, 15, 16)

As3 *Les Choéphores* Ap35

As4 *Chr. Colomb/Columbus* Ak7, 20; Ap9, 18. (See also As11)

As5 *The Divide of Noon* Am7. (See also As2, 12, 13, 15, 16)

As6 *L'Echange* Ap47; Ar4 (extr.)

As7 *The Exchange* Ak1, 8; Ap48; Ar13

As8 *L'Homme et son Désir* Ap41

As9 *The Hostage* Ak3; Am1. (See also As14)

As10 *Jeanne d'Arc au bûcher/J. of A. at the Stake* Ak14, 16, 22, 24; Am2; Ap14, 45

As11 *Le Livre de Chr. Colomb* Ak15; Ap24

As12 *Meridian* Am3. (See also As2, 5, 13, 15, 16)

As13 *Noontide* Ap34; Aq3. (See also As2, 5, 12, 15, 16)

As14 *L'Otage* Ap30. (See also As9)

As15 *Partage de Midi* Ak10, 23; An9 (extr.). (See also As2, 5, 12, 13, 16)

As16 *Partage de Midi* (tr. Watson) Am11. (See also As2, 5, 12, 13, 15)

As17 *The Prince* Ar12 (extr.)

As18 *Protée* Ak18

As19 *Proteus* Am9; Ap46

As20 *The Satin Slipper* Ak11; Ap29, 32, 43 (extr.); Aq1 (adapt)

As21 *Le Soulier de Satin* Ak21; An9 (extr.)

As22 *The Tidings brought to Mary* Ak2, 4, 5, 6, 12, 13; Am4; Ap1, 2, 4, 6, 7, 7a, 8, 11 (extr.), 12, 13, 15, 16, 17, 19, 20, 21, 22, 23, 25, 26, 27, 28, 31, 33, 35a, 36, 38, 40 (extr.), 43 (extr.). (See also As1)

As23 *Tobie et Sara* Ak18

Poetry

As24 *Cantate à trois voix* (extr.) An9; Ah1

As25 *Five Great Odes* Am5, 6

As26 *The Way of the Cross* (extr.) Aq7

Prose

As27 *'Death of Judas'* Aq4

As28 *'The Defence of Judas'* Am8

B: SECONDARY MATERIAL

BOOKS AND THESES WHOLLY OR SUBSTANTIALLY ON CLAUDEL, G.B.

Ba1   O'Flaherty, Kathleen, *PC & the Tidings brought to Mary,* Cork U.P., 1948, ii + 141 pp. & Westminster: The Newman Press, 1949.
Presentation rather than criticism. Unreserved enthusiasm.

Ba2   Mulligan, D., 'La Spiritualité de C', M.A. thesis, Galway, National U. of Ireland, 1950.

Ba3   Ryan, Mary Perkins, *Introduction to PC,* Cork U.P. & Oxford: Blackwell, 1951, 111 pp.
Well-informed. Defends C's orthodoxy against supercilious critics. Analyses C's progress to *S de S.*

Ba4   Chiari, Joseph, *The Poetic Drama of PC,* London, Harvill Press, 1954, 186 pp. (Pref. by T. S. Eliot); repr. N.Y.: Gordian, 1969.
Refers to other English & French attempts, incl. Eliot & Fry, to create poetic drama; underestimates role of burlesque in C.   *TLS* (15.10.54) judges it penetrating but too slow and theoretical;   See Bm126; Bm129; Bm130;   Anne Freemantle, *Commonweal,* 61 (3.12. 54), 257 (dislikes digressions);   Girdlestone, *French Studies,* IX (1955), 370–2 (condemns digressions and factual errors).

Ba5   Beaumont, Ernest, *The Theme of Beatrice in the Plays of C,* London: Rockliff, 1954, x + 102 pp. French tr. H. Foster & author *Le Sens de l'amour dans le théâtre de C,* Paris: Lettres modernes, 1958, 163 pp.
Development of Bm107: pagan and romantic mingle with Dante's ideal in C. Analysis of heroines. Love incompatible with marriage. See Bm138 (considered solid and perceptive; very favourable review); Bm130;   Girdlestone, *French Studies,* IX (1955), 174–6: praise for giving way neither to dithyrambs nor to savagery.

Ba6   Bonning, H. K., 'The Influence of C's Diplomatic Travels upon the Evolution of his Theatre', MA thesis, Exeter U., 1961–2.

Ba7   Wood, Michael, G., 'The Dramatic Function of Symbol in Maeterlinck and C', PhD., Cambridge, St. John's, 1962–3.

Ba8   Maurocordato, Alexandre, *Anglo-american Influences on PC, I: Coventry Patmore,* Geneva: Droz, 1964, 162 pp.
All C's inner adventure is involved in this study of Patmore's thematic and stylistic influence on the *Odes.* Analysis of C's borrowings and adaptations.   P. Brunel, *BSPC,* 19; Bn250;   E. Beaumont, *L'Ode claudélienne: deux exégètes,* Paris: Minard, Archives des Lettres Modernes No. 8, 40pp.

Ba8a   Johnson, L. A. M., 'La Femme dans l'œuvre dramatique de C, 1884–92', M.A. thesis, Manchester, 1966–7.

Ba8b   McCarthy, P. A., 'The Ironic & comic elements in the drama of C', thesis, King's Coll., London, 1967–8.

Ba9   Griffiths, Richard, *C, a Reappraisal,* London: Rapp & Whiting, 1968, 197 pp., & Chester Springs (Pa): Dufour, 1970.

     Invites 'Anglo-Saxons' to judge on an artistic and literary level, without prejudice of a political, religious or personal order. Collective work composed for the Centenary. Excellent.

R. Griffiths	'C in all honesty'
B. Howells	'The enigma of *Partage de Midi*'
A. Barnes	'*L'Annonce faite à Marie* at Hellerau'
Michael Wood	'Providence's play: *S de S*'
Moya Laverty	'*Jeanne d'Arc au bûcher* and its place in the work of C'
Edw. Lucie-Smith	'The *Cinq grandes odes* of PC'
Ernest Beaumont	'C and Sophia'
Elfrieda Dubois	' "La prosodie me fut enseignée par les psaumes" . . . Some reflections on C's verset'
Gilbert Gadoffre	'C and Balzac'
Witold Leitgeber	'Poland in the life and works of C'
Paul Claudel	'Pour une réunion franco-polonaise'
Jean Mouton	'The Albums of PC'
Patrick McCarthy	'C, Patmore and Alice Meynell: some contacts with English Catholicism'
Alexander Mavrocordato	'Meditations on a text by C'

See Bm211; Bm212; Bn271. *The Month,* June 69 (W. N. Ince); *Forum for Modern Language Studies,* April 70, p. 205; *Modern Language Review,* Jan. 70, pp. 175–6 (E. Beaumont); *Library Journal* (NY), 95 (1.10.70), 3284: high praise, esp. for Beaumont; *French Review,* XLIV (1970–71), 607–8 (W. H. Matheson); *French Studies,* XXV (1971), 103–4 (M. -F. Guyard).

Ba10   Wooldridge, G. P., 'Religious Belief in Selected Works of C', M.A.,U. Coll. of Wales, 1969.

Ba11   Zagar, M. D., 'Decadent Themes in PC's Dramatic Works', Ph.D., London, 1969.

Ba12   Body, J. A., née Tindell, 'The Theme of Marriage in the Works of PC', M. Litt., Newnham, Cambridge, 1970.

WORK IN PROGRESS, G.B.

Bb1　Allen, Louis, *A Study of the Poetry of C, Segalen & Saint-John Perse.*

Bb2　Allen, P., 'Mises en scène des drames de PC jusqu'en 1955' (doctorat 3ᵉ cycle, Strasbourg).

Bb3　Baxter, M. J., 'The Correlation between the Poetry and Plays of C' (M.A., Exeter).

Bb4　Beaumont, Ernest, *Etat présent des études sur les 'Cinq Grandes Odes' de C.*

Bb5　Gadoffre, Gilbert, Critical edn of *C. de l'Est.*

Bb6　Howells, B. P., 'The Problem of Evil in the Work of PC, with particular reference to the Plays' (Ph.D., King's, London).

Bp7　Hugh, D. F., 'C & Valéry devant l'infini pascalien' (Ph.D., Manchester).

Bp8　Jackson, J., 'Le Thème de la mer et de l'eau dans l'oeuvre de PC' (M.A., Exeter).

Bp9　Little, Roger, 'C & Saint-John Perse' (article).

Bb10　Murphy, Norah, 'A comparison of PC with G. M. Hopkins' (Oxford).

Bb11　Steer, M. F., 'PC as a Critic of French Literature' (B. Litt., Somerville, Oxford).

BOOKS WHOLLY OR SUBSTANTIALLY
ON CLAUDEL, U.S.

Bc1   Fowlie, Wallace, *PC*, Coll. Studies in Modern European Lit. & Thought, London: Bowes & Bowes, 1957, 110 pp.

Analyses C's theoretical writings via the best French critics – Friche, Madaule, Peyre – of the period. More attracted by C's metaphysics (union of faith and poetry) than by verbal excesses. Parts 4 (literary fortunes) & 5 (biblical commentaries) break new ground. See Bn178; J. Raymond, 'The Unknown Titan', *Sunday Times* (19.1.58), (favourable);   *YMLS*, XIX (1957), 159-60 (very unjust);   'The Enigma of the Poet', *NY Times Book Review* (23.3.58), 32;   *TLS* (31.1.58), 65: upbraids Fowlie ironically for concluding before expounding and for trying to convert readers supposed 'bigoted and blind Protestants or agnostics'.

Bc2   Avré, Barna M., *The 'Hostage' of PC, An Essay of Literary Psychology,* pref. by Henri Guillemin, foreword by Paul Bonnet, 1st American edn 1961, 130 pp. (tr. from French, Quebec: Edns du Soleil, 1961, 122 pp.).

Eve Mathis, *BSPC*, 10 (June 62), very favourable.   See Bn216.

Bc3   Chaigne, Louis, *PC, the Man & the Mystic,* tr. from French (Bp43) by P. de Fontnouvelle, NY: Appleton, 1961, 280 pp.

See Bm168;   Bm169 (judged useful for understanding religious psychology of French, but serious reservations about C, esp. for intransigence, although his triple career is admired);   Bn231.   Chaigne was C's friend from 1925.

Bc4   Berchan, R., *The Inner Stage. The Quest for Serenity in the Early Works of PC* (Columbia Ph.D. thesis, 1964), Michigan State Press, 1966, 118 pp.

C reaches a compromise seeing himself as a 'poet-priest', as a solution between his artistic & religious vocation.   CR: *French Review* (Nov. 66); *Romanic Review* (Dec. 68); *Symposium* (Apr. 70); *CN 6* (Oct. 70), ('sound and stimulating'); *TLS* (29.9.66), 900: favourable.

Bc5   Matheson, W. H., *C & Aeschylus, a Study of C's Translation of the Oresteia* (Ph.D. thesis, Michigan, 1962), U. of Michigan Press; London: Cresset Press, 1965, 231 pp.

Theoretical & practical influence of Aeschylus on C.   See C. W. Macleod, *MLR*, LXII (Oct. 68);   A. Podlecki, Bn264 (favourable).

Bc6   Waters, Harold A., *PC*, NY: Twayne, 1970, coll. TWAS No. 92, 196 pp.

Optimistic intro. for American readers.

Bc7   Horry, Ruth N., *PC and Saint-John Perse: Parallels and Contrasts*, Chapel Hill: U. of N. Carolina Press, 1971.

132pp.

See Bn271; R. Little, *French Studies* (a fine subject inadequately treated; gaps and errors); *Year's Work in MLS* (1971): 'abstract and lofty apology for C, as against poet of the merely mundane'.

Bc8   Watson, Harold M., *C's Immortal Heroes: A Choice of Deaths,* New Brunswick: Rutgers U. P., 1971, xiii + 199pp. Publ. of Bd17.

    CR: *Benedictine Review* (June 72).

Bc9   MacCombie, J. A., *The Prince and the Genie: A Study of the Influence of Rimbaud on C,* U. of Massachusetts Press, 1972, xvii + 197pp. Publ. of Bd16.

Bc10   Announced by Toronto U. P.: publ. of Bd21.

COMPLETED PH.D. THESES (TO 1971), U.S.

Bd1   Richards, Sr Mary Innocentia, 'The Mysticism of PC', U. of California, 1934 (SPC Arch. at Brangues).

Bd2   Desautels, Armand, 'Le Sacrifice du Christ chez PC & Ch. Péguy', 3 vols, Harvard, 1941.

Bd3   Newell, Sanford H., 'A Study of PC's *L'Annonce faite o Marie'*, The U. of Carolina Record, Grad. School Series No. 64, 1954, 254pp. (see *U. of N. Carolina Abstracts*).

Bd4   La Vallée, Marie Marthe, 'The Artistic World of PC', Columbia U., 1956 (see *Diss. Abs.*, XVI, 1956, 330).
Serious work on poet's mission and formal elements.

Bd5   Waters, Harold A., 'C & the City of Men', U. of Washington (see *Diss. Abs.* XVI, 1956).
Penetrating study on a work little known at the time.

Bd6   Martin, Catherine Rita, 'The Concept of Universal Harmony in the Work of PC', Columbia U., 1956, 189pp. (see *Diss. Abs.*, XVI, 1956).
Copy in SPC archives accompanied by letter from C (27.7.53). He approves the plan and underlines evil as 'une interférence perverse dans ce qui est'. He corrects one idea: 'Je ne suis pas aussi partisan de la monarchie et du Moyen-Age que vous croyez.'

Bd6a   Quinn, Seabury, Jr, 'Ideological Spectacle: Theory and Practice',Yale U., 1958, 289pp.
C pp. 213—53: Barrault's efforts to make 'palatable for a large public' *LCC* which had bored and irritated as a concert. See Ap18, 24.

Bd7   Uhl, Rose M., 'Religion in the Characters in the Plays of PC', Pittsburgh, 1958, 107pp. (see *Diss. Abs.*, XIX, 1958, 1370).
Rational exploitation of C's 'Lettre au Temps'.

Bd8   Caplan, Philip, 'A translation of 3 plays by PC, *L'Echange, Partage, Tobie'*, Denver, 1960 (cf. Ab5).

Bd9   MacLeod, S. R., 'Problems of Poetry & Dramaturgy in Modern Verse Drama', Florida, 1961, 368pp. (see *Diss. Abs.*, XXIX, 1961, 904A).
Deals with Fry, Eliot, Claudel, Lorca, Brecht; concludes in favour of Lorca, who solved the technical problems best.

Bd10   Wiedner, Elsie Margaret, 'The use of the theatre for the presentation of metaphysical ideals; a comparative study of W. B. Yeats & PC', Radcliffe, 1961.

Bd11   Cingras, G. E., 'The Categories for Tragedy in the Contemporary French Drama', Washington, 1962, vi + 397pp.
A very closely thought out examination of five aspects of tragedy in

Aristotelian theory, as they are used & expanded, in 53 plays by Anouilh, Camus, C, Cocteau, Gide, Giraudoux, Lenormand, Marcel, Montherlant & Sartre.

Bd12 Markus, Thomas Benjamin, 'The Concept of Communism in the Modern French Theater', Tulane U. (see *Diss. Abs.,* XXIII, 11, May 63, 4460–1).

On Genet, Beckett, C & Sartre.

Bd13 Talley, Jerry B., 'Religious Themes in the Dramatic Works of G. B. Shaw, T. S. Eliot & PC', U. of Denver, 1964 (see *Diss. Abs.,* XXV, 6, Dec. 64, 3750).

Bd14 Bras, Monique T., 'PC et Maurice Pottecher: une époque, deux attitudes poétiques', Duke U., 1965 (see *Diss. Abs.,* XXVI, 1966, 2202).

Opposes, following C's letter to Pottecher, dramatists who 'parlent au peuple, l'humanité en marche' and those who 'parlent à la place du peuple', bearing witness to their faith, like C.

Bd15 Deuel, Mildred Thompson, 'The Spiritual Development of PC (1889–1905)', NY U., 1965 (see *Diss. Abs.,* XXVII, May 67, 3867 A).

Bd16 MacCombie, J. A., 'L'Ange et la bête: A Study of the Influence of Rimbaud on C', Yale U., 1965 (see *Diss. Abs.,* XXVI, 1966, A 666). Publ. Bc9.

Resolutely thematic and technical, non-historical, study.

Bd17 Watson, Harold M., 'The Theme of Death in Three Plays of PC', Colorado U., 1965, 432pp (see *Diss. Abs.,* XXVII, 3, 784–5 A).

Studies this theme in relation to others in *TO, P de M* & *L'Annonce.* Existential data given particular attention. Publ. Bc8.

Bd18 Zillmer, Herman L., 'A Study of the Use of Symbol in the Dramatic Aesthetics of Mallarmé, Maeterlinck, Valéry & C', U. of Wisconsin (Madison), 1965.

Bd19 Goitein, Denise R., 'Jewish Themes in selected French works between the two World Wars', Columbia U., 1967 (on C, Lacretelle, Montherlant, Duhamel, Bloch & A. Cohen), (see *Diss. Abs.,* XXVIII, 1968, A 4173–4).

Disparate but valuable because involves mystical and sociocultural levels in turn. In C, final meeting of Pensée and Orian prefigures that of authentic Israel and purified Christianity.

Bd20 Strmen, Karol Adam, 'Les Trois Odes de PC: Exégèse des *Muses* de *L'Esprit et l'eau* et de *Magnificat*' (see *Diss. Abs.,* XXVII, 10, Apr. 67, 3472–3 A).

Bd20a Louis, William Joseph, 'Victim souls in C's dramas', Stanford U., 1969, 168pp. (see *Diss. Abs.,* XXX, 1969, 3574–5 A).

Bd21 Freilich, Joan, 'PC's *Le Soulier de Satin*: A Stylistic Study of the Imagery & a Structuralist Interpretation', Columbia U., 1970.

Bd22   Sr Maria-Immaculata, 'Le Voyage dans l'œuvre de PC', Middlebury (Vt), (see *B.S.P.C.* 37, Feb. 70).

Bd23   Erwin, John, 'Mallarmé & C: An Intellectual Encounter', 1970, abstract in Bn272.

Bd24   Humes, Joy N. 'A Study of the very present worlds of C & Péguy', Northwestern U., 1970, abstract in Bn272.

Bd25   O'Leary, Ann, 'Le Thème de la terre dans l'œuvre de PC', Iowa U., 1970, abstract in Bn272.

Bd26   Gelber, Lynn, 'The *Critique créateurs* & the Art Criticism of PC', Colorado U., 1971, abstract in Bn272.

COMPLETED M.A. THESES (TO 1971), U.S.

Be1   Howard, Eleanor B. Mary, 'The Spiritual Development of PC', Columbia U., 1924.

Be2   Mespoulet, Marguerite, 'A Short Introduction to C's Poetry', Wellesley College (Mass.), 1927.
       Well documented for the time. Letter from C with copy in SPC archives.

Be3   Derdeyn, Madeline, 'Le Mysticisme catholique dans l'œuvre dramatique de PC', Syracuse, 1928.

Be4   Gibbons, Sr Kathryn Marie, 'The Medieval Spirit in the Drama of PC', Notre Dame (Indiana), 1930.

Be5   Carway, Francis J. S., 'The Dramas of PC', Columbia, 1932.

Be6   Hoffman, Mary, 'The Primitive Outlook in the Early Lyrical Works of PC', Columbia, 1932.

Be7   Lyons, Sr Rose Irma, 'PC: Mystic and Realist', Washington U., (Seattle), 1933.

Be8   Blakely, Sr Claire, 'L'Idée religieuse dans l'œuvre dramatique de PC', McGill, 1935.

Be9   Tracy, Ina J., 'PC and the Intellectual Drama', S.U.N.Y., Buffalo, 1936.

Be10   Reidy, Sr Saint John, 'An Analysis of References to Religious Elements in *L'Annonce faite à Marie* and *La Jeune Fille Violaine*, plays written by PC', Cath. U. of America, 1936.

Be10a Peterson, Evelyn L., 'The genesis and devlopment of a Claudelian type, *The Young Girl Violaine*', Claremont College, 1936, SPC Arch., 44pp.

Be11   Bosetti, Mercedes Marie, 'Women Characters in the Drama of PC', Columbia, 1941.

Be12   Sobozak, J. Austin, 'Coventry Patmore and PC: the function of the poet', Notre Dame (Indiana), 1942.

Be13   Taylor, Erma Jean, 'Some Aspects of PC', Oregon, 1942.

Be14   Lanctot, Sr Agnes, 'The Liturgical Concept of Life in Gerard Manley Hopkins and PC', Notre Dame (Indiana), 1943.

Be15   Des Plaines, Sr Thérèse Gabriel, 'Le Renoncement dans l'œuvre de PC', Columbia, 1944.

Be16   Weber, Edwin J., 'Biblical Expression in *L'Otage*', Ohio State U., 1945, SPC Arch. at Brangues.

Be17   Brunberg, Mary Romelle, 'A Theory of Catholic Poetry

applied to the Works of PC, Evelyn Waugh, and Eric Gill', Iowa, 1945.

Be18   Carrol, Sr Patricia Ann, 'A Comparative Study of the Theatrical Effectiveness of the Major Dramatic Works of PC and Henri Ghéon', Cath. U. of America, 1945.

Be19   Grant, Sr Clarence Marie, 'Liturgy in the Lyrics of PC', Cath. U. of America, 1945.

Be20   Nemerever, Mary Addleman, 'L'Orientalisme de PC', Ohio State, 1946.

Be21   Cuneen, Joseph P., 'Christianity as the Source of Conflict in the Dramatic Work of PC', Cath. U. of America, 1947.

Be22   Schlitzer, Sr Mary Evelyn, C.S.J., 'Naturalism in the Lyrical Poetry of PC', Cath. U. of America, 1948.

Be23   McQuillan, Helen, 'PC, the Growth of his Reputation, 1890–1918', Columbia, 1950.

Be24   Missires, Helen James, 'C's *P de M*: A Crisis and a Resolution', Columbia, 1951.

Be25   Berchan, Richard, 'PC's *Les Muses*: An Exegesis', Columbia, 1952.

Be26   Burkart, Sr Clare Elizabeth, S.N.J.M., 'Sacrificial Women Characters in the Dramas of PC', Cath. U. of America, 1952.

Be27   Newell, Sanford Hammer, Jr, 'A Study of PC's *L'Annonce faite à Marie*', North Carolina, 1952.

Be28   Hale, Julianne, 'A Study and Production Script of PC's *The Tidings . . .*', North Carolina, 1954.

Be29   Hogart, Marion L., 'The Two Versions of *La Ville*; Progress and Perspective', Columbia, 1954.

Be30   Ryba, Theresa Marie, 'Le Rôle rédempteur de la femme dans le théâtre de PC', S.U.N.Y., Buffalo, 1954.

Be31   Wolfe, Ruth S., 'The Third Dimension in C's *Le Soulier de Satin*', Columbia, 1954.

Be32   Brou, Sr M. P., 'A Study of Feminine Psychology as revealed in representative dramas of PC', L.S.U., 1955.

Be33   Siegel, June S.,'*Le Soulier de Satin* and the Drama of C', Columbia, 1955.

Be34   Augst, Paul Marie Bertrand, 'L'Amour dans la première partie de l'œuvre de PC', Colorado, 1956.

Be35   Strmen, Karol Adam, 'Introduction à la cosmologie de PC', Western Reserve', 1956.

Be35a   Zwingmann, Sr Marcella, O.L.M., 'The Mystical Body as the unifying theme in C's *S de S*', Cath. U. of America, 1958. SPC Arch., 71pp.

Be36 Kammin, Edwin R., 'The Collaboration of PC and Darius Milhaud', Columbia, 1959.

Be37 Shakun, Norma R., 'A Stylistic Analysis of some Variants of PC's *L'Annonce faite à Marie*', Columbia, 1959.

Be38 Deseta, William F., 'A Production Study and Text of PC *The Satin Slipper*', Cath. U. of America, 1960.

Be39 Randall, Mary Jo, *'Partage de Midi (The Moment of Noon)*. A translation', Cath. U. of America, 1960.

Bc40 Campbell, Kenneth, 'A translation of PC's *Conversation sur Jean Racine*', Cath. U. of America, 1961.

Be41 Hauser, Richard, 'Le Présent dramatique dans le théâtre de PC', Yale, 1961.

Be 42 Mandin, Sr Mary Augusta, 'The Eternal Woman and the Eternal Feminine in the Light of C's Vision', Washington U. (Seattle), 1961.

Be43 Abbot, Carmela Clark, 'History and Tradition in PC, a study of five later plays', Ohio State, 1962.

Be44 Arthur, G., 'Le Message de C tel qu'on le découvre dans les *Cinq Grandes Odes*', Georgetown, 1962.

Be45 Greely, Sr Elizabeth Ann, C.P., 'A Study of Paradox in PC's *L'Annonce faite à Marie*', Cath. U. of America, 1962.

Be46 McLaughlin, Sr Mary Ellen Francis, 'A Study of the Function of Imagery in PC's *Partage de Midi*', Cath. U. of America, 1962.

Be47 Zang, Mary Coralita, 'Anima: the Quest for the Found. A Study of the Soul's Discovery of its Proper Name in Four Dramas of PC', Ohio State, 1962.

Be48 Butters, Sr Mary Jude, W.S., 'Symbolism in *The Tidings Brought to Mary*', Cath. U. of America, 1963.

Be49 Williams, Donald Kenneth, 'Archetypes of Salvation in the Drama of C', Harvard, 1963.

Be50 Huzarewicz, Helen Emma, 'Le Rôle de la femme dans le théâtre de PC', McGill, 1964.

Be51 Lamberton, Robert Drummond, 'La Nouvelle Logique: étude de l'image dans les œuvres de PC jusqu'à 1910', Harvard, 1964.

Be52 Nicolais, Mother Lucille, O.S.U., 'A Thematic Analysis of Love in *Le Soulier de Satin* and *La Cantate à trois voix*, by PC', Cath. U. of America, 1964.

Be53 Evans, Arlette R., 'Gide et la tentation du catholicisme étudiés dans son dialogue avec C', Georgetown, 1965.

Be54 Erwin, John G., 'Thematic Movement in the Trilogy of PC', Columbia, 1965.

Be55   Levesque, Lucille V., 'C et les deux Testaments', Rhode Island, 1966.

Be56   Magro, Sr Mary Ancilla, 'The Theme of Salvation in C', Louisiana State, 1966.

Be57   Nolan, Carol, 'The Symbol of the Circle and the Center in the Works of PC', North Carolina, 1966.

Be58   Fernandez, Cecil J., 'Symbolism in Contemporary French Literature: PC's *L'Annonce faite à Marie*; André Gide's *Le Retour de l'enfant prodigue* and Jérôme and Jean Tharaud's *L'Ombre de la Croix*', Loma Linda U., 1967.

Be59   Pizzurro, Phyllis, 'Le Thème du ravissement dans les *Cinq Grandes Odes* de PC', S.U.N.Y., Binghamton, 1967.

Be60   Hooks, Georgia Grey, 'Bibliographical Survey and Examination of British and American Claudelian criticism from 1942 to 1965', North Carolina, 1967.

Be61   Macaluso, Mario, 'L'Influence de Rimbaud sur C', Hunter College, 1969.

Be62   Whalon, Marthe, 'PC critique d'art', U. of Rhode Island, 1969.

WORK IN PROGRESS, U.S.

Bf1　Gerber, Pierre, 'A Study of the Imagery in PC's *C. de l'Est & Cent phrases pour éventails*'.

Bf2　McQueeney, Sr Theresa, S.N.D., '*P de M*, œuvre théâtrale de PC: Dossier d'exploration thématique et mise en scène analytique'.

Bf3　Mueller, Sandra, 'The Dramatic Theories of PC & their Realization on the Stage'

Bf4　Noakes, David, 'La Musique et la dramaturgie modernes dans C et Milhaud, et C et Honegger' (see *BSPC,* 4).

Bf5　Snow, Sr Marion, 'Imagery in PC's *S de S* (M.A.: see *CN*, 4).

Bf6　Stabler, Dwight, 'A Literary and Stylistic Analysis of *C. de l'Est*'.

Bf7　Tella, Janet, 'Le Rôle du mal dans l'œuvre de PC'.

BOOKS PARTLY DEVOTED TO CLAUDEL
(about 20 pages), G.B.

Bg1 Duclaux, A. M. (formerly Mrs Darmesteter), *Twentieth Century French Writers,* London, Glasgow, Melbourne: W. Collins, 1920, 258 pp.

> Reviews & reminiscences from Barrès to Gide etc. . . ; C pp. 68–97. Expresses perfectly the criticisms (obscurity, lack of realism, rhetoric, extravagance) and the references (to *L'Annonce, L'Echange & L'Otage*) which are to stay rooted in 'Anglo-Saxon' criticism.

Bg2 Turquet-Milnes, Gladys, *Some Modern French Writers,* 1921. See Bh1.

Bg3 Sargent, John, *Four Independents* (Péguy, C, Hopkins, Brownson), London: Sheed & Ward, 1935, 243 pp.

> C pp. 75–113. Shows in C the joyous, even aggressive, non-conformist who has won his spiritual and artistic freedom. CR: *NY Times* (7. 6.35), 2; *TLS* (30.11.35), 799.

Bg4 Saurat, Denis, *Modern French Literature (1870–1940),* London: Dent, 1946, vii + 144 pp.

> Uncompromising on C's eloquence: 'a bombastic manner of writing', incomprehensible, and sometimes obscene. Semi-conscious political manoeuvre by a diplomat to disguise his Catholic and reactionary convictions. See esp. pp. 25–7, 42–3, 75–6.

Bg5 Schimanski, Stefan & Treece, Henry, eds, *Transformation Four,* London: Lindsay, 1946, 304 pp.

> Poetry, philosophy & religion: Breton, C, Gracq, St-Exupéry.

Bg6 Heppenstall, Rayner, *The Double Image,* London: Secker & Warburg, 1947, 133 pp. Repr. Kennikat, 1969.

> Subtitled 'Mutations of Christian Mythology in the work of four French Catholic writers of today & yesterday (L. Bloy, Bernanos, Mauriac, C)'.
> C chaps: V. A conversion pp. 80–87.
>   VI. The Playground of PC pp. 88–121
>   VII. Prose fiction & poetic drama, C & Eliot, pp. 122–end
> Witty but partial, and consciously so. Considers C's vision as 'Catholic romanticism'. Admires *S de S,* shocked by *P de M.* Cf. Bm167. CR: *TLS* (5.7.47), 338: favourable.

Bg7 O'Donnell, Donat (pseud. of Conor Cruise O'Brien), *Maria Cross: Imaginative Patterns in a Group of Modern Catholic Writers,* NY: Oxford UP, 1952; London: Chatto & Windus, 1953; London: Burns & Oates, 1963, xii + 267 pp.

> C pp. 169–200. Throws light on C's unconscious, nocturnal side through analysis of the symbols of gold and water in the Freudian manner. Novel for the time. Bn116 considers it does not take

sufficient account of the twofold spiritual and material reference in C's symbolism;   high praise in *TLS* (22.1.54).

Bg8   Chiari, Joseph, *Contemporary French Poetry* (foreword by T. S. Eliot), Manchester UP, 1952, xvi + 180 pp.
C pp. 71-5. Analyses mystical sources of C's lyricism. Reservations about subjective and intransigent aspect. Prefers the plays. Cf. Ba4.

Bg9   Cook, Bradford, *Jacques Rivière: A Life of the Spirit,* Oxford: Blackwell, 1958, xv + 158 pp.
C pp. 33-66 & passim. Clear and informed.

Bg10   Chiari, Joseph, *The Contemporary French Theatre. The Flight from Naturalism,* London: Rockliff, 1958, vii + 242 pp., repr. Macmillan, 1959.
C pp. 59-82: 'the most important French poet-dramatist since Racine', p. 82. Sincere, somewhat dogmatic.

Bg11   Heppenstall, Rayner, *The Fourfold Tradition, Notes on the French & English Literatures with some ethnological & historical asides,* London: Barrie & Rockliff, 1961, 280 pp.
Re-uses elements of Bg6. Studies theme of Joan of Arc in Bloy, Péguy, C (Chap. 1); recalls renewal of Thomism (Chap. 3, part 2). From now on prefers Gide to C.

Bg12   Barrault, J.-L., *The Theatre of J.-L. B.,* tr. J. Chiari, London: Barrie & Rockliff, NY: Hill & Wang, 1961.
C pp. 166-230: 'Notes for intimate memoirs'.   Cf. Bp35a.

Bg13   Steiner, George, *The Death of Tragedy,* London: Faber, 1961, viii + 355 + xii pp; NY: Knopf, 1961, 354 pp.; French tr. Seuil, 1966.
C pp. 331-41 & passim. C's dialectic of sin and redemption excludes the tragic because a way out remains. C judged 'a maddening writer, pompous, intolerant, rhetorical, amateurish, prolix',   yet grandiose in his baroque excesses.

Bg14   Aylen, Leo, *Greek tragedy & the modern world,* London: Methuen, 1964, viii +376 pp.
From Anouilh to Sartre etc. . . incl. C.

Bg15   Griffiths, Richard, *The Reactionary Revolution: The Catholic Revival in French Literature (1870-1914),* London: Constable, 1966, x + 393 pp. tr. Marthe Lory, *Révolution à rebours*, Paris: Desclée de Brouwer, 1971 (CR: Jean Onimus, *Le Monde* (6.8.71).
Structural analysis seeing in Villiers, Bloy, Péguy, C etc. the same currents of anti-intellectualism, nationalism and faith in redemptive suffering. Differences minimised to emphasise pattern.

Bg16   Knowles, Dorothy, *French Drama of the Interwar Years (1918-1939),* London: Harrap, 1967, 334 pp.; NY: Barnes & Noble, 1968.
C pp. 229-42. Well informed. Underlines fecundity of C's dramatic

conceptions. Reservations about his intransigence, the cruelty of his God, and his contortions of style and thought. Cf. her fine thesis, *La Réaction idéaliste au théâtre depuis 1890,* Paris: Droz, 1934.

Bg17 Lumley, Frederick, *New Trends in Twentieth Century Drama,* London & NY: Oxford UP, 1967, vi + 398 pp.

Chap. 4 *The Discovery of PC* pp. 59-77: presents clearly the problems about C's faith, his language and the translation of his works.

Bg18 Brereton, Geoffrey, *Principles of tragedy,* London: Routledge & Kegan, 1968, x + 285 pp.; repr. U. of Miami Press, 1969.

C pp. 226-43 & 265 *(P de M).* C failed to achieve tragedy by introducing the mystic dimension into *P de M* in an 'unfair and unreal' way. Such passion is mere psychosis, a case of erotomania.

Bg19 Moore, Harry T., *Twentieth Century French Literature,* London: Heinemann, 1969, 416 pp. New ed. of Bk63.

From C & Apollinaire to Genet & Robbe-Grillet. Stimulating.

Bg20 Cruickshank, John, ed., *French Literature & its Background,* VI, *The Twentieth Century,* London, Oxford, NY: Oxford UP, 1970, viii + 341 pp.

Beaumont, E. & Cruickshank, J., 'Theatre of Heroic Grandeur, C & Montherlant', pp. 73-93.
Campos, C., 'Poetry & Collective Experience: Péguy, C, St-John Perse', pp. 143-67.
Dru, A., 'Catholic Humanism', pp. 128-42.
Gibson, R., 'The First World War & the Literary Consciousness', pp. 55-72.

Bg21 Flower, J. E., 'C' in *Forces in Modern French Drama,* ed. J. W. Fletcher, London UP, 1972, pp. 33-48.

BOOKS PARTLY DEVOTED TO CLAUDEL
(about 20 pages), U.S.

Bh1   Turquet-Milnes, Gladys, *Some modern French Writers: A Study in Bergsonism*, NY, London: Muirhaid, 1921, xiii + 302pp.; repr. Freeport, NY: Books for Libraries, 1968.

> C pp. 155-85. Favourable but rather systematised. Sees in *C. de l'Est* the *Odes* and *Art poétique* a Bergsonian anti-intellectualism and sense of movement. Imputes limitations of his 'Aeschylian' drama to those of the French language. Sensitive to his 'brutal strangeness': 'a veritable Rubens in poetry'. See Bg2.

Bh2   Bregy, Catherine Marie, *Poets & Pilgrims, from Geoffrey Chaucer to PC*, NY: Benziger, 1925, 210pp.

> 'PC mystic and dramatist', tenth in motley set of essays going from Shakespeare to Fr Table and Joyce Killner.

Bh3   Calvert, Alexander, *The Catholic Literary Revival*, Milwaukee, 1935.

Bh4   Harrison, Margaret H., *Modern Religious Drama in Germany and France: A Comparative Study*, Boston: The Stratford Co., 1936, xxiii + 236pp.

> C pp. 155-74: sees in C, Péguy & Ghéon a current parallel to German mystical expressionism. Admires *L'Annonce* & *L'Otage* esp.

Bh5   Keeler, Sr Mary Jerome, O.S.B., *Catholic Literary France from Verlaine to the Present Time*, Milwaukee: Bruce, 1938, xiii + 268pp. London: Coldwell, 1938.

> C pp. 189-205: Refers to French critics Chaigne, Madaule, Peyre, and on occasions to Tonquédec & Lasserre, so a 'classic' approach, but she jibs at stylistic difficulties.

Bh6   *Item deleted.*

Bh7   Fowlie, Wallace, *Clowns & Angels: Studies in Modern French Literature*, NY: Sheed & Ward, 1943, 162pp.; repr. under title *The Spirit of France*, London: Sheed & Ward, 1944, pp. 93-108.

> C, 'The Metaphysics of a Poet', pp. 112-29: An excellent introduction to C's vision and to the then incredible idea for an American of joy won through sacrifice.

Bh8   Peyre, Henri, *Writers and their Critics: A Study of Misunderstanding*, Ithaca (NY): Cornell U. P., 1944, xii + 340pp. Six lectures in Cornell U., 1943; Emended repr., 1967, x + 363pp. under title *The Failures of Criticism*.

> C mentioned some 20 times (see index). Charge of obscurity refuted. A great advocate of C in American universities (cf. art. *NRF*, Sept. 32 & *Hommes et œuvres au 20e siècle*, Paris: Corrêa, 1938, pp. 81-110. Shows complexity of C and his vision, refuting Lasserre's arguments).

Bh9 Spitzer, Leo, *Linguistics and literary history,* Princeton, 1948, vi + 236pp.; repr., NY: Russel & Russel, 1962: 'Interpretation of an Ode by PC' ('Les Muses', vv. 1-50), pp. 193-236.

Remarkable stylistic study: free syntax; vocabulary combining modern, trivial and learned; word motifs; rhythm of successive waves representing human progress and the poetic process; everything conspires to create a Christian ode unique in France.

Bh10 Seznec, Jean, 'PC and the Sarcophagus of the Muses', in *Perspectives of Criticism,* Harvard U. P., 1950: Harvard Studies in Comparative Literature, vol. 20, ed. H. Levin, pp. 1-17.

How the poet's imagination, stimulated by the Neo-Platonic sarcophagus, uses it to express his own vision of the world and the poet.

Bh11 Riordan, Sr Francis Ellen, *The Concept of Love in the French Catholic Revival,* Washington: Cath. U. of America Press, 1952, x + 206pp.

C pp. 145-74: 'C writes from the vantage point of the radical necessity for sacrificial love'. His vision must be complemented by that of Bernanos.

Bh12 Milhaud, Darius, *Notes without Music,* tr. Donald Evans, NY: Knopf, 1953, 355pp. cf. Bp24.

Bh13 Fowlie, Wallace, *A Guide to Contemporary French Literature from Valéry to Sartre,* NY: Meridian Books, 1957, 312pp.

More alert and concrete than Bc1. CR: *NY Times* (17.11.57), 56: 'lively, personal and stimulating'.

Bh14 Cornell, William K., *The Post-Symbolist Period: French Poetic Currents (1900-1920),* Yale U. P. & Paris: P.U.F., 1958 (Yale Romanic Studies, ser. 2, vol. 6), vi + 182pp.

Excellent reference work, following *Symbolist Movement,* 1952. The role of little magazines in disseminating C. C underestimated, like Apollinaire & Milosz, beside some minor writers.

Bh15 Grossvogel, David I., *The Self-Conscious Stage in Modern French Drama,* NY: Columbia U. P., 1958, 378pp.; repr. under title *Twentieth Century French Drama,* 1961 (paperback).

Original but questionable. Analyses C, Giraudoux, Sartre,etc. from the point of view of relationship between actors and spectators, i.e. participants in dramatic ritual. In the 'drama of salvation' presented by C (pp. 106-23), the theological solution imposed on the spectator frustrates him in his search.

Bh16 Guicharnaud, Jacques & June Beckelman, *Modern French Theatre from Giraudoux to Beckett,* Yale U. P. & P.U.F., 1961 (*Yale Romanic Studies,* 2nd ser., no. 7), xi + 304pp. New edn, 1967, *Modern . . . to Genet.*

C pp. 69-89, new edn pp. 65-84: 'The Universe as Parable': Excellent. Underlines the metaphysical, non-conformist character of C as one of those who seek 'tragic joy' in lucidity and the creative effort.

Bh17   Fowlie, Wallace, *Dionysos in Paris*, London: Gollancz, 1961, 314pp.

C pp. 127-45: very clear, concrete and accessible to non-specialists.

Bh18   Lawler, James, *The Language of French Symbolism*, Princeton U. P., 1969, xii + 270pp.

pp. 112-45: 'Magic & movement in C & Valéry';   pp. 146-84: 'C's art of composition' (on the *Cantate*).

Bh19   Fowlie, Wallace, *Climate of Violence: The French Literary Tradition from Baudelaire to the Present*, NY: Macmillan, 1967; London: Secker & Warburg, 1969, xi + 274pp.

'C, the adventurer of love', pp. 138-53: Insists on what opposes C to the French tradition, his taste for synthesis, his mystic drive.

Bh20   Cohn, Ruby, *Currents in Contemporary Drama*, Bloomington & London: Indiana U. P., 1969, 276pp.

Beckett, Camus, C, Genet; Ghelderode, Ionesco, Sartre.

BOOKS WITH LESS THAN 15 PAGES ON CLAUDEL, G.B.
(see also prefaces in Aa & Ad)

Bj1   Rawlinson, R. G. C., *Recent French Tendencies in Religion.*
London: R. Scott, 1917 & Milwaukee (Wisc.): Young
Churchman, 137 pp.
    C pp. 123-31: The philosophical search failed in by the Modernists
should be resumed. The risks of linking patriotism and faith in C as
among young Catholics.

Bj2   Gosse, Sir Edmund, *Books on the table* (Reviews repr. from
Sunday Times), London: Heinemann, 1921, viii + 348 pp.
    C pp. 241-8: Praise of *L'Annonce* & *Protée,* but fierce criticism of C's
intransigence and obscurity. Vexed C by asserting his incompatibility
with the English mind ('C repels me as an Englishman', cf. *Journal,* I,
pp. 541-2) and by attributing his success to snobbishness.

Bj3   Tilley, M. A., ed., *Modern France, A Companion to French
Studies,* Cambridge UP, 1922, xxxii + 850 pp.
    C p. 529, some lines by G. Truc favourable to the *Trilogie.*

Bj4   Butler, Kathleen T., *History of French Literature,* London:
Methuen, 1923, 2 vols.
    C Vol. 2, chap. VIII, 5 ('Symbolism in Drama'): 'over-subtle and
disconcerting genius'; double exaltation of energy and mysticism.

Bj5   Dukes, Ashley, *The Youngest Drama: A Study of 50 Dramatists,* London: Benn, 1923/4, 187 pp.
    C pp. 141-50: emphasis on *L'Annonce* & *L'Otage.*

Bj6   Dukes, Ashley, *Drama,* London, 1926; NY: Holt, 1927,
256 pp; revised 1936, Home U. library.
    C p. 84 (3 lines on *L'Annonce*) even less than in Bj5.

Bj7   Kastner, L. E., & Atkins, H. G., *A Short History of French
Literature,* London: Blackie, 1926, pp. xx + 345.
    C p. 305, seen as part of 'Catholic Revival': 'a synthetic and obscure
writer'.

Bj8   Gardiner, L. J., *Outlines of French Literature,* London: U.
Tutorial Press, 1927, xii + 474 pp.
    C as patriot and Catholic.

Bj9   Shuster, George N., *The Catholic Church & Current Literature,* London: Burns & Oates, 1930, 104 pp.
    C pp. 83-5: admiration for his faith, vitality and diplomatic career.

Bj10   Wilson, N. Scarlyn, *A Glance at French Literature,* London:
Sequana, 1934, 67 pp.
    Still the image of C as a traditional Catholic and monarchist.

Bj11   Mornet, Daniel, *A Short History of French Literature,*
tr. C. A. Choquette & Chr. Gauss, London: Alan, 1937,

xi + 317 pp.

C p. 291 (12 lines) not designed to encourage any C readers.

Bj12   See, Edmond, 'The French Post War Theatre' in Dickinson, *The Theatre in a changing Europe,* London: Putnam, 1938, pp. 179-220.

C p. 161: A few lines on *L'Annonce,* staged at Hellerau in 1913.

Bj13   Turnell, Martin, *Poetry & Crisis,* London: Sands, 1938,viii + 88 pp.

Sensitive to C's self-assurance, but regrets that he is 'outside tension [of modern unrest]'.   See Bn115.

Bj14   Ledésert, R., *Histoire de la littérature française,* London: Arnold, 1947, 2 vols, vii + 787pp.

C pp. 712-15: C as patriot and Christian. Aimed at Higher School Certificate candidate or the 1st year U. student.

Bj15   Nicoll, Allardyce, *The World Drama from Aeschylus to Anouilh,* London: Harrap, 1949, 1,000 pp.

C pp. 657 (Nô), 782-3: considered too abstract, flamboyant and rhetorical.

Bj16   Lehmann, A. G., *The Symbolist Aesthetic in France,* Oxford: Blackwell, 1950, 328 pp. (esp. refs to the *vers libre*).

Bj17   Hartnoll, Phyllis, ed., *The Oxford Companion to the Theatre,* Oxford UP, 1951, xi + 887pp.; repr. 1967

Useful on productions and reception, the latter mitigated by lack of familiarity with the whole of C's output.

Bj18   Mansell-Jones, P., *The Background of Modern French Poetry,* Cambridge UP, 1951, ix + 196 pp.; repr. 1968.

C pp. 147-8: possible influence of Whitman on C's *verset.* Also *passim*; essays and interviews from Mallarmé to C.

Bj19   *Cassell's Encyclopedia of Literature,* 2 vols, London: Cassell, 1953; NY: Funk & Wagnalls, 1953, 1954.

C Vol. II, pp. 1742-3 by Gladys Turquet-Milnes: C as 'uncompromising combative Christian writer'.

Bj20   Hobson, Harold, *The French theatre of today – An English view,* London: Harrap, 1953, 232 pp.

C some 12 pp. *passim:* Admires Barrault more than C, considered obscure. Alert but anecdotal. Compares C with Eliot, Montherlant & Sartre.

Bj21   Brereton, Geoffrey, *A Short History of French Literature,* Penguin, 1954; repr. & enlarged edn, London: Cassell, 1962, 368 pp.

C pp. 306-7, 332-3: brief but objective; cf. Bj23.

Bj22   Cazamian, L., *A History of French Literature,* Oxford: Clarendon, 1955; repr. Oxford UP, 1960, xiii + 464 pp.

C pp. 428-30: 'a prophet of the uncompromising, and to many repellent, dogma, but a figure of singular bulk & authority'.

Bj23   Brereton, Geoffrey, *An Introduction to the French Poets, from Villon to the Present Day,* London: Methuen, 1956, xv + 302 pp.
    C pp. 238-45: precise and penetrating; explains without judging; concludes that C needs 'the approach through intuition and experience rather than through literature in its technical & hermetic aspects' (p. 244).   CR: J. M. Cocking, *Twentieth Century* (London) 160 (Dec. 56) 539-44.

Bj24   Peacock, Ronald, *The Art of drama,* London: Routledge, 1957, vi + 256 pp.
    C & Eliot pp. 226-8: apposite comments on their exploration of lyrical drama.   Cf. *The Poet in the Theatre,* Routledge, 1946 where Peacock had left C aside in favour of Cocteau.

Bj25   Foster, Kenelm, O. P., *God's Tree,* London: Blackfriars, 1957, viii + 168 pp.
    C pp. 67-73 'C & Dante on trial': Reply to Ba5. C not wrong to take human love as symbol of Incarnation.

Bj26   Knight, Everett W., *Literature considered as philosophy: the French example,* London: Routledge, 1957, 240 pp.
    Concerns existentialism; C quoted p. 44, fragment from *A.P.,* & p. 48, letter to Gide, 1903.

Bj27   Tylden-Wright, David, *The Image of France,* London: Secker & Warburg, 1957, 188 pp.
    C pp. 92-3: Explains amusingly why Bernanos and Mauriac are more readily assimilated by English readers than C and his 'metaphysical fog', despite the excitement caused by a 'marathon performance' of *S de S.*

Bj28   Harvey, P., & Heseltine, J., *The Oxford Companion to French Literature,* Oxford: Clarendon Press, 1959, 772 pp.
    C one and a third cols.   Less precise than Bj17. *L'Otage* & *L'Annonce* still preferred

Bj29   Foster, J. R., *Modern Christian Literature,* London: Burns & Oates, 1963 (Faith & fact books No. 121).
    From Bernanos to Van der Meersch. C pp. 77-80.

Bj30   Chiari, Joseph, *Landmarks of Contemporary Literature,* London: Jenkins; NY: Hillary House, 1965, 223 pp.
    C pp. 59-61 accepts burlesque and realism rejected in Ba4.

Bj31   Howarth, Herbert, *Notes on some Figures behind T. S. Eliot,* London: Chatto & Windus, 1965, 398 pp.
    C pp. 162-7, 185-6: minimised by Eliot & by Greene's *T. S. Eliot et la France.*

Bj32   Bowra, Sir Maurice, *Poetry & Politics,* Cambridge UP (Wiles lectures, 1965) 1966, viii + 158 pp.
    C p. 135: C's Catholicism, like Péguy's, incompatible with poetry just as any political doctrine is.

Bj33 Nicolson, Harold, *Diaries and Letters (1939-1945),* 3 vols, London: Collins; NY: Atheneum, 1966-68.
   C p. 135: meeting in London, Oct. 44; scornful of C: 'senile and leery and a trifle mean'.

Bj34 Charvet, P. E., *A Literary History of France,* V: *1870-1940,* London: Benn; NY: Barnes & Noble, 1967, xvi + 315 pp.
   C pp. 172-84: Well-documented and free of preconceptions, but retains the inhuman and egocentric aspects of the work.

Bj35 Strachan, W. J., *The Artist & the Book in France (Twentieth Century),* London: Peter Owen, 1969, 368 pp.
   pp. 150, 220, 328 on C and his illustrators.

Bj36 Wall, Bernard, *Headlong into Change. An Autobiography & a Memoir of Ideas since the 'Thirties,* London: Harvill Press, 1969, 7 + 288 pp.
   A series of personalities from C & Gide to Teilhard & Simone Weil.

Bj37 Tint, Herbert, *France since 1918,* London: Batsford, 1970, 210 pp.
   C p. 35-6, 121.

BOOKS WITH LESS THAN 15 PAGES ON CLAUDEL, U.S.
(see also prefaces in Aa & Ad)

Bk1   Anon., *Copeau & Le Théâtre du Vieux Colombier from Paris,* Paris: NRF, 1917, 67pp.
> p. 9: C and Copeau, with text of a letter (Rome, 27.11.16).

Bk2   Frank, Waldo D., *The Art of the Vieux Colombier: a Contribution of France to the Contemporary Stage,* Paris: NRF, 58pp. (printed NY, 4.10.18).
> Mentions C's debt to Copeau, pp. 20, 47.

Bk3   Chandler, F. W., *The Contemporary Drama of France,* Boston, 1920, 409pp.
> C pp. 264-7, 339: insists on *L'Otage* & *L'Annonce* 'medieval & pietistic in spirit'. Contests praise by A. Meynell, Bm24.

Bk4   Schinz, Albert, *French Literature of the Great War,* NY, London: Appleton, 1920, xiv + 433p.
> C pp. 254, 265, 315, 346, 379: well-documented; emphasises risk of fanaticism in C's attacks on Goethe, Kant & Luther.

Bk5   MacGowan, Kenneth, *The Theatre of To-morrow,* NY: Boni, 1922, 308pp.; London: Fisher Unwin, 1923.
> C pp. 83, 191: repr. *L'Annonce* at Hellerau, 1913, with photos: excellent; cf. Bk44.

Bk6   Cunliffe, J. W., & P. de Bacourt, *French Literature during the Last Half Century,* NY, London: Macmillan, 1923, 407pp.
> C pp. 297-300, 330-1: C among the leaders of the Catholic reaction against positivism. 'An extraordinary case of poetic materialism, new in French letters'.

Bk7   Rosenfeld, Paul, *Men Seen: 24 modern authors,* NY: Dial Press, 1925, x + 380pp.
> C, among many, pp. 303-10: admires early vigour but deplores post-war dogmatism and intransigence.

Bk8   Smith, Hugh Allison, *Main Currents in Modern French Drama,* NY, 1925.

Bk9   Faÿ, Bernard, *Since Victor Hugo,* tr. R. Doolin, Boston: Little, Brown, 1927, v + 178pp.
> C chap. XIII, pp. 124-6, with the Catholic group; favourable presentation.

Bk10   Schwartz, William Leonard, *The Imaginative Interpretation of the Far East in Modern French Literature (1800-1925),* Paris: Champion, 1927, xiii + 246pp. Guided by Baldensperger, Carre, R. Michaud: new for the time.
> C pp. 136-42: the origin of C's etymological punning may be sought in his habit of breaking Chinese characters down to memorise them.

Bk11   Delpit, Louise, *Representative Contemporary French Lyrics (1885-1925)*, Boston: Ginn, 1927, 385pp.

Bk12   Chandler, F. W., *Modern Continental Playwrights*, NY, London: Harper, 1931, xi + 711pp.
   C pp. 218-9 classified among 'Romanticists' with Richepin, Maeterlinck and Rostand; cf. Bk3.

Bk13   Morand, Paul, *New York* (Bp23), tr. Hamish Miles, NY: Holt, 1930, 322pp.
   C pp. 41, 79, 168, 319.

Bk14   Miller, Anna Irene, *Independent Theatre in Europe (1887 to the present)*, NY: Smith, 1931, 435pp.
   Excellent presentation of producers: C with Lugné-Poe, at the Vieux Colombier and at the Kamerny in Moscow.

Bk15   Tante, Dilly [sic], *Living authors*, NY: Wilson, 1932.
   C pp. 71-2: biographical dictionary.

Bk16   Michaud, Régis, *Modern Thought & Literature in France*, NY, London: Funk & Wagnalls, 1934, 326pp.
   C pp. 41-51 'The Cathedral of PC': excellent presentation for the period. Attributes small audience he has to effort required for understanding.

Bk17   Delpit, Louise, *Paris-Théâtre Contemporain (1925-38)*, Northampton (Mass.), Paris: Champion, Studies in Modern Languages, VI, 1, 2, C pp. 90-1; XX, 1, 2, C p. 7.
   Insists on the obscurity of the plays, except for *L'Echange*.

Bk18. Churchman, Philip & Charles E. Young, tr. J. P. Le Coq, *Manuel de littérature Française*, NY, London: Appleton, 1936.
   C p. 61: like Valéry, but less than Anna de Noailles.

Bk19   Verriest, Léon, *L'Evolution de la littérature française*, NY: Harper, 1936; repr. 1954, x + 280pp.
   C p. 229: continues the complaint of obscurity.

Bk20   Bostwick, Arthur E., *A Life with Men and Books*, NY: Wilson, 1939, 358pp.
   C pp. 229-30.

Bk20a Auden, W. H., 'In memory of W. B. Yeats' [written in 1939], *The Collected Poetry*, NY: Random House, 1945, p. 50.
   The well-known backhanded compliment.

Bk21   Mason, Alexander Hamilton, *French Theatre in NY: a list of plays (1899-1939)*, NY: Columbia U. P., 1940, 442pp.
   C pp. 19, 38. Cf. Ap2.

Bk22   Gassner, John, *Masters of the Drama*, NY: Random House, 1940, 3rd edn 1954, xvii + 804pp.
   C pp. 417-9: *L'Annonce*, with secondary religious plays, used to prove the failure of the mystical vein: cf. Bk45.

Bk23   Sheed, Francis, J., *Sidelights on the Catholic Revival,* NY: Sheed, 1940.
C pp. 10-11.

Bk24   Peyre, Henri, *L'Influence des littératures antiques de la littérature française moderne: état des travaux,* Yale Romanic Studies, XIX, Yale U. P., Oxford U. P., 1941, 108pp,
C passim, esp. chap. VI: fervour for Aeschylus, Euripides, Seneca & Virgil.

Bk25   Coindreau, M. E., *La Farce est jouée: 25 ans de théatre français (1900-25),* NY: Edns de la Maison française, 1942. 306pp.
C pp. 192-204, passim: well written and documented.   Predicts lasting fame for C, but as 'dramaturgie d'une élite'.

Bk26   Kunitz, Stanley J. & Howard Haycraft, eds., *Twentieth Century Authors: A Biographical Dictionary of Modern Literature,* NY: Wilson, 1942; revised 1955.
C pp. 285-6: well documented.   Very American praise: 'a mystic poet who is also exact, precise, amazingly practical'.

Bk27   Webster, Noah, *Biographical Dictionary,* Springfield (Mass.), 1943, xxxvi + 697pp.
10 lines on C, diplomat, poet & dramatist associated with Symbolist school.

Bk28   Slochower, Harry, *No Voice is Fully Lost . . . Writers and Thinkers in War and Peace,* NY: Creative Age, 1945.
C pp. 153-4.

Bk29   Smith, Horatio, ed., *Columbia Dictionary of Modern European Literature,* NY & London: Columbia U. P., 1947.
C p. 165-6: excellent article by Henri Peyre, precise and favourable.

Bk30   Rhodes, S. A., 'France' in *History of Modern Drama,* ed. B. H. Clark & G. Freedly, NY: Appleton, 1947, xii + 832 pp.
C pp. 254 & passim: 'the greatest Catholic poet and dramatist since Dante, Corneille & Calderon'.

Bk31   Hoehn, Matthew, O.S.B., ed., *Catholic Authors: Contemporary Biographical Sketches (1930-35),* Newark (N.J.): St Mary's Abbey, 1948, 812pp.
C pp. 136-9: full & fulsome, but follows Bostwick (Bk20) in seeing him more as 'a country grocer than an ethereal poet'.

Bk32   Martin Browne, E., 'Contemporary Drama in the Catholic Tradition' in Eversole, F., ed., *Christian Faith and the Contemporary Arts,* Nashville: Abingdon, 1952, pp. 132-41. Cf. Ak5.

Bk33   Fowlie, Wallace, *Pantomime —a Journal of Rehearsals,* Chicago: Regnery, 1951, 246pp.
C pp. 29-32: recalls C's Boston lecture on Chinese houses.

Bk34   Ferrell, Robert H., *Peace in their Time —The Origins of the Kellogg-Briand Pact,* ed. Lewis P. Curtis, Newhaven: Yale U. P.; London: Oxford U. P., 1952, 293pp.
   C pp. 11-12, 141-4, 159-62: very favourable view, underlines ability of C's approach to task of having bilateral alliance before signature of Treaty.

Bk35   Hatzfeld, Helmut, *Literature through art —A new approach to French Literature,* NY: Oxford U. P., 1952, vii + 247pp.
   New and interesting. Music and painting throw light on each other through details of form and religious motivation. Some examples from C: *C. de l'Est* & Gauguin; *L'Annonce* & M. Denis; *Introduction à la peinture hollandaise,* etc. Cf. Hatzfeld, *PC & R: Rolland,* Munich: Rössl, 1921 & Bk46. CR: J. Seznec, *French Studies* (Apr. 53).

Bk36   Meyer, Agnes E., *Out of these roots,* Boston: Little, Brown, 1953, 385pp.
   C pp. 175-83, 188-9 & passim: moving account of a friendship begun in 1929. See Bp4, 13, 64. Extracts in French, tr. S. Mandel, 'Mon amitié avec PC', *Ecclesia* (Feb. 64), 57-62.

Bk37   Green, Paul, *Dramatic Heritage,* NY: French, 1953.
   C pp. 132-46.

Bk38   Lamm, Martin, *Modern Drama* (tr. K. Elliott from Swedish), NY: Philosophical Library, 1953, 359pp.: chap. 'First Symbolists', pp. 152-78.

Bk39   Mauriac, François, 'Concerning the C-Gide correspondence', in *Letters on Art and Literature*, tr. Mario Pei, NY: Philosophical Library, 1953, repr. Kennikat, 1970, pp. 75-84.

Bk40   Bentley, Eric, *In Search of Theatre,* NY: Vintage Books; London: Dennis Dobson, 1954, xxii + 411 + viii pp.
   C some 18pp. *passim*: prefers Barrault or the mime of Decroux & a mystical theatre 'sans dogmes' (Artaud). A Brecht specialist, Bentley omits C from later works: *The Playwright as Thinker* (1946) & *What is Theater?* (1969).

Bk41   Gassner, John, *The Theatre in our Times,* NY: Crown, 1954, 609pp.
   C pp. 21, 270-1, 431: C's plays 'too cumbersome for general production' through their 'prolixity and unwieldiness'.

Bk42   Friedrich, Werner & David Henry Malone, *Outline of Comparative Literature*, Chapel Hill: U. of N. Carolina Press, 1954.
   C pp. 152, 345, 348, 418: his relations with the Catholic Revival in Europe & with the Far East. Brief but stimulating.

Bk43   La Farge, John, *The Manner is Ordinary,* NY: Harcourt, 1954, viii + 408pp.
   C pp. 72-4, 282. Cf. Bp14.

Bk44   MacGowan, Kenneth & Melnitz, William, *The Living Stage: A History of World Theater,* NY: Prentice Hall, 1955, xii + 543 pp.
      C quoted pp. 475-80 among the 'neo-romanticists'. Cf. Bk5.

Bk45   Gassner, John, *Form & Idea in Modern Theater,* NY: Dryden Press, 1956, 289 pp.
      C pp. 6, 72, 97, 177, 243: linked with Yeats, Lorca, Eliot & Vollmöller; accused with Salacrou of 'theatricality', i.e. fever and confusion.

Bk46   Hatzfeld, Helmut, *Trends & Styles in Twentieth Century French Literature,* Washington: Catholic U. of America Press, 1957; repr. 1965, 262 pp.
      Overtly Christian view, with well-chosen quotations and an interesting classification of styles. A pioneer on C (cf. Bk35). CR : M. Riffaterre, *Romanic Review,* 46 (Feb. 55), 49-52.

Bk47   O'Brien, Justin, ed., *From the NRF: An image of the Twentieth Century from the pages of the NRF,* NY: Farrar, 1958, 382 pp.; London: Eyre & Spottiswoode, 1958, 408 pp.
      Useful for reference.

Bk48   Nitze, W. A. & E. P. Dargan, *History of French Literature from the earliest times to the present,* NY: Holt, 1958, xi + 852 pp.
      C pp. 752-3.

Bk49   Cohn, Robert Greer, *The Writer's Way in France,* Philadelphia: U. of Pennsylvania Press, 1960, 447 pp.
      C pp. 100, 220, 228-9, 267, 411: alert and penetrating, but narrow in tastes (rejects the burlesque or grotesque in C) and violently hostile to C's faith: 'nastily exclusive & rather comfortable' (compares his intransigence with Senator MacCarthy's!).

Bk50   Speaight, Robert, *Christian Theater,* NY; Hawthorn Books, 1960, 141 pp.
      C pp. 134-7.

Bk51   Tynan, Kenneth, *Curtains: Selections from the Drama Criticism and Related Writings,* NY: Atheneum, 1961, 495 pp.
      C pp. 392-4.

Bk52   Foster, J. R., *Contemporary Christian Writers* (from Chesterton to S. Undset) NY: Hawthorn Books, 1963, 160 pp.

Bk53   Gassner, John, *A Treasury of the Theater* (see Ad12).
      Excellent intro. to *Tidings,* pp. 1102-4.

Bk54   Grigson, Geoffrey, E., ed., *The Concise Encylcopedia of Modern World Literature,* NY: Hawthorn Books, 1963, 512 pp.
      C pp. 111-12. CR: *Book Review Digest,* 1963: favourable.

Bk55   Simonson, Lee, *The Stage is Set,* NY: Theater Arts Books, 1963, 581 pp.
     C p. 458: evokes Ap2.

Bk56   Weiss, David, *Naked came I — A Novel of Rodin,* NY: Morrow, 1963, 660 pp.
     Romanticised life of Rodin with some pages on Camille Claudel.

Bk57   Bentley, Eric, *The Life of the Drama,* NY: Atheneum, 1964, 371 pp.
     C p. 78; cf. Bk40.

Bk58   Peyre, Henri, 'Shakespeare and Modern French Criticism' in *The Persistence of Shakespeare Idolatry,* Detroit: Wayne State UP, 1964, pp. 1-46.
     C pp. 40-5: After early enthusiasm, leaves Shakespeare for Racine (absence of God).

Bk59   Flanner, Janet, ['Genêt'], *Paris Journal (1944-65),*ed. W. Shawn, NY: Atheneum, 1965; London: Gollancz, 1966, 615 pp.
     New Yorker articles reprinted. C pp. 116, 216-7 *(L.C.C.),* cf. Bn120, 265-6 (sketch of career, cf. Bn141).

Bk60   F[owlie], W[allace], 'C' in *Princeton Encyclopedia of Poetry and Poetics,* ed. Alex Preminger, Princeton UP, 1965, p. 298.

Bk61   Gassner, John & Ralph Allen, *Theater and Drama in the Making,* Boston: Mifflin, 1965, xvi + 1071 pp.
     C p. 752 (3 lines).

Bk62   Melchinger, Siegfried, *Concise Encyclopedia of Modern Drama,* tr. G. Wellwarth from German, ed. H. Popkin, foreword by E. Bentley, NY: Horizon Press, 1966, 288 pp.
     From Shaw to Brecht. C pp. 195-6: correct but slight. CR: *BRD* (1965).

Bk63   Moore, Harry T., *Twentieth Century French Literature,* Southern Illinois UP, 1966; xiii + 182 pp.
     C pp. 12-16: very favourable glimpse of life & works. Indebted to H. Peyre. For English edn see Bg19.

Bk64   Estang, Luc, *New Catholic Encyclopedia,* McGraw-Hill, 1967 (2 pp.).

Bk65   Pronko, Leonard Cabell, *Theater East & West: Perspectives toward a Total Theater,* U. of California Press & Cambridge UP, 1967.
     Study of Chinese & Japanese theatre with their influence of Western theatre: excellent. C quoted 131-3, 153-4 & *passim.* CR: *BRD* (1968); 'a curiously European point of view' *(NY Times Book Review).*

Bk66   Brockett, Oscar G., *The Theater,* NY: Holt, 1964; repr. 1969, xi + 596 pp. Cf. Bk67.

Bk67   Brockett, Oscar G., *History of the Theater,* Boston: Allyn & Bacon, 1969, 741 pp.

From Ancient Egypt to the Happening: serious but rapid survey which succeeds. C mentioned in connection with Symbolists, Yeats & Lorca (p. 316), with total theatre (p. 371) & with Gilletti's production (on a revolving stage) of *L'Annonce.*

Bk68   Gassner, John, & Quinn, Edward, *The Reader's Encyclopedia of World Drama,* NY: Crowell; London: Methuen, 1970, xi + 1030 pp.

Excellent work of reference, with basic theoretical documents. C p. 137, one and a half cols. by Wallace Fowlie. CR: *BRD* (1969).

Bk69   *The Medieval Drama & its Claudelian Revival,* ed. E. Catherine Dunn, Tatiana Fotitch, Bernard M. Peebles. Foreword by Helmut A. Hatzfeld, Washington: Catholic U. of America Press, 1970. 3rd Symposium in Comparative Literature, 3-4 April, 1968.

Four learned studies on the liturgical origins of mediaeval drama, and a masterly analysis of the structure and symbolism of *L'Annonce* by A. Maurocordato, pp. 52-65. CR: Bn271; J. de Labriolle, *RLC* (1972).

Bk70   Driver, Tom F., *Romantic Quest and Modern Query,* NY: Delacorte, 1970, 493 pp.

C pp. 128-31, 325-7 & *passim:* 'a lonely busy giant. . . no concessions to popular taste'.

Bk71   Anderson, Michael, Jacques Guicharnaud, Christine Morrison, Jack D. Zipes, et al., *Crowell's Handbook of Contemporary Drama,* NY: Crowell, 1971, vi + 505 pp.

C 8 lines pp. 154-5.

Bk72   Lewis, Allan, *The Contemporary Theatre: The Significant Playwrights of our Time,* rev. edn, 1971, NY: Crown, ix + 374 pp.

C a few lines pp. 144 & 193.

ARTICLES IN PERIODICALS, G.B.

(For further reviews of translations and productions,
see Aa-Aq as appropriate.)

1910-1919

Bm1   Flint, F. S., 'Contemporary French Poetry', *Poetry* (London),
(1912), 355-414.
General intro. C quoted twice with Symbolists & Decadents.

Bm2   Flint, F. S., 'French chronicle', *Poetry & Drama* (London),
(Mar. 13), 81-3.
Largely based on Duhamel's essay; notes influence of C & Jammes
on young.

Bm3   *TLS* (28.11.13).
Ironic announcement that C the 'independent' awarded a Prix d'Académie – Prix Narcisse Michaut – for *L'Annonce.*

Bm4   'Mr C's Odes', *TLS* (18.12.13), 615.
Somewhat sceptical on value of his doctrine and *verset.*

Bm5   Chavannes, Pierre, 'PC', *New Statesman* (14.2.14), 594-5.
Astute and enthusiastic presentation of *L'Arbre, L'Otage, L'Art
Poétique* & the *Odes;* repr. in Aa1.

Bm6   'The Plays of PC', *TLS* (14.5.14), 235.
CR of *CGO,L'Otage, L'Annonce* (NRF). Positive, but surprised at
enthusiasm of young French people for these rather undramatic, disconcerting & over-subtle plays.

Bm7   Vallery-Radot, R., 'Renascence of Catholic lyricism',
Constructive Quarterly (London), (2.6.14), 384-402.

Bm8   Hodgson, Geraldine E., 'The Poetry of PC', *The Month*
(London), 605 (Nov. 14) 461-5.
CR of *CGO:* C leader of the Catholic Revival; the difficulties for an
English reader.

Bm9   Larbaud, Valery, *New Weekly* (12.6.14), 17.
C's originality compared with Boulevard plays and 'pièces à these'.
L'Otage can teach French actors to increase their acting range, still too
rigidly conventional.

Bm10   Chatterton Hill, G., 'PC', *The Fortnightly Review* (London),
(Dec. 14), 971-83.
'A very great artist; but his art would gain by being less difficult of
comprehension'.

Bm11   *Times* (3.5.15), 11e; cf. Ak1.

Bm12   *TLS* (8.4.15) 118.
CR of Aa1: weak tr.; reservations about C, a 'baffling writer'.

Bm13 Flint, F. S., *The Poetry Review* (London), (July 15), 200-4.
       Presents C's work ably, starting with *C. de l'Est,* then *L'Otage* & *L'Annonce.*

Bm14 Lee, Elizabeth, 'Ideals in French Literature: PC', *Library* (London), (Oct. 15), 346-64.

Bm15 'The Poetry of PC', *TLS* (10.2.16), 66.
       Very favourable CR of *Corona* & *Trois poèmes de guerre:* 'vigorous imagination, passionate conviction' etc.

Bm16 *TLS* (6.4.16), 161.
       CR of Aa2. 'The representative voice of fighting France'.

Bm17 *New Statesman,* VII (15.4.16), 43-4.
       CR of Aa2: Brave tr., but 'there is in it no rebirth of the genius of C'.

Bm18 Chavannes, Pierre, 'Un grand poète français, PC', *Modern Language Teaching* (London), XII (1916), 213-5.
       CR of *Corona,* 'imagination, foi, émotion virile'; *La Nuit de Noël 1914,* 'étriquée'; & *Trois Poèmes de guerre,* 'souffle biblique'.

Bm19 Middleton Murry, John, 'The works of PC', *The Quarterly Review* (London), CCVII (Jan. 17), 78-94.
       C's greatness: link between lyricism & drama in necessity to justify art in the light of faith.

Bm20 *Times* (4.6.17), 3b; cf. Ak2.

Bm21 MacCarthy, Desmond, *'L'Annonce', New Statesman,* IX (16.6.17), 254-6.
       CR of Ak2.

Bm22 Hodgson, G. E., 'A French Dramatist', *Poetry Review* (London), IX (1918), 324-32.

Bm23 Whitworth, Geoffrey, 'The significance of PC', *Church Quarterly Review* (London), CLXX, (Jan. 18), 266-80.
       C's artistic & religious importance; his intransigence & realism.

Bm24 Meynell, Alice, *'L'Otage', Dublin Review* (London), 165 (July 18), 41-64.
       Analysis & tr. extracts (cf. Ac2). Excellent analysis: cruelty of plays; link with Shakespeare.

Bm25 *'The Hostage', TLS* (28.3.18), 148.
       CR of Aa3. Wonders where C will find a public; reservations about 'suicide of humanity itself' in his one presentable play.

Bm26 'Mr C's New Play', *TLS* (19.12.18), 638.
       CR of *Le Pain dur.* Does not see relationship with *L'Otage* except in the consequences of Sygne's moral suicide.

Bm27 Price, John Arthur, 'A rebel poet', *The Welsh Outlook* (Cardiff), VI, 62 (Feb. 19), 39-42.
       Deals with *L'Otage* & *Le Pain dur* in political terms applicable to Wales, e.g. Turelure's capitalist excesses & Lumîr's nationalism.

Bm28   *Times* (24.3.19); cf. Ak3.

Bm29   MacCarthy, D., *'The Hostage', New Statesman,* 13 (5.4.19), 16-17.
> Sound analysis: C a great playwright but disturbing as partisan of theocracy.

Bm30   Bateman, May, 'PC', *Fortnightly Review* (1.5.19), 785-91.
> Leans on Duhamel & *L'Otage,* less on the *Odes.*

Bm31   *TLS* (7.8.19), 423.
> Prefers *L'Ours et la lune,* with its humour to *La Messe là-bas,* too dogmatic: great poet but narrow propagandist.

Bm31a H[uxley], A[ldous], 'A domesticated poet', *The Athenaeum* (22.8.19), 796.
> CR of *L'Ours et la lune* ('an agreeable entertainment') and *La Messe là-bas* ('How remote from Rimbaud are these slow-moving, deliberate poems of piety. . . C has become didactic. . . seers are born, not made. . . In *P de M* Mr C came much nearer to life').

Bm32   Flint, F. S., 'Some Modern French Poets', *Monthly Chapbook* (London), 4 (1919), 40.
> Less favourable to C, whose prolixity & complicated approach is underlined.

1920-1929

Bm33   Bregy, Catherine, 'PC, Mystic & Dramatist', *Dublin Review,* 175 (July 24), 54-66.
> The work in its historical development.   Clear, well documented, enthusiastic.   Cf. Bh2.

Bm34   Downs, Brian W., 'PC, a sketch', *The Fortnightly Review* n.s. 122 (1.9.24), 333-48.
> Violent: C a 'daring zealot'; supernatural spurned as 'semi-pathological'; plays undramtic & style 'abstruse' & 'beastly'.

Bm35   *Times* (1.12.26), 13c.
> Brief biography.

Bm36   Dimnet, E., *Saturday Review* (London), 143 (1.1.27), 6-7.
> Favourable; cf. Bn28: brief but witty.

Bm37   *Times* (21.3.29), 14b; cf. Ak4.

Bm38   Jennings, Richard, *'L'Annonce', Spectator* (London), 142 (30.3.29), 503.
> CR of Ak4.   Attributes failure to adaptation: too many cuts, not enough rhythm.   Admires original.

Bm39   Jennings, R, *'L'Annonce', New Statesman,*32 (30.3.29), 792.
> CR of Ak4: 'the logic of the play is only manifest when the imagination has been heated to a certain temperature'.

Bm40   Plomer, William, 'Towards a Marriage of East & West: M. C in Japan', *The New Adelphi* (London) III, 2 (Dec. 29), 131-8.
> CR praising *L'Oiseau noir.*

Bm41 *Times* (9.11.28), 15d.
C's doctorate at Toronto.

Bm42 *TLS* (15.7.29), 571.
CR of *Oiseau noir.*

Bm43 *TLS* (5.12.29).
CR of Aa10. Severe towards Rivière's intellectual pride.

1930-1939

Bm44 *TLS* (10.7.30), 570.
CR of Aa11. Harsh towards untheatrical play, unintelligible text & unilluminating illustrations.

Bm45 *TLS* (5.11.31), 860.
CR of Aa12: favourable to tr., sensitive to C's originality, but rejects his 'Jansenist' view of love.

Bm46 O'Connor, Fr John, 'C and his *Satin Slipper*', *Blackfriars,* XII (1931), 603-19.

Bm47 Colhoun, C. K., 'PC', *Bookman* (London), 81 (Jan. 32), 222-3.

Bm48 Church, Richard, *'The Satin Slipper'*, *The Fortnightly Review* (Feb. 32), 261-2.
CR of Aa12: favourable both to tr. and original.

Bm49 Chesterton, G. K., *'The Satin Slipper'*, *The Illustrated London News* (19.3.32), 414.
· CR of Aa12. Defends work, finding in it a 'militant logic' & a very French spirit. Compares C to Vachel Lindsay, the American poet.

Bm50 Cattauï, Georges, 'PC and *The Satin Slipper*', *Dublin Review* (London), 190 (Apr. 32), 268-78. ·
English reticence; enthusiasm for central idea, structure & richness of play; praises qualities of tr. (see Aa12).

Bm51 Haugh, I., 'PC & some Modern Catholic Writers', *Irish Monthly* (Dublin), 61 (Feb. 33), 75-82.

Bm52 *Times* (6.4.33), 14d.
C takes leave of Roosevelt.

Bm53 O'Connor, Fr, 'PC', *The Ampleforth Journal* (York), XXXVIII, 3 (Sum. 33), 159-68. Cf. Aa12, Aa13.

Bm54 *TLS* (16.11.33), 784.
CR of Aa13. Respects C's faith & church, but dislikes his extravagant mediaeval approach.

Bm55 Crawford, V. M., 'C's Correspondence', *Blackfriars*, 15 (Jan. 34), 29-35.

Bm56 *Times* (26.1.34), 10e; cf. Ak6.

Bm57 O'Connor, J., 'Problem Play', *G.K.'s Weekly*, 18 (1.2.34), 352.
CR of Ak36. 'C descends like cavalry on line'.

Bm58 *Pax*, 23 (Feb. 34), 268.
CR of Aa13.

Bm59 Somerville, F., 'The Dramatic Art of PC', *The Month* (Aug. 34), 151-5.
Artistic & doctrinal excellence of *S de S.*

Bm60 Keeler, Sr M. Jerome, O.S.B., 'PC, Poet & Diplomat', *Studies* (Dublin), XXIII (Dec. 34), 577-92.
Same enthusiasm as in Bh5.

Bm61 *TLS* (9.11.35), 727; (13.3.37), 191.
CR of new edition of Aa12.

Bm62 Chesterton, G. K., 'The case of C', *G.K.'s Weekly*, 21 (2.5.35), 119-20; repr. in *The Well & the Shadows*, London, Sheed & Ward, 1935; French tr. *La Vie intellectuelle* (July 35), 'Hommage à PC', under title 'PC, l'homme, le chrétien, l'œuvre'.
C a crusader; see Bp67. Life on C's side, not on that of academic rationalists and sceptics.

Bm63 'C & the French Academy', *Tablet*, 168 (28.11.36), 744.

Bm64 O'Connor, J., 'C dramatist', *Blackfriars*, 18 (Feb. 37), 126-30; (Apr. 37), 257-61.

Bm65 Brangan, G., 'PC: his inspiration & influence', *The Month* (London), 170 (July 37), 78-82.

Bm66 'Introduction au Livre de Ruth', *Blackfriars*, 19 (Nov. 38), 861.

Bm67 *Times* (2.5.39), 12e.
Regrets failure of plays in G.B. and inadequacy of translations.

Bm68 *Times* (17.5.39), 12a. (Abandoned 'C season').

Bm69 *Times* (7.6.39), 10c. (Cambridge doctorate); (8.6.39), 19e (London reception in his honour).

1940-1949

Bm70 Kemp, J. A., S.J., 'Philosophy of PC', *Dublin Review*, 207, (July 40), 82-93.
Clear, well documented synthesis. C & St Augustine.

Bm71 Avord, René, 'The Writers of France to-day', *Daylight*, I (1941), 43-52; from *La France Libre* (London).
C, Duhamel, Gide.

Bm72 Decreus, Juliette, 'La Femme dans l'œuvre de PC', *Comparative Lit. Studies* (The Friary, Cardiff), 6-7 (1942), 46-9. 'C et le Nō Japonais', *ibid.*, 10-11.

Bm73 Ayme, Denis V., 'French Poetry to-day', *Review —43*, I, 1 (Spr. 43), 25-8.
Aragon, Audiberti, C *et al.*

Bm74 *Month,* 180 (May 44), 212-3.
CR of Aa17.

Bm75 Starkie, Enid, CR of Af6, *Time & Tide* (24.2.45), 167-8.
Contests Christian and dramatic character of work.

Bm76 Williamson, Hugh Ross, *'L'Annonce', Time & Tide* (London), XXVI, 10 (10.3.45), 203.
Propounds C's apologetic intentions.

Bm77 Campbell of Mohr, Joanna, *'L'Annonce', Time & Tide,* XXVI, 11 (17.3.45), 226-8.
Not only physical suffering involved.

Bm78 Starkie, Enid., *'L'Annonce', Time & Tide,* XXVI, 12 (24.3.45), 246.
Reply to Bm76, Bm77. Protests against use of literature for ideological purposes.

Bm79 *Poèmes et paroles pendant la guerre de Trente Ans* (CR), *Blackfriars,* 27 (Mar. 46), 112-3.

Bm80 Decreus, Juliette, 'Matériaux pour servir à l'étude de l'image dans le théâtre de C', *Leeds Philosophical Society (Literary section),* VI, 3 (May 46), 178-95.
Useful, but no synthesis, unlike M.-J. Durry in *Vie intellectuelle* (1938).

Bm81 Morgan, Charles, *Sunday Times* (14.7.46).
An amusing confusion of C with Mauriac when speaking of his role at the Conseil National des Ecrivains 'with Eluard & Aragon'!

Bm82 'PC & others', *Blackfriars,* 27 (Aug. 46), 318-9.

Bm83 Wax, Emmanuel, 'The French Theatre to-day', *The Listener* (London), XXXVII, 948 (27.3.47), 458-9.
Salacrou, Giraudoux, C, Barrault, Dullin, Jouvet. Passing ref. to *L'Echange.*

Bm84 *TLS* (5.7.47), 338.
CR of Bg6: apposite remarks on C's imagination.

Bm85 Carr, Philip, 'The Theatre in Paris', *World Review* (Dec. 47), 41-5.
Deval, Passeur, Jouvet, Barrault, Gide, Anouilh, Cocteau, C, Achard, Sartre.

Bm86 *'Lord, teach us to pray', Tablet,* 191 (31.1.48), 72.
CR of Aa19: 'a joy to read'.

Bm87 Ryan, Mary, 'C's poetic art', *Blackfriars,* 29 (Feb. 48), 65-73; (Mar. 48), 179-87; (Apr. 48), 23-9.
Complements Ba3.

Bm88 Ledésert, Margaret, 'Trends in French Poetry', *National Review,* CXXX, 781 (Mar. 48), 249-53.
Aragon, Cayrol, C, Eluard, Jammes, Michaux *et al.*

Bm89　'A packet from France', *Poetry Quarterly*, X, 2 (Sum. 48), 116-21.
On *Poèmes et Paroles pendant la Guerre de Trente Ans.*

Bm90　Messiaen, Fierre, 'PC', *Month*, 186 (July 48), 23-9.

Bm91　'Mr C at eighty', *TLS* (14.8.48), 456.
The innovatory aspect of his work. Interest of *P de M* & of its Shakespearian ending.

Bm92　Franchot-Bitoune, V, 'Church and French Writers', *Transition 48,* no. 3 (Oct. 48), 129-50; no. 4, (Jan. 49) 113-34.
Criticism of Bernanos, St-Exupéry, Massignon· etc. Against the 'recovery' of atheist writers. Grievances against C the ambassador, châtelain and inventor of Rimbaud's conversion.

Bm93　Murphy, John L., 'Faith & the Liturgy', *Clergy Review* (London), 217-29; 'Converts & the Liturgy', *ibid.* (Aug. 49), 90-105.
With special ref. to PC.

Bm94　Speaight, Robert, 'The Theatre of PC', *Month,* n.s. III, 2 (Aug. 49), 120-31.
The irreplaceable view of an actor-producer; presents plays as expression of personal odyssey.

Bm95　'Solitary Dolmen', (C – Gide correspondence), *TLS* (18.11.49).

Bm96　Mauriac, François, tr. Elizabeth King, 'Fragments from an occupation Journal', *The Wind & the Rain,* VI, 3 (Wint. 49-50), 152-6.
On Giraudoux & C.

1950-1959

Bm97　Duplessis, Y., 'Io French Litciatuic still an art!', *1he Aryan Path* (Bombay, London) XXI, 3 (Mar. 50), 104-9.
C, Jouhandeau, Sartre *et al.*

Bm98　Norman, G., 'C & Gide' [CR], *Tablet,* 195 (22.4.50), 308.
Friendship suspect; supports C.

Bm99　Mauriac, François, 'Open Letter to Jacques Rivière' [on C – Gide Correspondence], *Month,* n.s., III (June 50), 416-9.
Deplores publ. of intimate secrets and regrets C's loss of hope even before Gide's death. Repr. in Bk39.

Bml00　Nicolson, Harold, 'Marginal Comment' [on C – Gide Correspondence], *Spectator,* (28.7.50), 112.
Admires sincerity of both writers; regrets C's arrogance and clumsiness.

Bml01　Cranston, Maurice, 'Convert & invert', *Public Opinion,* 4627 (28.7.50), 16.

Bm102 Ryan, Mary, CR of C – Gide Correspondence, *Blackfriars,* 31 (Oct. 50), 474-83.

Bm103 Hobson, Harold, 'The Theatre in Paris & London', *Sunday Times,* (21.5.50), 6.
> Anouilh, C, Jouvet, Sartre.

Bm104 Speaight, Robert, 'A play that puzzles Paris', *Radio Times* (21.7.50).

Bm105 Bruch, Jean-Louis, 'The Correspondence between PC & A. Gide', *Adam International Review* (London), XVIII, 208-209 (July-Aug. 50), 17-18.

Bm106 Seghers, Pierre, tr. M. Crosland, 'Letter from Paris', *Poetry* (London), V, 20 (Nov. 50), 19-22.
> From Lise Deharme to Queneau via C.

Bm107 Beaumont, Ernest, 'PC & the problem of love', *Dublin Review,* 451 (Jan.-Mar. 51), 31-48.
> Reservations on the 'passion' sublimated by C. Madaule's reply. See Ba5, Bm123.

Bm108 Gaudemar, P. de, 'Ramuz & C', *French Studies* (Jan. 51), 40-8.

Bm109 Seghers, Pierre, 'Letter from Paris', *World Review* (London), 26 (Apr. 51).
> From Char, C, etc. . . to Perse.

Bm110 CR of *P de M, Times* (2.10.51); *Sunday Times* (7.10.51). Cf. Ak10.

Bm111 Speaight, Robert, 'C at the St James' Theatre', *Tablet,* 198 (6.10.51), 229.
> *P de M.* Praise for Feuillère.

Bm112 'Attempted Conversion', *TLS* (5.10.51), 632.
> CR of *Correspondance C – Suarès.* Excellent analysis of C's failure with Suarès and of his own drama, 1900-6.

Bm113 H.C.D., 'The Renaud-Barrault Season', *Theatre Newsletter* (London) VI, 132 (13.10.51), 3.
> C, Gide, Salacrou.

Bm114 Carr, Philip, 'The Theatre in Paris: Ideas and conversations as substitutes for action', *Times* (3.11.51), 7g.
> *S de S,* 'frankly boring' and undramatic.

Bm115 Russel, John, 'The Theatre: Sartre & C', *World Review* (London), 35 (Jan. 52), 34-8.
> *Le Diable et le Bon Dieu, P de M.*

Bm116 *TLS* (26.12.52). Announces Aa22.

Bm117 *Times* (28.1.53), 9b.
> CR of Ak12. Inadequately performed; play appreciated.

Bm118　　*TLS* (20.3.53).
　　　　　CR of *PC interroge l'Apocalypse:* 'personal, poetic and at times
　　　　　angrily polemical in tone'.

Bm119　　*Times* (23.5.53), 8g: on Ak13.

Bm120　　Maurois, André, tr. Terence Smith, 'Moments of dis-
　　　　　ruption', *Irish writing,* 23 (June 53), 52-4.
　　　　　　Proust, C.

Bm121　　*Times* (21.10.53), 10d.
　　　　　CR of *L.C.C.* in Paris: 'French theatre at the height of its powers'.

Bm122　　Brousse, Jacques, 'Theatre in Paris: *En attendant Godot*
　　　　　by Beckett; *L.C.C.* by C', *The European,* 10 (Dec. 53),
　　　　　39-43.

Bm123　　Ryan, Mary, *Studies* (Dublin), (Winter 53-4), 440-5.
　　　　　　Love & marriage in C. Reply to Bm107.

Bm124　　Schneider, Pierre, 'Play & display', *The Listener,* LI
　　　　　(28.1.54), 174-6.
　　　　　　Sartre, C, Beckett. CR of *L.C.C.:* protest against such a lavish
　　　　　presentation of so slight a text.

Bm125　　*TLS* (26.3.54): Leading article p. 201, last para.: 'The
　　　　　Further off from England' by D. W. Brogan: 'Presence of
　　　　　C', p. VIII, in special section 'French Writing to-day'.
　　　　　　Subtle & percipient. On C's late success, his limitations. Reserv-
　　　　　ations on his Bible commentaries.

Bm126　　Beaumont, E., 'Plays of PC', *Tablet,* 204 (23.10.54),
　　　　　400-1.
　　　　　　CR of Ba4: expounds views on greatness and limitations of C as
　　　　　poet, dramatist and theologian.

Bm127　　*Times* (5.11.54), 3b.
　　　　　　C wins judgement against Maurras family.

Bm128　　Lawler, James R., 'PC − A tribute', *Meanjin Quarterly*
　　　　　(U. of Melbourne), XIV, 2 (1955), 227-9.

Bm129　　Johnson, Geoffrey, 'The Continental Muse', *The Poetry
　　　　　Review,* XLVI, 1, (Jan.-Mar. 55), 44-5.
　　　　　　Apollinaire, C, Rimbaud & CR of Ba4.

Bm130　　*Manchester Guardian* (4.1.55). CR of Ba4, Ba5.

Bm131　　'PC on liturgical reform', *Tablet,* 205 (5.2.55), 140.
　　　　　　C's protest against mass celebrated facing congregation.

Bm132　　Obituary notices in *Times* (23.2.55), 8b & 24.2.55) 10d;
　　　　　Manchester Guardian (24.2.55); *Tablet,* 205 (26.2.55) 195;
　　　　　Illustrated London News 226 (5.3.55).

Bm133　　'Integrity and Splendour', *Times* (24.2.55), 9.
　　　　　　Tribute but with serious reservations provoking two replies: Chr.
　　　　　St John (3.3.55), 9e,see Ak3; Michael Palairet (5.3.55), 7g. Funeral
　　　　　notice (1.3.55), 7b.

Bm134 'Simplicity' [Obituary], *TLS* (4.3.55), 133.
Insists on C's vigour & optimism.

Bm135 Beaumont, E., 'A Poet in the Christian tradition',*Tablet,* 205 (5.3.55), 223-4.
'The weaknesses that one perceives in either the man or the work do not detract from the greatness of either . . . '

Bm136 CR of *L'Annonce* (in Paris), *Times* (10.3.55), 7f.

Bm137 Werth, A., 'Moral of a poet's funeral', *New Statesman,* 49 (12.3.55), 350; discussion, *ibid.,* 49 (19.3.55 & 2.4.55), 390, 438, 474.
Openly inspired by attitude of *Canard enchaîné.* ·

Bm138 *TLS* (24.3.55), 186.
CR of Ba5: very favourable.

Bm139 Emmanuel, Pierre, 'C & the Catholicity of the universe', *Listener* (28.4.55), 746-7.
Mutual symbolism of life and work: a masterpiece of integration.

Bm140 O'Donnell, Donat, 'Pillar in the cloud', *New Statesman,* 49, (30.4.55), 6-8; repr. in Bg7.
Excellent survey: the positive side of C's prejudices.

Bm141 Beaumont, E., [Obituary], *Blackfriars,* 36 (May 55), 161-5.

Bm142 Beaumont, E., 'The Understanding of C', *Month* (June 55), 366-8.
An attempt to clear prejudice about C's obscurity.

Bm143 Foster, K., O.P., 'C & Dante on trial', *Blackfriars,* 36 (26.6.55), 222; repr. in Bj25.

Bm144 Phillips, Margaret, 'PC: Two unpublished letters', *French Studies,* IX, 3 (July 55), 246-9.
About Chavannes, one of C's first critics & translators; cf. Bp54.

Bm145 CR of *La Ville* (Avignon), *Times* (26.7.55), 5e.
Severe towards pretentious and reactionary text.

Bm146 Chaigne, Louis, 'Final Evaluation of PC', *Dublin Review,* 229 (Sept. 55), 246-8.

Bm147 Ryan, Mary, [Obituary], *Studies* (Dublin), 44 (Sept. 55), 143-50.
Refutes grievances due to misunderstanding of C's faith & natural violence.

Bm148 CR of *La Ville* (T.N.P.), *Times* (21.12.55), 10e.
'Boring'.

Bm149 Peyre, Henri, 'The Patriarch of French Drama', *Adam International Review* XXIV, 253 (1956) 7-8.

Bm150 Triebel, L. A., [Obituary], *Contemporary Review* (London), CLXXXIX, 1081 (Jan. 56), 28-31.
See also 'PC, optimist',*Australian Quarterly,* XXVIII (1956), 91-4.

Bm 151   Blount, M. M., 'C on the air', *The Month* (London), XV, 2
(Feb. 56), 143-53.
CR of *M.I.*

Bm152   Raymond, John, 'Kolossal!', *New Statesman,* LII (1.9.56),
253-4.
CR of *M.I.* C a man 'blessed (and cursed) with a superabundance
of energy and temperament'.

Bm152a   CR of Ak15, *Times* (20.11.56), 5a; *Sunday Times* (25.11.
56), 13 (Harold Hobson).
Praise from both.

Bm153   Brookholding-Jones, A., 'The Christ-bearing Dove', *Tablet,*
208 (1.12.56), 472.
CR of Ak15: 'a great charade about a pun, mounted by a large
and intelligent house-party'.

Bm154   CR of Ak16, *Times* (1.3.57), 3c.

Bm155   CR of *Protée, Times* (29.5.57), 3c.

Bm156   Barclay, Vera, 'The Greatly Privileged Camera: PC looks
at the Holy Shroud', *Heritage Magazine* (Tunbridge Wells,
Kent), (Apr. 57), 2-6.

Bm157   Barclay, Vera, 'The Shroud is more than a relic', *Pax,* 48
(Spr. 58), 10-15.

Bm158   Weightman, J. G., 'Theatre-going in the Third Empire', *The
Observer,* 8742 (18.1.59), 18.
Gide, Vilar, Barrault, C etc. 'Catholicism and authoritarian poli-
tics were united in C's two tremendous historical confections:
L'Otage and *S de S*'.

Bm159   Weightman, J. G., 'At the theatre: style & content', *The
Observer,* 8743 (25.1.59), 17.
Barrault, C, Gide. *L'Otage* 'most impressive' and 'very moving',
but Sygne's sacrifice seems 'wrong' und 'unchristian'. *S de S* 'almost
unbearable. . . The comic episodes are excruciating, the history so
broad as to be almost meaningless, and the language often flabby'.

Bm160   Speaight, Robert, '*The Satin Slipper* at the Palais Royal',
Tablet (31.1.59).
Worthy success; refreshing innocence.

Bm161   *Times* (25.3.59) 13c, 'Popularity of C in Paris: Three plays
at once'.
High praise for *S de S & L'Otage,* esp. for H. Sauvaneix.

Bm162   Gadoffre, Gilbert, 'Les trois sources de l'analogie claudélienne', *French Studies,* XIII (Apr. 59), 135-45.
Mallarmé, Huysmans, Tchoan Tsen: important article complemented by 'C et la Chine du Taô', *Mercure de France,* 355 (Jan. 59),
95-105. Cf. Bp63.

Bm 163   *Times* (22.10.59), 4c.
CR of *TO* at Théâtre de France. Reservations on text.

Bm164   Curtiss, Thomas Quinn, 'Theatre in Paris' (26.10.59).
Article with no other ref. in SPC archives. CR of *T.O.* ; praise for Barrault, reservations on *grand guignol* elements in text. (*Times*?)

1960-1969

Bm 165   *TLS* (14.10.60), 662.
CR of H. Mondor, *C plus intime*. Surprised by Mondor's excessive veneration for C but acknowledges interest of their conversations.

Bm166   Gadoffre, Gilbert, 'C & Lafcadio Hearn', pp. 104-8 in *Studies in Modern French Literature presented to P. Mansell-Jones*, Manchester U. P., 1961, xix + 343pp.
A literary source of 'La Cloche' in *C. de l'Est.*

Bm167   Heppenstall, Rayner, 'C revisited', *International Literary Annual* (London), III (1961), 144-63.
Regrets having over-estimated C when he was nearly converted; finally opted for Gide. Cf. Bg11 & Bg6.

Bm168   Speaight, R., CR of Bc3, *Tablet*, 215 (20.5.61), 489.

Bm169   *TLS* (15.12.61), 498.
CR of Bc3. Admires C's triple career, but reproaches him wrongly for writing *Le L.C.C.* during Wall Street crash.

Bm170   *Sunday Times* (28.1.62), 38-9.
Programmes and photos of Ak19.

Bm171   'Miracle among peasants: C's rugged triumph', *The Times* (20.3.62), 15a. CR of Ak19.

Bm172   *TLS* (4.1.63). CR of *CPC,.* 4.

Bm173   Tricaud, Marie-Louise, 'Shakespeare & C', *Theoria* (Natal U. P., South Africa), 23 (1964), 13-20.
Cf. her Sorbonne thesis, 'Le Baroque dans le théâtre de C' (1964).

Bm174   Mossman, J. & B. Levin, 'Encounter with Peter Hall', *The Listener*, LXXII, 1860 (19.11.64), 789-92.
Montherlant & C.

Bm175   Lawler, James R., 'C's Art of Provocation', *Essays in French Literature* (U. of Western Australia Press), I (Nov. 64), 30-58.
'C's style of provocation is not vulgarity, humor & bluff but a method "d'atteindre l'âme" ' (Hatzfeld, 1966).

Bm176   Wood, Michael, 'A Study of fire imagery in some plays by PC', *French Studies*, XIX, 2 (1965), 144-58.
Penetrating analysis in the Bachelard manner.

Bm177   Dubois, E. T., 'Léon Bloy, PC & the Re-evaluation of the Significance of Columbus', pp. 131-44 in *Essays in Memory of G.T. Clapton,* Oxford: Blackwell & Molt, 1965, xii + 370pp.
Rehabilitation & 'beatification' of Columbus in Lamartine, Roselly & Bloy.

Bm178   'Aldwych World Theatre Season', *Times* (6.1.65), 5.
Barrault, Becket, Billetdoux, C, Feydeau, Ionesco.

Bm179   Brien, Alan, 'Iceberg above the Surface', *Sunday Telegraph* (4.4.65).
CR of Ak21: 'a series of unsupported paradoxes —an heretical distortion of the Catholic religion'.

Bm180   Lambert, J. W., 'A Speaking Temple of the Spirit', *The Sunday Times* (4.4.65), 25.
CR of Ak21: 'masochistic & sadistic . . . a chronicle dramatically ramshackle and spiritually relentless'.

Bm181   Cain, Alex Matheson, 'The Great Pontifex', *Tablet* (10.4.65), 414.
C 'mandarin'; *S de S* 'inflated verbiage'.

Bm182   Trewin, J. C., 'The World of the Theatre', *Illustrated London News* (17.4.65), 44.
S de S 'does oppress the spirit'.

Bm183   'Wagner of Letters', *TLS* (1.4.65), 254.
CR of Bp37, G. Marcel *(Regards sur le théâtre de C)* & Aa27. C & the spirit of the Counter-Reformation, somewhat 'pre-Council'; very useful synthesis.

Bm184   Connolly, Cyril, *Sunday Times* (7.11.65).
Regrets C's absence, like that of Aragon & Giraudoux, from the 100 Keybooks published in U.S., G.B. & France from 1880 to 1950, because too specific.

Bm185   Charaire, Georges, 'Realism & the crisis of reason', *The New Hungarian Quarterly* (Leicester U.), VI, 20 (Wint. 65), 92-8.
Anouilh, Becket, C, Ionesco.

Bm186   Dubois, E. T., 'Léon Bloy et PC', *French Studies*, XX, 2 (Apr. 66), 151-63.
Compares their conceptions of history, time & woman —a link recognised by C.

Bm187   Mizener, Arthur, 'Scott Fitzgerald & Edith Wharton', *TLS* (7.7.66), 595.
Refs to C, shocked by American alcoholism at a reception, summer 1925 (see *The Far Side of Paradise*, Boston, 1951, pp. 183-5).

Bm188   'PC: Premières œuvres (1886-1901)', *TLS* (22.9.66), 875.
Announcing exhibition at Bibliothèque Doucet, Paris.

Bm189   'Golden City', *TLS* (15.6.67), 536.
CR of critical edn of *La Ville* by J. Petit: 'an exemplary work of scholarship'

Bm189a   Howells, B. P., '*C. de l'Est*: an introduction to some prose poems by C', *Australian Journal of French Studies*, IV, 3 (Sept.-Dec. 67), 323-43.

       C's quest for self-knowledge, through apparently impersonal medium, revealed in manipulation of various influences.

Bm190   Patmore, Derek, 'True Symphonies', *Spectator* (17.11.67), 611-2.

       CR of Aa31 & recollections of meeting an old C, jealous of his rival Gide's success in G.B.

Bm191   Lawler, James R., 'A symbolist dialogue', *Essays in French Literature* (U. of Western Australia), 4 (Nov. 67), 85-105; tr. *NRF*, 16 (1968), 236-61; repr. in Bg18.

       'Valuable pointers to a further work', *YMLS*, 31 (1969).

Bm192   *Times* (18.11.67), 22d.

       CR of Aa31: 'sustained and meticulous version'.

Bm193   Levi, Peter, 'In search of innocence', *Sunday Times* (17.12.67), 25.

       CR of Aa31: 'literary and brackish'.

Bm194   Wood, Michael, 'The theme of the prison in *Le S de S*', *French Studies*, XXII (1968), 225-38.

       Linked with themes of the body & marriage.

Bm195   O'Sharkey, Eithne M., 'The Communion of Saints in C's dramas', *Dublin Review*, 515 (Spr. 68), 25-37.

Bm196   Patmore, Derek, 'Wise Old Idol', *The Guardian* (27.3.68), 6.

       Recollections full of amused sympathy.

Bm197   *Times* (30.4.68), 8c; cf. of Ak23.

Bm198   Bryden, Ronald, 'The Giant at a dead end', *The Observer* (5.5.68), 28.

       C as anachronistic as the Queen Mary.

Bm199   *Sunday Times* (5.5.68), 53; cf. Ak23.

Bm200   *The Listener*, LXXIX (9.5.68), 616.

       Barrault, C.

Bm201   Speaight, R., 'C at the Aldwych', *Tablet*, 222 (11.5.68), 468-9.

       Cr of Ak23. Recalls T. S. Eliot disliking C.

Bm202   Raymond, John, 'The two faces of France', *New Statesman*, LXXV, 1942 (31.5.68), 723.

       C & Alain. 'There is a callousness about the poet's earthy certainties, terrestrial and supernatural, that is disturbing even to his admirers'.

Bm203   'The Style of Nations', *Times* (22.6.68), 9a.

       Influence of World Theatre Seasons at Aldwych Theatre.

Bm204   *Item deleted.*

Bm205   Weightman, John, 'Before the Deluge', *Encounter*, XXXI, 2 (Aug. 68), 46-8.
Barrault, Billetdoux, C.

Bm206   Grisewood, F., 'PC', *Radio Times* (1.8.68), 32.

Bm207   Speaight, R., 'PC, the Man & the Maker', *Tablet,* 222 (3.8.68), 760-1.
Revelation of his prose work, and of early anarchy.

Bm208   Cattauï, G., 'C & England', *ibid.*, 761-2.
C's tastes in English literature.

Bm209   Varillon, F., tr. Maria Craig, 'PC's diaries', *The Month*, n.s. XLI, 4 (Apr. 69), 231-9; 5 (May 69), 299-306.
Cf. intro. to *Journal* (Pléiade) & *Claudel*, Desclée de Brouwer, 1967.

Bm210   Wood, M., CR of F. Varillon, *PC, French Studies,* XXIII, 3 (July 69), 307-8.

Bm211   Speaight, R., 'C the conservative', *Tablet*, 223 (1.3.69), 207-8. CR of Ba9.

Bm212   'The dynamic conquest of joy', *TLS* (25.9.69), 1102-3.
CR of 8 books publ. in centenary year. Protests against invective against Church of England in *Journal.*

Bm213   Bancroft, David, 'C on Wagner', *Music & Letters* (Birmingham), 50 (Oct. 69), 439-52.

1970–

Bm214   Chambers, Ross, 'La Quatrième Journée du S de S', *Essays in French Literature* (U. of Western Australia), 7 (1970), 70-87.
Establishes by close textual commentary the continuity of an apparently discrete section of the drama, as a poetic examination of the condition of the artist *(YMLS).*

Bm215   Beaumont, Ernest, CR of Ba9 & Bp63, *Modern Language Review,* LXV, 1 (Jan. 70), 175-6.

Bm216   Guitton, Jean, 'PC's Unwritten Book', *Osservatore romano* (English version), (Vatican City: distributed in G.B. & U.S.), 8 (19.2.70), 5.

Bm217   Wood, Michael, CR of Cattauï, *C: Le Cycle des Coûfontaine et le mystère d'Israël, French Studies*, XXIV, 3 (July 70), 310-1.

Bm218   Beaumont, Ernest, CR of M. Plourde, *PC, une musique du silence,* Montreal, 1970, *French Studies*, XXVI, 3 (July 72), 350-2.

Bm219 Deuel, Mildred, 'The Structure of the Different Versions of *L'Annonce . . .', Modern Language Review*, LXVII, 3 (July 72), 543-9.

ARTICLES IN PERIODICALS, U.S.
1910-1919

Bn1   'Camille C & her sculpture', *Craftsman NY,* 25 (Dec. 13),
229-35.
Pupil of Rodin, known before Paul. Cf. Ah45.

Bn2   'French Drama Extraordinary', *The Nation* (NY), (2.7.14),
25-6.
On *L'Otage* ('a mingling of litanies & melodrama') & Francis Jammes
(Brebis égarée). Written from Paris; well informed.

Bn3   'Two Impressions', *New Republic* (NY), 1 (14.11.14), 20-1.

Bn4   Dewey, Stoddard, 'A French Poet of Summer', *The Nation,*
101 (12.8.15), 198-9.
CR of *Deux poèmes d'été:* tr. of extracts of *Cantate* & of a chorus
from *Protée* but he remains suspicious.

Bn5   Bateman, May, 'The Catholic Note in Modern Drama',
Catholic World (NY), 104 (Nov. 16), 164-76.
Panegyric.

Bn6   Williams, Michael, CR of Aa1 & Aa2, *America,* XVI, 5
(11.11.16).
Calls for tolerance towards modern art.

Bn7   Gerrard, T. J., 'The Art of C', *Catholic World,* 104 (Jan. 17),
471-83.
'C has come crashing through our artistic conventionalities [but his
work] attracts and eventually fascinates us'.

Bn8   Bateman, May, 'PC, the Mystic', *Catholic World,* 104 (Jan.
17), 484-95.
Enthusiastic; cf. her unpubl. correspondence with PC, SPC: 'I want
every Catholic in England to have your help'.

Bn9   Bateman, May, 'C's great mystic drama', *Catholic World,* 105
(June 17), 361-75.
CR of *Repos du 7ème jour.* Analysis without reservations.

Bn10   Olivero, F., 'Direct descendant of the leaders of French
Symbolism', *Poet Lore,* 29 (Jan. 18), 110-20.

Bn11   Galantière, Lewis, 'The Poetic Drama of PC', *The Dial*
(Chicago), LXV, 769 (20.6.18), 9-11.
Based on Rivière's study. Clear view of metaphysic but little said
about art.

Bn12   Clark, B. H., 'PC, dramatist-poet', *Bellman* (Minneapolis), 25
(27.7.18), 98-103.

Bn13   *'Le Pain dur'* (CR), *Living Age* (Boston), 300 (8.2.19), 361-3.
Puts C in a narrowly traditionalist perspective.

1920-1929

Bn14 Guerson, H., 'Religious Poetry of PC', *Catholic World* (NY), 113 (Aug. 21), 668-77.
Enthusiastic CR of *Corona* (French edn).

Bn15 Hughes, Glenn, CR of Ap1, *The Drama* (Chicago), (Mar. 22), 200.

Bn16 CR of Ap2: *Outlook* (NY) 133, (17.1.23), 118-20;
L. Lewisohn, *Nation* (NY), 116 (24.1.23), 102; C. Wright, *Freeman* (NY), 6 (24.1.23), 472.

Bn17 'C's Japanese Play: French Ambassador writes a Nô Drama', *NY Times Book Review & Magazine* (12.8.23).
Very favourable CR of *La Femme et son Ombre,* played in Tokyo: 'an artistic accomplishment'.

Bn18 Downs, Brian D., 'PC, a sketch', *North American Review* (Boston), 220 (Sept. 24), pp. 78-98.
Hostile; cf. Bm34.

Bn19 [Portrait], *Transpacific* (Tokyo − NY), 10 (12.4.24), 6; 12 (31.1.25), 8; 13 (20.3.26), 14.

Bn20 CR of *L'Otage* at Milan, *Morning Telegraph* (NY), (21.3.26): impressed; *Chicago Journal* (26.3.26): 'a forceful work on a plane of lofty idealism'.

Bn21 [Portrait], *Independent* (Boston), 117 (Sept. 26), 717.

Bn22 *NY Times* (1.12.26), 2.
A robust poet from Champagne drawn towards heroic symbolism.

Bn23 Carter, J., *NY Times* (5.12.26), 5: supplement XX, 6.
A poet rebelling against the canons of classical taste; his affinities with English & American literature.

Bn24 'Another Literary Ambassador', *Literary Digest* (NY), 92 (15.1.27), 27-8.
Résumé of two articles in *Boston Transcript* and *Illustration:* a Catholic à la Pascal, but a man endowed with exceptional political and social experience in three continents. Some reservations but an appeal for comprehension.

Bn25 'PC Ambassador', *Catholic World,* 124 (Jan. 27), 557.

Bn26 Scheifley, William H., 'PC, Ambassador and Mystic', *America* (NY), XXXVI, 22 (12.3.27), 528-9.
C Rivière's spiritual mentor, follower of Patmore, Ghéon & Chesterton.

Bn27 Robinson, Henri Morton, *Commonweal,* V, 19 (16.3.27), 514-6.
C well balanced businessman and mystic. Id., tr. 'Seventh Station', p. 523.

Bn28 Dimnet, E., 'PC as a diplomatist', *Outlook* (NY), CXLV, (16.3.27), 337-9.
Favourable; cf. Bm36.

Bn29   *NY Times* (21.3.27).
C a 'mediaeval' mystic, writing for a limited public.

B n30   *Literary Digest,* 93 (2.4.27), 38.
Three extracts from Ad1 with favourable presentation: 'C combines with his religious depths a sure sense of the external world'.

Bn31   *NY Herald Tribune* (3.4.27).
C interviewed on arrival, still intimidated; suspicious of his translators; article underlines twofold activity, 'one of the world & one of the Soul'.

Bn32   [Portrait], *Bankers Magazine* (BDIC, 5 rue Aug. Vacquerie, Paris 16e), 728 (May 27).

Bn33   St Ursula, Sr, 'Symbolism in C's *T.O., Commonweal* (NY), VI (12.10.27), 551-2.
Eulogy.

Bn34   [Portrait], *Review of Reviews* (NY), 76, (Oct. 27), 349.

Bn35   [Portraits], *Forum* (NY) 79 (Jan. 28); *Literary Digest,* 96 (18.2.28), 10; *Outlook* (NY) 148 (22.2.28), 297; *Pictorial Review* (NY) 29 (May 28), 6.

Bn36   Goldbeck, E., *Bookman* (NY), LXVII (July 28), 501-5.
Clear and well informed (Rivière, Lasserre, Tonquédec); moderate criticism; C mediaeval, 'a psychological anachronism'.

Bn37   Pearson, Drew, 'PC, Poet diplomat of France who finds the U.S. more fascinating than the Orient', *Living Age,* 335 (Sept. 28), 49-50.
Life-like, optimistic picture of C the poet and businessman.

Bn38   Bailey, Anne Stuart, 'PC Diplomat & Dramatist', *The Signet* (Alumnae of the Sacred Heart, NY), (1928/29), 9-14.

Bn39   Brown, Beatrice, 'La visite de C en Louisiane', *ibid.,* 15-18.

Bn40   Peyre, Henri, 'Obscurity in recent French Poetry', *Romanic Review,* XX (1929).
Analyses the sources of wilful obscurity in Mallarmé, Valéry & C. In C, risks of spontaneous poetry remaining unlicked, p. 135.

Bn41   Bregy, C., 'C's play of paradox', *Commonweal,* X (9.10.29), 581-2.
CR of *Père humilié* with ref. to *L'Hôtage[sic]*.

1930-1939

Bn42   Carrière, J. M., *'La Jeune Fille Violaine* – The Evolution of a theme, its significance in the Drama of PC', *Romanic Review,* XXI, 1 (Jan.-Mar. 30), 16-25.
Excellent analysis of successive versions, but does not yet know *S de S.*

Bn43   *NY Times* (26.1.30), *'S de S'.*
Powerful, tragic and profoundly moving work.

Bn44 'PC at Yale', *Yale Alumni Magazine,* XXXIX (21.2.30), 616;
Yale Daily News LIII (20.2.30) 1, 5 & (22.2.30).

Bn45 *NY Times,* 1930: *Chr. Colomb* at the Berlin Opera.
> Amusing & favourable sketch of C by S. J. Woolf (4.5.30); wasted
> expense according to German critic (7.5.30); Nazi disapproval noted:
> opera considered too anti-Wagnerian by Alfred Einstein who also con-
> tests validity of using film (1.6.30). Cf. Bp57, Bp64.

Bn46 CR of *Chr. Colomb* at Berlin, *NY Herald Tribune* (4.5.30);
Musical Courrier (30.5.30), 7-31: 'a synthesis of modernity'.

Bn47 'C turns Opera, *Chr. Columbus',* *Living Age* (Boston), 338
(1.6.30), 408-9.

Bn48 *NY Times* (29.1.32).
> Favourable CR of Aa12.

Bn49 Schwarz, W. L., 'Some Twentieth Century Arts Poétiques',
PMLA 47 (June 32), 594-7.

Bn50 Peyre, Henri, 'The work of PC', *Living Age* (Boston), 343
(Nov. 32), 225-31.

Bn51 [Portrait], *Asia* (NY), 32 (Nov. 32), 543.

Bn52 'C to leave Washington', *News Week* (Rockefeller Center, NY),
1 (11.3.33), 18-9.

Bn53 *Saturday Evening Post,* 205 (11.3.33), 5.

Bn54 *NY Times* (12.4.33).
> Farewell gathering for C, Franco-American Society. Cf. Ah78.

Bn55 *Commonweal* (26.4.33), XVII, 26.
> Editorial: farewell tribute. Regrets *L.C.C.* not produced in U.S. but
> forecasts continued readership there for C's work.

Bn56 Pearson, Drew, **'PC'**, *Vanity Fair* (May 33), 17 — with
portrait by J. Charlot p. 16.

Bn57 CR of Aa13, *Sign,* 13 (Jan. 34), 378; *Commonweal,* 19
(27.4.34), 725; *Catholic World,* 139 (June 34), 369-70
(unmitigated praise).

Bn58 'Idea of a University', *Commonweal,* 23 (27.12.35), 242.
> CR of C's speech for 60th anniversary of Institut Catholique de
> Paris.

Bn59 Dostert, Léon, 'The Catholic Movement in Contemporary
French Literature', *Georgetown U. French Review*
(Washington), 4 (1936), 13-27.

Bn60 Lowe, R. W., 'La Doctrine du corps mystique dans
l'Annonce ', ibid., 6 (1936), 14-22.

Bn61 Rankin, David S., *'Satin Slipper', Commonweal,* 25
(9.4.37), 673.
> On Aa12: 'stupendous. . . colossal'.

Bn62 *'Satin Slipper', Sign*, 17 (2.1.38), 381.

Bn63 'Introduction au Livre de Ruth', *Thought* (Fordham U.), 14 (Mar. 39), 158.

> 'C's fundamental thesis is sound, his development inspiring . . . Deeply Catholic and fundamentally a poet'.

1940-1949

Bn64 Schwartz, W. L., 'Diplomats in Modern French Literature', *Stanford Studies in Language & Literature* (1941), 374-97.

> Diplomats in literary fact and fiction from Chateaubriand to C.

Bn65 Peacock, Vera, 'The Early Plays of PC', *Modern Languages Forum* (Los Angeles), XXVI (Sept. 41), 152-60.

Bn66 Facteau, Bernard Anthony, 'Contemporary Catholic Authors: PC Poet-Pilgrim', *Catholic Literary World* (NY), 13 (Nov. 41), 35-44.

> Excellent.

Bn67 Smith, W., 'Mystics in the Modern Theatre', *Sewanee Review*, 50 (Jan. 42), 46-7.

> Dismisses *Le S de S* as a 'dream phantasmagoria' of no theatrical value.

Bn68 *'L'Annonce', Commonweal*, 36 (5.1.42), 158.

Bn69 Spitzer, Leo, 'A Linguistic & Literary Interpretation of C's *Ballade*' [of 1917], *French Review*, XVI (Dec. 42), 134-43.

> Excellent.

Bn70 Bondy, Fr L. S., 'C & the Catholic Revival', *Thomist* (NY), V (1943).

Bn71 Kennedy, John S., 'The Cosmos of Mr C' (12.8.43).

> No source given in French Cultural Service Archives (NY).   'Time has vindicated the dramatist'

Bn72 Lynch, William S. J., 'Drama & Liturgy', *Liturgical Arts* (NY), XII (1943).

> 'In *S de S* we have a *theological, explicitly conscious and worshipful possession of the meaning of the represented event* —the ideal goal of the expression of truth by the total human mind, *a synthesis of art & thought of action in worship*' (p. 86).

Bn73 CR of *Coronal*. See Aa17.

Bn74 O'Malley, F., 'Crowns of PC', *Orate Fratres* (St John's Abbey, Collegeville, Minn.), 18 (23.1.44), 107-13.

Bn75 Steel, Eric M., 'The French writer looks at America', *Antioch Review* (Yellow Springs, Ohio), IV, 3 (1944), 414-31.

> Excellent survey of Americans seen through French eyes from C to Céline.   Criticises *L'Echange* for subsequent caricatures of financial sharks and vamps.

Bn76 [Portrait], *Catholic School Journal* (Washington), 44 (Dec. 44), 288.

Bn77 Stockwood, Jane, 'Paris Spotlight', *Vogue*, CI, 2 (Feb. 45), 39, 82, 85.
Anouilh, C, Copeau, Pitoeff, Sartre.

Bn78 Jones, Frank, 'The Theatre in Paris', *The Nation* (NY), CLX, 13 (31.3.45), 363-6.
Anouilh, C, Cocteau.

Bn79 Vial, F., 'Le Bergsonisme de PC', *PMLA*, 60 (June 45), 437-62.

Bn80 CR of Aa12, *Ave Maria* (N.D., Indiana), 62 (July 45), 29; *Columbia* (New Haven, Conn.), 25 (Aug. 45), 13.

Bn81 Lehner, F., 'PC', *Poet Lore*, LI, 3 (1945), 257-67.

Bn82 Hatzfeld, Helmut, 'Catholic Spirituality in Recent French Literature', *Thought*, XX (1945), 291-304.

Bn83 David, St M., 'Christmas in C', *America* (Washington), 74 (22.12.45), 325.

Bn84 *NY Times* (14.2.46).
C's election to Académie française.

Bn85 [Portrait], *Books Abroad* (U. of Oklahoma), XX, 4 (1946), 385.

Bn86 Estournelles, P. d', 'Poet as playwright', *Theatre Arts* (NY), 30 (May 46), 300-4.
L'Annonce, S de S & *Trilogy* presented as timeless.

Bn87 CR of *Three Plays* (Aa18): *Sign* (New Jersey), 25 (Mar. 46), 59; *Ave Maria* (Ind.), 63 (Apr. 46), 474-5; *Catholic World* (NY), 163 (Apr. 46), 92-3: shows symbolic aim of plots, praises tr. in general; *Thought*, 21 (June 46), 328-30; *Extension* (Chicago), 41 (July 46), 26.

Bn88 Churchill, Randolph, 'New Blood Invigorates Old French Academy', *NY Telegraph* (4.5.46).
Delights at 'a Burgundian peasant' [sic] being elected.

Bn89 Peyre, Henri, 'Récents travaux sur la littérature française contemporaine', *French Review* (Mar. 47), 351-65.
French criticism 1945-7; Valéry's standing; C studied as if of another time.

Bn90 *NY Times* (14.3.47), 13c.
C at Académie française.

Bn91 Chaigne, L., 'Paris Letter: C's introduction into the Académie Française', *America* (Washington), 77 (31.5.47), 241.

Bn92 Allen, Louise D., 'The Literary Background for C's Parabole d'Animus et Anima', *Modern Languages Notes* (Baltimore), LXII (May 47), 316-20.

Bn93   Angers, P., 'Aesthetics of PC', *Spirit* (NY), 14 (May 47), 50-7.
Cf. his *Commentaire de l'Art poétique,* Paris: Mercure, 1949.

Bn94   Spitzer, Leo, 'Interpretation of an Ode by C'; repr. in Bn9.

Bn95   [Collective] 'The Growth of the French Revival', *Renascence,* I, 1 (Aut. 48), 7-34.
Excellent; C pp. 16-18.

Bn96   Franchot-Bitoune, V., see Bm92.

Bn97   'Promising playwright of eighty-two', *Books abroad,* XXIII, 4 (1949), 354.
On brilliant but late success of *Le Pain dur, P de M & S de S* in Paris.

Bn98   Fowlie, Wallace, 'Paris letter on C', *Renascence,* I, 2 (Spr. 49), 49-50. Cf. Ah80.
CR of *P de M* (Paris) & *PC interroge le C. des C.*

Bn99   Buffum, Imbrie, 'The critical principles of PC', *Yale French Studies,* II, 1 (Spr. 49), 34-42.
Clearly explains C's antipathies & enthusiasms by his convictions on the relationship of poetry & faith.

Bn100   Strauss, C. A., 'Origine et sens du vers claudélien', *PMLA,* 64, (Mar. 49), 15-25.

Bn101   Barrat, R., 'PC speaks of the Bible' [The 2nd of a series on the influence of spiritual reading on French authors], *America* (NY), (2.4.49).
Interview with C at 85. His childlike faith, born of obedience.

Bn102   Bower, Anthony, 'Paris in the Spring', *The Nation* (NY), CLXVIII, 19 (7.5.49), 530-2.
Beauvoir, Camus, Malraux, Eluard, Blanchot, Montherlant, C.

Bn103   Dinkins, Paul, 'Poetic Art', *Catholic World,* 169 (Aug. 49) 398-9.
CR of Aa20: analyses this 'poème mystique' with humour and sympathy.

Bn104   Melcher, Edith, 'A Study of *L'Annonce. . . '*, *French Review,* XXIII (Oct. 49), 1-9.
L'Annonce in Paris with 1938 ending, music by Maria Scibor. Links with themes from *CGO.*

1950-1959

Bn105   Bentley, Eric, 'Theatre, Religion & Politics', *Theater Arts,* XXXIV (Mar. 50), 30-5.

Bn106   Cornell, Kenneth, 'C's plays on the stage', *Yale French Studies,* 5 (Spr. 50), 82-7.
Analyses difficulties for actors & public in the light of early productions (1912), and of those of 1948 at the Hébertot et Marigny theatres.

Bn107 Noth, Ernst Erich, 'The Struggle for Gide's Soul', *Yale French Studies,* 7 (Spr. 51), 12-20.
The assault made on this 'exceptional soul' by converts Charles du Bos & C.

Bn108 Forquey, Leo, 'The Comédie Française & the German occupation 1940-1944', *French Review,* XXIV (1951), 480-9.
S de S in 1943, 57 perfs: a triumph.

Bn109 Meyer, John H., CR of C — Gide correspondence, *Renascence,* III, 2 (Spr. 51).
Suggests break provoked by Gide.

Bn110 Vial, Fernand, 'Montherlant & the Post-War Drama in France', *American Society of Legion of Honor Magazine,* XXII, 1 (Spr. 51), 59-74.

Bn111 Peyre, Henri, *et al.,* 'What's wrong with the Nobel Prize? ', *Books Abroad* (Sum. 51).
Enquiry into prejudices, errors and omissions — e.g. of C.

Bn112 Vial, Fernand, 'Symbols and Symbolism in PC', *Yale French Studies,* 9 (1952), 93-102.
Shows the layers of 'Symbolist', biblical & liturgical images in C's symbolism, e.g. the Tree.

Bn113 Peyre, Henri, 'The Drama of PC', *Thought,* XXVII, 105 (Sum. 52), 185-202.
Three aspects: tragic, poetic, epic; effects of Christian discipline.

Bn114 Meyer, John H., CR of C — Suarès Correspondence, *Renascence,* V, 1 (Aut. 52), 67-70.
Irritated by latter's hyper-romantic attitude.

Bn115 CR of Aa22: *Atlantic Monthly,* 190 (Dec. 52), 46; *Commonweal,* 57 (19.12.52), 284-6 (Turnell); *New Republic,* 127 (15.12.52), 10 (J. Frank).

Bn116 Cuneen, Joseph, 'The present state of C criticism', *Thought* (Wint. 52-53), 500-20.
Excellent survey of the question, covering French & English.

Bn117 CR of Aa22: *Saturday Review* 36 (17.1.53), 12 (W. Fowlie); *America,* 89 (18.4.53), 83-4 (E. Morgan); *Catholic World,* 177 (June 53), 236 (W. Frohock).

Bn118 Taupin, R., 'French Symbolism & the English Language', *Comparative Literature* (Eugene, Oregon), 5 (1953). Cf. Bp36.

Bn119 Becker, J., CR of Aa21, *American Benedictine Review,* 4 (Aut. 53), 283.

Bn120 Flanner, Janet, [Genêt], 'Letter from Paris: *L.C.C. ',* *New Yorker,* 29, (24.10.53), 74.
Praise from official critics; little from audiences. Repr. in Bk59.

Bn121   MacLaren, James C., CR of L. Barjon, *C, Romanic Review* (1954), 232-3.
        Regrets Barjon's restriction to Catholics of full access to C; humanists also feel dramatic intensity of his work.

Bn122   Fowlie, Wallace, 'C & the problem of Sacred Art', *Accent* (NY), XIV (1954), 3-21.

Bn123   Farrell, I., 'Paris letter: Religious Themes in the Theatre', *America,* 90 (23.1.54), 420-1.
        Includes *L.C.C.* 'C could not be more ideally served [than by Barrault]. The play, however, is difficult and confused.'

Bn124   Meyer, John H., 'C Victorious', *Renascence,* VI, 3 (Spr. 54), 117-20.
        Deals mainly with the correspondence between C, Jammes & Frizeau.

Bn125   *'Jeanne au Bûcher', New Yorker,* 30 (10.7.54), 56-8.

Bn126   [Portrait], *Life,* 37 (4.10.54), 131.

Bn127   Freemantle, Ann, CR of Ba4, *Commonweal,* 61 (3.12.54), 257.

Bn128   Schnitzler, Henry, 'World Theatre: a mid-century appraisal', *Educational Theatre Journal* (Canada), VI, 4 (Dec. 54), 289-302.
        From Anouilh to Sartre, including C.

Bn129   Fowlie, Wallace, 'The French Theatre & the Concept of Communion', *Yale French Studies,* 14 (Wint. 54-55), 23-9.
        Communion between author & public; C prime example since 1943, even among non-believers.

Bn130   Peyre, Henri, 'Requiescat PC', *Yale French Studies,* 14 (Wint. 54-55), 94-95.
        Masterly synopsis of career & success.

Bn131   Vial, Fernand, 'PC (1868-1955)', *American Society of the Legion of Honor Magazine,* XXVI (1955), 105-21.

Bn132   Vial, Fernand, 'C is dead', *Thought,* XXX (1955), 231-8.
        Considers C a theologian and philosopher.

Bn133   Vial, Fernand, CR of *Mémoires improvisés, Romanic Review,* XLVI (Feb. 55), 72-3.
        Indicates C's limitations, regrets his blinkers.

Bn134   CR of *Cahier Renaud-Barrault: C et C.C.* (1953), *Romanic Review* (Feb. 55), 74-5.
        Very favourable.

Bn135   *NCWC,* News Service (Foreign), (28.2.55), 12-13.
        Note on funeral & résumé of career (in *SPC Arch.*).

Bn136   [Obituary], *NY Times* (23.2.55).
        'Served here at critical time'; praise.

Bn137   *NY Herald Tribune* (23.2.55).
         Mediocre.
Bn138   *Washington Post* (26.2.55).
         Praise for ambassador & poet.
Bn139   *Newsweek* (NY), (7.3.55), 61.
Bn140   *Time* (7.3.55), 102.
Bn141   *New-Yorker* (12.3.55), 78. Cf. Bk59.
Bn142   *Poetry* (Apr. 55), 58.
Bn143   *Wilson Library Bulletin* (Apr. 55), 586.
Bn144   Hatzfeld, Helmut, 'Critical Revision of C as a Catholic
         Poet', *Cross Currents* (Broadway, NY) 5 (Spr. 55), 101-14.
         Masterly synthesis: defends C against theologians, shocked Catho-
         lics, and humanists.
Bn145   Milhaud, Darius, 'PC', *Books abroad,* 29 (Spr. 55), 132-3.
         Generous. Cf. Bp3.
Bn146   Brophy, L., 'PC poet ambassador to Heaven's Queen', *Ave
         Maria* (Notre Dame, Indiana), 8 (9.4.55), 9-11.
Bn147   Naughton, A. E. A., 'C image-maker and iconoclast',
         French Review, XXVIII, 5 (Apr. 55), 385-94.
         On *Réfl. sur le vers français.*
Bn148   Russell, R., 'PC', *Jubilee* (NY), 2 (Apr. 55), 41-7.
Bn149   Laurendeau, L. P., 'PC, Prophet of the Word', *America,* 93
         (9.4.55), 44-6.
Bn150   'PC', *Catholic World,* 181 (Apr. 55), 4-5.
         'A controversial figure'.
Bn150a   'PC', *America,* 92 (12.5.55), 612.
         'C as completely integrated a Catholic personality as it is given a
         fallen man to be'.
Bn151   Sargent, D., 'Letter to PC', *Spirit* (Catholic Poetry Society
         of America, NY), 22 (May 55), 53-4.
Bn152   [Obituary], *Commonweal,* LXII, 8 (27.5.55), 196.
Bn153   Fowlie, Wallace, 'Vocation of the Poet', *ibid.,* 199-201.
Bn154   Manship, J. P., 'The Universal Artist', *ibid.,* 201-3.
         'A volcano of creativity'.
Bn155   Turnell, Martin, 'Intolerance of Genius', *ibid.,* 204-7.
         A great figure and his limits.
Bn156   Frohock, W. M., 'Cost of being C', *Catholic World,* 181
         (June 55), 166-72.
Bn157   Brophy, L., 'PC, the Life of Drama and the Drama of Life',
         Social Justice Review (Catholic Central Verein of America,
         St Louis), 48 (Sept. 55), 199-201.

Bn158 Selna, Barbara, 'PC, Prison & *The Satin Slipper*', *Renascence*, VII, 4 (Sum. 55), 171-80.
'Action, poetry, theme, scenery are all related to the central symbol of prison.'

Bn159 Delmage, L., CR of *L'Evangile d' Isaïe*, *Symbolisme de la salette, Une voix sur Israël, ibid.*, 208.
'Amid C's myriad digressions and seeming irrelevancies there are many veins of gold.'

Bn160 Pamplume, Louis, 'C: Drama & Poetry', *Renascence*, VIII, 1 (Aut. 55), 37-9.
CR of Ba4 & Barjon's *C* with reservations.

Bn161 La Vallee, Marie-M., 'Staging C', *ibid.*, 39-44.
CR of first Renaud-Barrault *Cahier*: full of praise.

Bn162 Fowlie, Wallace, 'The Tidings that are the Poem', *Poetry* (Chicago), 87 (Dec. 55), 169-75.
Defines C's poetics on basis of *La Ville, Les Muses, A.P., P. et Pr.* etc.

Bn163 Naughton, A. E. A., 'C & Mallarmé', *Romanic Review*, XLVI (Dec. 55), 258-74.
An influence contested by C but undeniable; objective, sympathetic assessment.

Bn164 Fowlie, W., 'C as dramatist', *Sewanee Review*, 64 (Spr. 56), 218-37.

Bn165 Estang, Luc, 'PC the Poet's Poet', *Renascence* (Wis.), VIII, 4 (Sum. 56), 171-6.
On basis of *A.P.* & *Intro. à un poème sur Dante*.

Bn166 La Vallee, Marie-M., 'C, Poet Believer', *ibid.*, 177-88.

Bn167 Bruckberger, Raymond, R.P., 'PC and Theology', *ibid.*, 189-95.

Bn168 Vigée, Claude, 'PC, the Apocalypse & Israël', *ibid.*, 196-202. Cf. Bn207.

Bn169 Strauss, Walter A., 'A Poet in the theatre: PC', *Emory University Quarterly*, XII, 4 (Dec. 56), 206-19.

Bn170 Alexander, I. W., CR of A. Maurocordato, *L'Ode de PC*, *Modern Language Review* (G. Washington U., Wash. D.C.), 52 (Jan. 57), 119-20.

Bn171 CR of Ab24.
Saturday Review, 40 (26.1.57), 22; *Newsweek*, 49 (11.2.57), 67; *Time*, 69 (11.2.57), 70; *Nation*, 184 (16.2.57), 147; *New Republic*, 136 (18.3.57), 20; *Catholic World*, 185 (Apr. 57), 67; *Theatre Arts*, 41 (21.4.57), 41: more enthusiastic about production than about 'extravagant' themes.

Bn172 Viscusi, A. I., 'Order & Passion in C & Dante', *French Review*, XXX, 6 (May 57), 442-50.
C Dante's rival, but less master of himself and his genius.

Bn173 Barrault, J.-L., 'C as producer', *World Theater* (NY), VII, 1 (1958), 30-5.

Bn174 Derome, René, 'Le théâtre sous l'occupation', *Le Bayou*, 73 (Spr. 58), 33-42. C, Anouilh.

Bn175 Puccioni, Oreste, CR of *Hommage à PC* (*NRF*, Sept. 55), *Renascence*, X (Spr. 58), 164-8.

Bn176 Bâtard, Yvonne, 'C et l'Amérique', *Proceedings of the 2nd Congress of the International Comparative Literature Association*, U. of North Carolina Press (1958), 541-8.

Bn177 CR of Aa23.
America, 100 (1.11.58), 139 (P. Barrett); *Critic*, 16 (July 58), 47 (R. Smith); *Social Justice Review*, 51 (June 58), 101-3 (G. Guyot); *Spiritual Life*, 4 (Dec. 58), 361; *Thought*, 33 (Wint. 58), 632 (J. Collins).

Bn178 Gilman, Richard, 'The art, the thought & the person of C', *Commonweal* (NY), LXVIII, 20 (15.8.58), 699.
CR of Bc1. Regrets Fowlie explores ideas and not forms of C's poetry and drama.

Bn179 CR of Aa24, *Best Sellers* (Scranton, Pa.), 18 (1.12.58), 352 (G. Granel).

Bn180 Keeler, Sr Jerome, CR of Hilda Graef, *Modern Gloom & Christian Hope, The American Benedictine Review*, IX (1958-9), 276-7.

Bn181 Deasy, Philip, 'Meditation & Commentary of a Christian Poet', *Commonweal*, LXIX (30.1.59), 473-4.
CR of Aa24: considers C's volubility a sign of vigour.

Bn182 Waters, Harold A., 'PC and the Sensory Paradox', *Modern Language Quarterly* (Seattle), 20 (1959), 267-72.
Study of the Central Paradox: Nature = Grace, expressed by apparent contradictions.

Bn183 Riffaterre, Michael, 'The Art criticism of PC', *The American Society of Legion of Honor Magazine*, XXX, 3 (1959), 151-64.

Bn184 Clark, Keating L., 'French Plays in NY (1919-44): *The NY Times'* view', *Modern Language Journal* (St Louis), XLIII (1959), 122-6.

Bn185 CR of Aa23.
Catholic Biblical Quarterly, 21 (Jan. 59), 113 (J. Jansen); *Homiletic & Pastoral Review* (NY) 59, (Mar. 59), 596 (H. Willmering); *Catholic Educator* (NY), 29, (June 59), 729 (G. Guyot); *American Benedictine Review*, 9 (Sept. 59), 121 (J. Hunt); *Renascence*, 11

(Sept. 59), 218 (M. Williams); *Theological Studies,* 20 (Sept. 59), 483 (J. Nelson).

Bn186 CR of Aa24.

Ave Maria, 89 (10.1.59), 28; *Commonweal,* 69 (30.1.59), 473 (P. Deasy): praise for C and Fowlie; *Critic,* 17 (Jan. 59), 26; *America,* 100 (7.2.59), 556 (P. Courtines); *Jubilee,* 6 (Mar. 59), 44 (R. Gilman); *Sign,* 38 (Mar. 59), 209; *Homiletic & Pastoral Review,* 59 (June 59), 880 (L. Craddock); *American Ecclesiastic Review,* 141 (July 59), 64 (J. Murphy); *Sponsa Regis,* 31 (Oct. 59), 61.

Bn187 Forquey, Leo O., 'A Baroque Moment in French Contemporary Theatre', *Journal of Aesthetics & Art Criticism,* XVIII, 1 (Sept. 59), 80-9.

Confronts *Le S de S* with distinctive characteristics of baroque as fixed by Wölfflin in *Principes fondamentaux d'histoire de l'art,* Paris: Plon, 1952.

1960-1969

Bn188 Savage, Catherine Hill, 'PC et la conversion de Francis Jammes', *The South Central Bulletin,* XXIV (1960), 39-47.

Bn189 Vial, Fernand, 'Two Highlights of the Theatrical Season in France: *T.O.* and *Les Séquestrés d'Altona'*, *American Society for Legion of Honor Magazine,* XXXI, 1 (1960), 15-22.

Bn190 *Drama Critique* (Lancaster, NY, National Catholic Theatre Confederation), III, 1 (Feb. 60):

Anon., 'The Catholic Theatre', 6-10; Waters, Harold, 'Woman's artistic function in the plays of PC', 11-18: shows how female characters shed realism for symbolism in successive versions; Brady, L., 'The top of the tree, Notes on a production of the *Satin Slipper'*, 19-24; Zimmerman, G., 'Prouhèze in Hell & Heaven, C classic adapted for T.V.', 25-28.

Bn191 Maurin, Mario, 'Correspondance avec Agnes Meyer', *Yale U. Gazette,* XXXIV, 4 (Apr. 60), 178-80.

Bn192 Avré, Barna, *Catholic Union & Echo* (10.6.60), 'Birthplace of Poet-diplomat well preserved'; (19.8.60), 'Famous Catholic Poet knew Scripture well'.

Bn193 Scott, Nathan A., CR of Aa24, *Renascence,* XII, 4 (Sum. 60), 209-10.

Very favourable to tr. and original.

Bn194 Katz, Léon, 'The Dramatic Imagery of C's *Satin Slipper'*, *Manhattanville Alumnae Review* (Purchase NY), XVI, 2 (Sept. 60), 34-44.

Bnl95   Fowlie, W., 'Paris letter', *Poetry* (Chicago), XCVI (Sept. 60), 371-2.
> Notes 1st performance of *T.O.* at Odéon (Oct. 59), & appearance of *CPC* & *BSPC.*

Bnl96   Gouhier, Henri, 'Tragedy & Transcendence, Freedom & Poetry', *Cross Currents,* X, 3 (Wint. 60), 436-44.

Bn197   CR of Aa29.
> *Best Sellers,* 20 (1.12.60); *Ave Maria* (Indiana), 29 (24.12.60).

Bn198   Harvitt, H., CR of *CPC*, I, *French Review* (Dec. 60), 220.

Bn199   Cox, Sr Fidelia Maria, 'Prayer & Sacrifice: C's *Satin Slipper*', *Renascence,* XIII, 2 (Wint. 60), 78-83.
> Theological and sentimental.

Bn200   Naughton, A. E. A., 'A poet looks at his work', *Romanic Review*, LII (Feb. 61), 27-35.
> C's revision of his plays.

Bn201   CR of Aa29.
> *Drama Critique,* IV, 1 (Feb. 61), 40: favourable;   *Commonweal,* 73 (17.3.61), 638 (S. Draper): 'accurate and lively';   *Critic,* 19 (Mar. 61), 50 (L. Bourke).

Bn202   Rey, J. B., 'C's American Drama', *Drama Critique*, IV, 2 (Mar. 61), 73-6.
> On *L'Echange.*

Bn203   Blau, Herbert, 'The popular, the absurd & the *entente cordiale*', *Tulane Drama Review*, V, 3 (Mar. 61), 110-51.

Bn204   Clurman, Harold, 'Persistence of the furies', *The Nation,* CXCII, 22 (3.6.61), 482-3.

Bn205   Gautier, E. P., CR of *C. de l'Est, Books Abroad* (Sum. 61), 251.

Bn206   CR of Ap34.
> *New Yorker*, 37 (10.6.61), 94;   *Saturday Review*, 44 (17.6.61), 51;   *America*, 105 (25.6.61), 471-3;   *Commonweal*, 74 (28.7.61), 427-8.

Bn207   Vigée, Claude, 'C comme poète du sacré', *Evidences*, 85 (Sept. 61).
> CR of *PC interroge l'Apocalypse.* Thinks it valuable despite C's 'suffisance' & his ambiguous conclusion on Israel's fate.

Bn208   Peyre, Henri, 'A Dramatist of Genius', *Chicago Review*, V, 2 (Aut. 61), 71-7.
> CR of Aa29: kind to tr.; enthusiastic analysis of plays.

Bn209   Lesage, L., CR of Bp43, *Saturday Review*, 44 (30.9.61), 33.

Bn210   Augusta, Sr Mary, SBS, 'PC: The Second Ode', *Xavier U. Studies,* 1 (1962), 195-9.

Bn211   Lutyens, David Bulwer, 'The Dilemma of the Christian
         Dramatist: PC & Christopher Fry', *Tulane Drama Review*
         (New Orleans), VI, 4 (1962), 118-24.
         Cs. optimism foreign to modern public (contrasts Auden).

Bn212   Melcher, Edith, 'The Use of Words in Contemporary
         French Theatre', *Modern Language Notes* (Baltimore),
         LXXVII, 5 (1962).
         Opposes dramatists who believe in magic power of words (C &
         Giraudoux) to those who deny it (Ionesco, Adamov).

Bn213   Nugent, Robert, 'A Reading of C's *Cantique de Mesa*',
         Cithara (St Bonaventure U.), II, 1 (1962), 1-5.
         'Cosmic sense'.

Bn214   Horry, Ruth N., 'C's *T.O.*', *French Review*, XXXV (Jan.
         62), 279-86.
         Rejection of Nietzchean attitude.

Bn215   Augst, Bertrand, '*L'Otage* de PC', *Romanic Review*, LIII
         (Feb. 62), 32-51.
         Theme of Job in Georges's revolt.

Bn216   Waters, Harold A., 'Positive values', *Renascence*, XV, 1
         (Aut. 62), 54-6.
         CR of Bc2. Severe despite the title.

Bn217   Riese-Hubert, Renée, 'C poète en prose', *French Review*,
         XXXV, 4 (Feb. 62), 369-76.
         Analyses *C. de l'Est*, influence of Baudelaire and the plastic arts;
         the effort to reach total reality.

Bn218   Savage, Catherine H., 'Gide et la tentation du catholisme
         claudélien', *Kentucky Foreign Language Quarterly*, (Apr.-
         Jun. 62), 97-104; *South Central Bulletin*, XXI, 1 (Feb. 61),
         20 (abstract).

Bn219   Abraham, C. K. , 'The genesis of *L'Annonce*', *Drama
         Critique*, V, 2 (May 62), 59-65.

Bn220   Peyre, Henri, 'Religion & literary scholarship in France',
         PMLA, LXXVII, 4 (Sept. 62).

Bn221   Tanlayco, Milagros C., 'PC, Catholic Dramatist', *Unitas*
         (Manila), (Dec. 62, Mar. 63, June 63).

Bn222   Avré, Barna, 'C & Israel: A Jewish Salvation', *Renascence*,
         XV, 2 (Wint. 63), 59-61.
         Salvation of man through union, not fusion of Jews & Christians.

Bn223   Waters, Harold A., 'Prose Portents', *ibid.*, 108-12.
         CR of Aa29: reservations on style and errors of detail.

Bn224   Knapp, Roger, 'An interview with Roger Blin', *Tulane
         Drama Review*, VII, 3 (Spr. 63), 111-25.
         Adamov, Beckett, C, Genet, Ionesco.

149

Bn225   Pearson, Yvonne Alfandari, 'Aspects du baroque claudélien', *Le Bayou* (Spr. 63).

Bn226   Kennedy, Pacificus, OFM, 'C the Catholic', *Columbia* (Knights of Columbus Magazine, New Haven, Conn.), XLIII, 3 (Mar. 63), 13-15, 35.

     C's four careers (literary, religious, commercial & diplomatic) 'a model for the Catholic in the atomic age'. See Bp64, p. 187.

Bn227   Pitou, Soire, 'C cosmic and comic', *Renascence,* XV, 4 (Sum. 63), 212-8.

     Favourable CR of Mondor, *CPC* 2, Bp42 etc.

Bn228   Bloom, Edward A., 'The vatic temper in literary criticism', *Criticism* (Wayne State), V, 4 (Fall 63), 297-315.

Bn229   Fitzgerald, Sr Rachel Marie, CSJ, 'C's *Tidings:* An Affirmation of Vocation', *Renascence,* XVI, 1 (Aut. 63), 29-33.

Bn230   Wahl, Jean,'Time in C', *International Philosophical Quarterly* (Fordham U.), III, 4 (Dec. 63), 493-505.

Bn231   Waters, H. A., CR of Bp43 & Bc3, *French Review,* XXXVII, 3 (Jan. 64), 368.

     Useful biography; incomplete study of genesis.

Bn232   Waters, Harold A., 'Justice as a theme in C's Drama', *Renascence,* 17 (1964), 17-28.

Bn233   Vetö, O., 'Letters to answer: Rivière − C correspondence', *ibid.,* 54-6.

     Favourable.

Bn234   Prescott, E. Kerrigan, 'PC: The Transcendence of Temporal Flux', *Modern Language Quarterly* (Seattle), XXV, 3 (Sept. 64), 338-45.

Bn235   Lee, Vera, 'The Revising of *P de M', French Review,* XXXVIII, 3 (Jan. 65), 337-48.

     Study of 1948 & 1949 versions and Barrault's interventions.

Bn236   Cooke, Richard P., 'Poetic Drama from France', *Wall Street Journal,* CLXV, 67 (7.4.65), 18.

     L'Annonce.

Bn237   Barrault, Jean-Louis, 'Du "Théâtre total" et de Chr. Colomb ', *World Theater* (NY), XIV, 6 (Nov.-Dec. 65), 542-5.

     Cf. *Cahier Renaud-Barrault,* 1 (1953).

Bn238   Evans, Arthur R., 'Firmitas et Robur: The Column & its Meaning in C's work', *Symposium* (Syracuse), 19 (Wint. 65), 306-15.

Bn239   Wilson, Edmund, 'Notes from an European Diary, 1963-4', *New Yorker* (21.5.66), 61-2.

     Peremptory: 'inedibility of PC'.

Bn240   Pearce, Sandra, 'Religious symbolism in *L'Annonce . . .* ,
         LIT (from Centenary College of Louisiana Library), 7 (Spr.
         66), 40-56.

Bn241   Thomas, Sr Marie, 'About Reality in Anouilh's *Antigone* &
         C's *Annonce*', *French Review*, XL, 1 (Oct. 66), 39-46.

Bn242   Cacossa, Anthony A., 'A Portrait of PC', *College Language
         Association Journal* (Morgan State Coll. Baltimore), X
         (Sept. 66), 42-8.

Bn243   Evans, A. R. Jr., 'A Nautical Metaphor in Dante & C',
         Romance Notes, 8 (Aut. 66), 1-5.

Bn244   *French News* (Books) (Cultural Services of the French
         Embassy), 35 (1966), 36-7.
              CR of *CPC*, 6 (1966); *Entretiens C-Amrouche* (7 records, 1967);
              CCC, 4.

Bn245   Wood, Michael, 'The Melody of the world: C's Doctrine
         of Necessity', *French Review*, XXXIX (1966), 523-32.
              Based on *A.P., Prâkriti, P de M & S de S.*

Bn246   Longree, Georges H., 'Epic Theatre: A Marxist & a Catholic
         Interpretation', *South Central Bulletin* (MLA), XXVI, 4
         (1966-67), 51-7.
              The famous Brecht — C problem.

Bn247   Cornell, Kenneth, 'C & the Greek classics', *Yale French
         Studies*, 38 (May 67), 195-204.
              Homer & Aeschylus, but also return to Racine.

Bn248   Ince, W. N., 'The Unity of C's *Le S de S*', *Symposium*,
         XXII (Spr. 68), 35-53.
              Divine joy stemming from twofold liberation: exaltation and
              exultation to the point of caricature.

Bn249   'T.O.', *New Yorker*, 44 (2.3.68), 100.

Bn250   *Claudel Newsletter*, (State U. of Rhode Island), 1 (Apr. 68).
              Peyre, Henri, 'C & America', 2-4;   Claudel, Calvin, CR of Ba8,
              12-15;   Alexander, Douglas, Bibliography, 15-17;   Waters,
              Harold, Bibliography of C in English translation (published vols), 18-
              21.

Bn251   Kennedy, Pacificus, 'C, a comic? ', *Friar* (May 68).

Bn252   Naughton, Helen T., 'C's Godchild, Sœur A. du Sarment',
         Renascence, XX, 4 (Sum. 68), 215-22.

Bn253   *CN*, 2 (Nov. 68).
              A letter from A. Meyer to Prof. Waters, 3-4;   'Prayer' by PC,
              landing in the U.S., tr. H. A. Waters, 5-6;   Lee, Vera, CR of Bp33,
              13-15;   Bourke, Leon J., CR of Bp45, 14-18;   Alexander, D., 'A
              Tentative Bibliography of theses on C (M.A.)', 19-27;   Martin,
              C. R., CR of Bp52, 7-12.

Bn254   Watson, Harold, OSB., 'PC (1868-1955), oblate of St Benedict', *American Benedictine Review*, XIX, 4 (Dec. 68), 483-91.

Bn255   *CN*, 3 (Apr. 69).

> Watson, Harold, enthusiastic CR of Bp62, 5-10;   Matheson, William, somewhat harsh CR of Aa25, 11-18;   Hatzfeld, Helmut, Commentary on *Cantique du peuple divisé*, 19-32.

Bn256   Waters, Harold A., CR of L. Emery, *C, French Review*, XLII, 4 (Mar. 69).

Bn257   *CN*, 4 (Oct. 69): contains Ah71.

Bn258   Brady, L., *'Partage. . . '*, *Critic* (Chicago), 19 (Nov. 69), 69.

1970–

Bn259   Waters, H. A., 'Possible Sources for C's Violaine', *Renascence*, XXII, 2 (Wint. 70), 99-107.

> Resemblance to Saint Colette de Corbie (1381-1447); cf. L. Avila, Bn267.

Bn260   Fullwood, D., 'The Influence of W. B. Yeats of some French Poets (Mallarmé, Verlaine, C)',*Southern Review*, 6 (1970), 356-79.

Bn261   Nelson, Roy Jay, CR of Bp59, *French Review*, XLIII, 3 (Feb. 70) 513-4.

Bn262   Waters, Harold, CR of Bp63, *ibid.*, XLIII, 4 (Mar. 70), 684-5.

Bn263   Friedman, Melvin J., CR of Bc4, *Symposium*, XXIV, 1 (Spr. 70), 86-7.

Bn264   *CN*, 5 (Mar. 70).

> Claudel, Calvin, 'C & the New World', pp. 6-8 (personal recollections of C in Louisiana; remarks on symbolic meaning of *L.C.C.*); Maurocordato, Alexandre, 'Two Claudelian Openings Translated', pp. 13-25 ('Magnificat', 'La Muse qui est la grâce').

Bn265   Peyre, Henri, 'PC: A Romantic in spite of himself', *Proceedings of the American Philosophical Soc.*, CXIV, 3 (18.6.70), 179-86: C's ambivalent attitude.

Bn266   Potter, L., 'Man and Mediator in *Repos du 7ème jour*', *Renascence*, XXII, 4 (Sum. 70), 207-17.

> Emperor as Christ-figure.

Bn267   *CN*, 6 (Oct. 70).

> Landau, Edwin Maria, 'C et Beethoven', pp. 7-11; Avila, Lilian, 'PC and "les amis de Saint-François" ', pp. 12-15 (on society of Christian artists where C met T. S. Eliot, Jörgensen, Mauriac, Duhamel, Louis Lefèvre etc.);   Riese Hubert, Renée, CR of Bc4, pp. 16-18; Freilich, Joan S., CR of Bp63, pp. 23-6 (very favourable);   Vial, Fernand, CR of Bp59, pp. 19-22;   Matheson, W., CR of Aa32, pp. 27-31 (severe).

Bn268   Birn, R. M. 'The Comedy of Disrespect in C's *S de S*', *French Review*, XLIII, special issue, 1 (Wint. 70), 175-84.

Bn269   *CN*, 7 (Mar. 71).
Cap, J. -P., 'Henri Ghéon et PC', pp. 10-22: their relations and views on art;   Pallister, Janis L., 'Presentation motifs in the prologue of C's *L'Annonce*', pp. 23-9: clear & perceptive;   Landau, E. M., 'L'énigmatique *S de S*.

Bn269a   Rosenberg, M. A., 'A Note on the Sources and Use of Popular Folk References in C's *L'Echange & P de M*', *Romance Notes*, XIII, 1 (1971), 12-17.
Influence of C's travels in U.S. and China.

Bn270   Burghardt, Lorraine D., 'PC's *S de S* as a Baroque Drama', *Modern Drama* (U. of Kansas), 14 (May 71), 63-71.

Bn271   *CN*, 8 (Oct. 71).
Berchan, R., CR of Ba9, pp. 9-19;   Pallister, Janis L., CR of Symposium on French Romantics, past and present, pp. 20-4; Freilich, Joan S., CR of Bk69, pp. 25-8;   Osgood, Eugenia V., CR of Bc7, pp. 29-31;   Freilich, Joan S., Abstract of Bd21, pp. 32-3.

Bn271a   Nagy, Moses, 'C et l'absurde', *South Central Bulletin*, XXXI, 4 (Wint. 71), p. 203-6.

Bn272   *CN*, 9 (Feb. 72).
Witherell, Louise, 'C and "le cas Matisse" ', pp. 8-12;   Bourke, Léon H., CR of Jacques Petit, *C et l'usurpateur*, p. 22;   Freilich, Joan S., CR of Bc8, pp. 23-6;   Abstracts of Bd23, Bd24, Bd25, Bd26.

Bn273   Deuel, Mildred, 'A Study of the Dramatic Structure of *P de M*, 1909-45', *French Review*, XLV, 5 (Apr. 72), 964-70.
Based closely on Watanabé, *RIM*, série PC, Schémas dramatiques, 1960.

Bn274   Watson, Harold, 'Fire and Water, Love and Death in *Le S de S*', *French Review*, XLV, 5 (Apr. 72), 971-9.
Based on Bc8.

Bn275   Nagy, Moses, CR of Bc8, *The Benedictine Review*, XXIII, 2 (June 72), 214-25.

Bn276   *Claudel Studies* (sponsored by U. of Dallas, Cultural Services of the French Embassy, PC Soc. in America; eds H. Waters, M. Nagy), I, 1 (Sum. 72).
Waters, H., editorial;   Hatzfeld, H., 'Explication d'un texte de PC: "Le Cantique du peuple divisé" ';   Cap, J.-P., 'Henri Ghéon critique de PC' (with 6 unpubl. letters);   Berchan, R., 'PC's "Ode to the Muses" ';   Gelber, Lynne L., 'Camille C's Art and Influence'; Freilich, Joan, '*Le S de S:* Four Levels through Imagery'.

In preparation: Special numbers of
Bn277   *Review of National Literatures* (ed. Anne Paolucci, St John U., Jamaica, NY).
Bn278   *L'Esprit créateur* (ed. John D. Erickson, U. of Kansas).

RELEVANT TEXTS IN FRENCH
(Correspondence, memoirs, studies)
Some letters by C are written or contain passages in English

Published Correspondence
Bp1   A. Gide: Gallimard, 1949.
Bp2   V. Larbaud: extracts quoted by G. Jean-Aubry, *V.L., sa vie, son oeuvre,* Monaco: Édns du Rocher, 1949, pp. 166-214, 234; also in Bp60.
Bp3   D. Milhaud: *CPC,* 3 (1961).
Bp4   Agnes E. Meyer: in Bp52, Bp59. Cf. Bp13.
Bp5   Alice Meynell: in Ba13 (MacCarthy), Bp56, Bp60, Bp69.

Unpublished Correspondence *(in SPC archives except where marked)*
Bp6   Pierre Chavannes (1914-17).
Bp7   R. Thurnam (1915).
Bp8   L. M. Sill (1916).
Bp9   May Bateman (1916).
Bp10 J. Benoist-Méchin (1922-29).
Bp11 Marguerite Mespoulet (1927-35), Columbia U., MSS Library.
Bp12 Catherine Clement (1927).
Bp13 Agnes Meyer (1928-54), Yale U., Beinecke Library. Cf. Bp4.
Bp14 Mabel Bancel La Farge (née Hooper), (1929-39), Coll. Henry La Farge, NY.
Bp15 Jean Charlot (1929-53).
Bp16 Algar Thorold (1932).
Bp17 Georges Cattauï (1932-50), Paris, Fonds Doucet, Bibliothèque Ste Geneviève.
Bp18 Henri Peyre (1933), Yale U., Beinecke Library (extract quoted in *Shelley et la France,* Cairo, 1935, p. 413).
Bp19 Father John O'Connor (1933-4).
Bp20 Audrey Parr (1935) with 'Moonlight at Brangues', unpubl. poem by A.P. & P.C.
Bp21 Jean-Louis Barrault (1939-53).

Extracts from C's Diplomatic Correspondence *(1932-33)*
Bp22 *Documents diplomatiques français* 1ère Série (1932-35), vols I-IV, Paris: Ministère des Affaires Etrangères, Commission sur les origines de la 2nde guerre mondiale, 1964-68.

Memoirs

Bp23 Morand, Paul, *New York,* Paris: Flammarion, 1930. C pp. 38, 68, 146, 279.

Bp24 Milhaud, Darius, *Notes sans musique*, Paris: Julliard, 1949, 336pp.

Bp25 Francis, Eve, *Temps héroïques*, Denoël, 1949, 428pp.
Stops at C's departure for Japan.

Bp26 Herr iot, Edouard, *Jadis: D'une guerre à l'autre (1914-36)*, Flammarion, 1952, esp. pp. 334-57.

Bp26a *Le Figaro littéraire* (5.3.55).
Special number: tributes by T. S. Eliot, W. H. Auden (p. 1), Agnes E. Meyer (p. 7), etc.

Bp27 Brugère, Raymond, 'PC: Quelques grandes heures de sa vie diplomatique', *Le Monde diplomatique* (Apr. 55).

Bp28 Bourdet, Denise, 'Une lettre inédite de PC à Margotine' (Washington, 18.1.18), *Figaro littéraire* (2.6.62).

Bp29 Stéphane, Roger, 'Portrait-Souvenir' [of C], O.R.T.F., 7 & 14.3.63, with Paul Morand, Henri Hoppenot etc . . . CR in *BSPC* 15.

Bp30 Clifford Barney, Nathalie, *Traits et Portraits,* Mercure de France, 1963, 215pp. (evidently prefers Gide to C).

Bp31 Faÿ, Bernard, *Les Précieux*, Perrin, 1966, 305pp.
C pp. 167-212 'Le Sabot de Satin'. Confidences contested by J. Petit in *BSPC*, 26, Apr. 67.

Bp32 Morand, Paul, *Monplaisir . . . I. En littérature.* Gallimard, 1967, 292pp.
C pp. 218-222: C & public opinion, C & America.

Bp33 *BSPC*, 28 (Oct. 67): special no. on Philippe Berthelot.
Hervé Alphand on Berthelot and C (pp. 7-11). CR in *CN*, 2 (Nov.68).

Bp34 Monick, Emmanuel, *Pour Mémoire*, Firmin-Didot, 1970, 235pp.
C pp. 40-2, 139-40, 156-7, 167-9, 170-2. Special ref. to their efforts in Washington to settle the question of war debts, 1931-33.

Bp35 Ormesson, Wladimir d', 'C diplomate' *BSPC*, 43 (Oct. 71), 9.

Bp35a Barrault, Jean-Louis, *Souvenirs pour demain*, Le Seuil, 1972.
C pp. 207-25.

Studies

Bp36 Taupin, René, *L'Influence du Symbolisme français sur la poésie américaine (1910-20),* Champion, 1929, 302pp.

Bp37 Madaule, Jacques, *Le Drame de PC*, Desclée de Brouwer, 1935, 1947, 1964, 427pp.

Bp38 Guyard, M.-François, *La Grande-Bretagne dans le roman français (1914-40),* Didier, 1954, 394pp.
C p. 39.

Bp39 Speaight, Robert, 'C en Angleterre', *Nouvelles Littéraires* (17.2.55); cf. Bp62, Bp65, Bp66.

Bp40 Berton, Jean-Claude, *C et Shakespeare, le temps et l'espace au théâtre,* La Palatine, 1958, 226pp.

Bp41 Danchin, Pierre, *Francis Thompson,* Nizet, 1959. See index.

Bp42 Farabet, René, *Le Jeu de l'acteur dans le théâtre de PC,* Minard, 1960, 163pp.

Bp43 Chaigne, Louis, *Vie de PC,* Tours: Mame, 1961; revu et complété 1964, 291pp.
See Bn209, Bn231.

Bp44 *C Diplomate, CPC,* 4, Gallimard, 1962.
'Chronologie' by J.-Cl. Berton, intro. Pierre Moreau, 'Horizons diplomatiques' by Pierre Renouvin, 366pp. Texts by C on his career, the countries visited and people met.

Bp45 Lesort, Paul-André, *PC par lui-même,* Seuil, 1963, 192 pp.

Bp46 Colloque de Cerisy la Salle, sous la direction de G. Cattauï et J. Madaule, 1963; cf. Bp66.
CR in *BSPC,* 14 (Oct. 63).

Bp47 Peyre, Henri, 'La Littérature française contemporaine vue d'Amérique', *Les Dialogues,* 5 (Oct. 52), 295-307.

Bp48 Guyard, M.-F., *Recherches claudéliennes,* Klincksieck, 1963, vii + 114p. esp.: 'Autour des *Cinq Grandes Odes*', influence of Patmore on C.

Bp49 Hauser, Richard, 'Situation du théâtre de C aux Etats-Unis', *BSPC,* 12 (Jan. 63) 9-10.

Bp50 Brunel, Pierre, 'PC et le monde anglo-saxon', *BSPC,* 13 (Apr. 63), p. 9-10: 'l'image de Shakespeare dans l'imaginaire claudélien'.

Bp51 Guyard, M. -F., 'Sur une image claudélienne de l'Angleterre', pp. 267-72 in *Connaissance de l'Etranger, Mélanges offerts à J. -M. Carré,* Didier, 1964, xx + 527 pp.
The land of heresy and cruelty.

Bp52 *CCC,* 2 (1964) 266 pp. 'C et l'Amérique'.
Contributions by Sr St Bernard de Clairvaux, Jean Ménard, Bernadette Bucher on the period 1893-5, and by Eugène Roberto, Pierre Brunel, Eva Kushner on the period 1927-33. CR: Bn253.

Bp52a Brunel, Pierre, 'C & Edgar Poe', *RLM,* 101-3 (1964), 99-130.

Bp53 Roberto, Eugène, 'C, Marseille et l'Amérique in *CCC,* 3 (1965), 320-33.
Whatever his private reservations, C officially defends the U.S.

Bp54 Leitgeber, Witold, 'L'audience de PC en Angleterre', *BSPC,* 20 (Oct. 65), pp. 7-9.
Completes Bm122.

Bp55 Brunel, Pierre, 'L'Image de l'orchestre et la tentation symphonique chez Whitman et C', *RLM,* 134-6, Série PC, 3 (1966), 49-63.

Bp56 Colliard, Lauro-Aimé, 'Présence de C', *Culture Française* (Bari), (1966), 299-40.
CR of Vachon's thesis *(L'Espace et le temps dans l'œuvre de C,* Seuil, 1965), with an unpubl. letter from C to Alice Meynell. Cf. Bp69.

Bp57 Saint-Jean, Marc-O., 'PC à Washington' (M.A. thesis, Ottawa, 1966, 319 pp.).
Precise analysis based on NY & Washington press, 1927-33, covering all C's activities.

Bp58 Roberto, Eugène, 'Le Théâtre chinois à NY en 1893', *CCC,* 5, (1967) 109-33.
C's interest in Chinatown.

Bp59 *CCC,* 6 (1969) 323 pp. 'C et l'Amérique, II'.
Letters from PC to Agnes Meyer. A. Meyer's *Note-book,* ed., intro. & notes by E. Roberto. Completes Bp52.

Bp60 Colliard, Lauro-Aimé, *Nouvelles recherches historiques sur PC,* Milan: Varèse, Istituto Cisalpino, 1968, 112 pp.

Bp61 Colliard, Lauro-Aimé, *PC poète traducteur et poète traduit,* Verona, Libreria Editrice Universitaria, 1968, 236 pp. (D. U., Grenoble, 1968).
Extracts in Bp69. CR, *ibid.; Culture Française,* Bari. (I. Rampolla).

Bp62 Gadoffre, Gilbert, *Les Rencontres claudéliennes de l'été 1968. Bulletin de l'ICE* (1968) II, 2 'C vu des pays anglo-saxons'.
Reports by G. Gadoffre, H. A. Waters and H. Watson.   CR: C. Galpérine, *BSPC,* 34 (Apr. 69) 12;   H. Watson, *CN,* 3 (Apr. 69).

Bp63 Gadoffre, Gilbert, *C et l'Univers chinois, CPC,* 8 (1968).
On French Far-Eastern policy with comments on C's relations with G.B. & U.S. colleagues in China, 1895-1909. Doct. d'état.   CR in *BSPC,* 34;   *CN,* 6.

Bp64 Labriolle, Jacqueline de, 'Edn. critique et commentée du *L.C.C.* de C avec sa tr. en anglais', Doct. d'U., Paris, 1968, 3 vols. Vol. 1 publ. as *Les Chr. Colomb de PC,* Klincksieck, 1972, 245 pp.

Bp65 *Revue d'Histoire du Théâtre* (1969), special no., *PC: Actes du Colloque de Nancy (19-21 avril 1968).*
Includes 'L'Interprétation de C à l'étranger' with the participation of Robert Speaight (p. 18-19) etc.

Bp66   *Entretiens sur PC,* Paris, La Haye: Mouton, 1969: Colloque
de Cerisy La Salle (20-30 juillet 1963).
> Includes: Speaight, R., 'C en Angleterre et aux Etats-Unis' pp. 235-
> 8, cf. Bp39;   Griffiths, R., 'Liberté, souffrance, expiation chez C' pp.
> 239-43; cf. Bg15.

Bp67   Brunel, Pierre, *L'Orientation britannique chez PC,* Doct.
d'Etat, Paris, 1970, 6 vols. Abstract in *BSPC,* 40 (1970).
> CR: M.-F. Guyard,*BSPC,* 43. The 2nd part publ. as *C et Shakespeare,*
> Colin, 1971, 267 pp. Concerns C's ambivalent attitude towards G.B., its
> history, literature and role in the world, not forgetting C's British visits
> & friends.

Bp68   Brunel, Pierre, *L'Echange,* crit. edn. Thèse complémentaire,
1970, 2 vols.
> Concerns C's American experience and his relations with Whitman.

Bp69   Rampolla, Ida, ed., *Studi Claudeliani,* Palermo: Vittorietti,
1972: L. -A. Colliard, Extract from Bp61, pp. 43-57; Vito
Peschechera, CR of Bp61, pp. 130-3.

Bp70   *BSPC,* 47-48 (3 e Trim. 72), *Programme des Rencontres
Internationales de Brangues.* Replies to several questionnaires
about trs, productions etc.

In preparation

Bp71   *Proceedings* of the Brangues Meeting (25-28.7.72); cf. Bp70.

Bp72   Garbagnati, Lucile, *C et l'Amérique,* Thèse de 3 ème cycle,
Besançon: cf. *BSPC,* 41 (Jan. 71).
> On C's speeches in the U.S., their style, structure and inspirations.

Bp73   Colliard, L. -A., *Pierre Chavannes* (incl. correspondence with
C).

Bp74   Labriolle, J. de, *La Fortune littéraire de PC dans les pays
anglo-saxons.*

PRINCIPAL BIBLIOGRAPHICAL SOURCES

In addition to standard bibliographies and library catalogues I have drawn on the following sources:

Archives de la Société Paul Claudel (SPC Archives), 13 rue du Pont Louis-Philippe, Paris (4ᵉ) and Château de Brangues, par Morestel (Isère) for MSS, unpubl. correspondence and rare volumes.

B.B.C. Play Library, London; N.B.C. archives, NY.

Beinecke Rare Book & MSS Library, Yale U.; Butler Library, Columbia U.; Drama School Library, Yale U.; Library of the Performing Arts, Lincoln Center, NYC; Services culturels de l'ambassade de France, NY.

Bibliographies on Claudel:
J. Benoist-Méchin & G. Blaizot, *Bibliographie des oeuvres de PC,* Paris: Blaizot, 1931.
Paul Petit, *Bibliographie claudélienne* in *Documents de la vie spirituelle* (Dec. 31 & Feb. 32).

Bibliographies, reviews etc. in the following journals:
Bulletin de la Société Paul Claudel (Gallimard, 1959–)
Cahiers Paul Claudel (Gallimard, 1959–)
Revue des Lettres Modernes, série Paul Claudel (Minard, 1964–)
Cahiers Canadiens Claudel (Ottawa U., 1963–)
Cahiers de la Compagnie Renaud-Barrault (Julliard/Gallimard, 1953–)
Claudel Newsletter (Rhode Island U., 1968–)
Claudel Studies (Dallas U., 1972–)

Notes of *OC* & *Pl.*

INDEX

The names of writers mentioned in passing as figuring with Claudel in surveys and similar works of synthesis are excluded from the following list, as are those of theatre personnel.

Index

Index